W9-CNC-271

CASH LUNA

NO ES POR VISTA

La misión de Editorial Vida es ser la compañía líder en satisfacer las necesidades de las personas con recursos cuyo contenido glorifique al Señor Jesucristo y promueva principios bíblicos.

NO ES POR VISTA
Edición en español publicada por
Editorial Vida – 2018
Nashville, Tennessee
© 2018 Editorial Vida

© 2018 por Cash Luna
Este título también está disponible en formato electrónico

Editora en Jefe: *Graciela Lelli*
Diseño y diagramación: *Omar Martínez*
Ilustraciones: *César Coltón*
Edición de estilo: *Michelle Juárez, Alfonso Guido*

ISBN: 978-0-8297-6870-1 (edición especial firmada)
ISBN: 978-0-8297-6855-8 (tapa dura)
ISBN: 978-0-8297-6871-8 (rústica)

CATEGORÍA: Religión / Vida cristiana / General

IMPRESO EN ESTADOS UNIDOS DE AMÉRICA
PRINTED IN THE UNITED STATES OF AMERICA

18 19 20 21 LSC 9 8 7 6 5 4 3 2 1

Solo se ve bien con el corazón...
Lo esencial es invisible a los ojos.

El Principito
Antoine Saint-Exupéry

Al autor y consumador de la fe,
Jesús,
nuestro Señor y Salvador.

Mil gracias a...

Sonia, mi esposa y amiga fiel quien siempre me acompaña a emprender todo aquello que le he creído a Dios.

Mis hijos por el amor con el que me apoyan en el llamado de viajar por las naciones, llevando la Palabra y poder de Dios, aunque esto signifique dejar de verlos por largas temporadas.

Mi madre y su eterna confianza en mí. Ella nunca dudó de que llegaría a cumplir mi vocación de ser misionero, incluso cuando ninguno de los dos sabía lo que ese anhelo implicaba.

Mi pastor, Jorge H. López, quien me mostró el camino de la fe.

Mi maravilloso equipo, el regalo más grande que Dios me ha dado en el ministerio, después de Su Santo Espíritu. Gracias a ellos, su constante trabajo y apoyo incondicional, he podido llegar hasta donde Él me ha llevado.

Los miembros de Casa de Dios, iglesia que fundé y pastoreo, por el amor y respeto que demuestran hacia este siervo de Dios y su familia. Gracias por acompañarme a emprender proyectos de fe.

ÍNDICE

INTRODUCCIÓN

¡El gran día por fin había llegado! Las jornadas sin comer, las noches sin dormir, los préstamos para comprar libros, aquellas largas caminatas de varios kilómetros desde su casa a la universidad porque no había dinero para pagar el pasaje del bus... Todo había valido la pena. Con su título en la mano y los ojos transparentes por las lágrimas, Carlos podía abrazar a su mamá, que no cabía en el salón de lo orgullosa que estaba de él, de su hijo, ahora médico. «¡Siempre tuve fe en ti!», le dijo ella. ¿Acaso había mejor recompensa que esas palabras? Para ese joven que apenas empezaba a vivir y que se veía en la encrucijada de seguir estudiando una especialidad o buscar trabajo como médico general, la palabra fe lo era todo. Lo que significaba esa palabra —confianza, certeza y visión de futuro— era su mayor capital, lo que tenía a su disposición, porque recursos económicos definitivamente le faltaban, pero esa convicción que escuchaba de su madre era la misma que sentía dentro y que lo motivaba a esforzarse para cumplir sus sueños. A pesar de sus circunstancias era optimista, estaba convencido de que lograría su propósito, que alcanzaría sus metas. ¡Él tenía fe!

Todos tenemos fe en algo y en alguien. Todos creemos, estamos convencidos de algo. ¿En qué y en quién crees? Esta es una pregunta importante ya que nuestra vida se define por aquello en lo que depositamos nuestra confianza. Carlos tenía fe en sus capacidades y su madre tenía fe en él. Esas eran verdades que definían su vida. Yo creo en mi esposa, en mis hijos, confío en ellos, tengo fe en ellos y, sobre todo, creo en Dios. Esa verdad ha configurado mi vida. Quizá más que a la mayoría porque soy pastor, fundador de un ministerio, así que mi fe cristiana ha sido un pilar sin el cual Cash Luna no sería Cash Luna.

Sin embargo, no es necesario ser pastor para que la verdad que encontramos en la Palabra de Dios nos impacte profundamente, porque nuestra naturaleza humana inevitablemente se entrelaza con la naturaleza divina a través de la búsqueda del sentido de nuestra existencia, de la inquietud por crear, por trascender, por comprender y por disfrutar de la belleza y perfección del universo. Creer es parte de nuestra esencia, es una destreza, un obsequio que debemos aprovechar porque para eso lo hemos recibido. No se trata de aleccionarnos sobre una fe ciega sino de compartir el gozo que se experimenta al confiar plenamente en aquel que nos ha amado desde antes que naciéramos. De eso quiero hablarte, del potencial de tu fe, específicamente del poder que puedes detonar al entregar tu potencial de fe a Dios.

Porque como humano y como creyente apasionado, convencido de la existencia de Dios y de Su infinito amor, sería imposible callar ante tantas y tantas evidencias de Su gracia. ¿Mi punto de partida? Lo que he aprendido a través de lo que he vivido. No hay más que la experiencia. El antes y el después de aceptar a Dios como mi Padre, a Jesús como mi Señor y Salvador, y al Espíritu Santo como mi consejero, intercesor, consolador y quien da el poder para hacer Su obra. Estas verdades básicas de la fe cristiana han determinado mi forma de enfrentar los retos de la vida.

Una y otra vez, el Señor me inquietó durante todos estos años a compartir sobre Él y Su intenso deseo por nosotros, pero no lograba resolver el dilema de la religión. ¿Cómo hablar de la fe en Dios sin sonar fanático religioso? Parece imposible, pero es justo lo que deseo, porque la fe de la que quiero hablarte es aquella que fluye naturalmente como un río en el que podemos sumergirnos para que sus aguas nos refresquen y revitalicen. Además, si nos dejamos llevar por esa corriente poderosa, inevitablemente llegaremos al mar, a algo mayor, nuestro propósito. Eso es lo que el Señor quiere, renovarnos, darnos nueva vida al abrir nuestros ojos a la fe que puede cambiarlo todo, que nos guía y fortalece.

Crecí en un hogar cristiano. Éramos mi madre y yo. Mi padre no estaba en la ecuación familiar, esa es otra de las verdades que tuve que aceptar y que hizo la diferencia en mi vida. ¿Por qué lo digo? Porque no es lo mismo que te hable un hombre que creció en una familia tradicional a que lo haga uno que vivió la fe en Dios en circunstancias singulares. Pues bien, desde pequeño, mi mamá me enseñó el Credo, los mandamientos, las oraciones básicas... ¡Vaya que sí me enseñó sobre fe! Y efectivamente, Dios siempre fue importante para mí.

Yo era de los niños que iba a misa —incluso pasaba por mis amigos para llevarlos— cada mañana de domingo. Desde los diez años decía que iba a ser misionero, aunque no sabía exactamente a qué me refería. Vivía la fe como me la habían enseñado, pero esa fe no alcanzó para alejarme de los riesgos durante mi adolescencia cuando enfrenté las crisis clásicas. Probé la marihuana y desafié las reglas, aunque la férrea educación de mi madre ganó la batalla de los años más retadores. Ahí fue cuando descubrí que la fe había sido una fórmula que no me había impactado profundamente. Entonces se presentó el punto de quiebre. Específicamente en 1982, cuando, de forma muy espontánea y natural, acepté a Jesús como mi Señor y Salvador durante una reunión dominical en la iglesia Fraternidad Cristiana de Guatemala. En ese momento, puedo decir que de verdad inició mi vida de fe porque comencé la transición del decir al hacer. ¡Ese es el reto de todos los que decimos tener fe en Dios!

Paso a paso, despacito, fui descubriendo la dimensión de la paternidad de Dios e inicié una íntima y profunda relación con Él. Fue algo muy sencillo, natural, pero intenso. Desde siempre había experimentado la presencia de Dios en mi vida, en cada momento, incluso de forma sobrenatural, pero no fue hasta que decidí obedecer Su llamado ministerial cuando aprendí a confiar en Sus promesas. En ese tiempo, realmente puedo decirte que comencé a caminar con los ojos cerrados, guiado por la fe en Él.

Entonces, estudiando Su Palabra, aprendí verdades tan poderosas que provocaron un cambio profundo en mi vida y te aseguro que tendrán el mismo efecto en ti, porque amplían nuestra visión al hacer de la fe un pilar fundamental de todo lo pensamos, decimos y hacemos. ¡No hablo de religión! Es más, quiero alejarme de los estereotipos religiosos y acercarme a tu vida. Ser personas de fe no se trata de afirmar una y otra vez que creemos en Dios, recitar el Credo o golpearnos el pecho arrepentidos y temerosos del castigo divino, ser personas de fe significa demostrarlo en cada paso, incluso en las áreas más sencillas y elementales, porque nuestra fe en Dios debe sustentarnos en absolutamente todo. Así que iniciemos con el descubrimiento de lo que significa vivir por fe. Te aseguro que no te arrepentirás.

THE KING'S SPEECH

Jorge nunca imaginó que a sus cuarenta y un años sería coronado como rey de Inglaterra. Su hermano, Eduardo, legítimo heredero en la línea de sucesión, abdicó, es decir, renunció al honor y la responsabilidad del cargo porque su vida sentimental lo jaló hacia otro rumbo. Él se enamoró de una plebeya norteamericana, Wallis Simpson, y siendo rey no podía casarse con ella, una mujer dos veces divorciada.

Suena inaudito, ¿no es cierto? Pero vemos que muchas veces la realidad supera a la ficción. Y también, muchas veces, la realidad es plataforma para la ficción, como este caso que sirvió para la película *The King's Speech*, drama que muestra al asustado príncipe frente a la encrucijada de superar su tartamudez cuando debe asumir el desafío de convertirse en Jorge VI. ¡Prácticamente le movieron el tapete! Abnegado esposo y padre, él se había acomodado a su vida como parte de la realeza, pero sin mayor protagonismo. Sabía que era pieza en la línea de sucesión; sin embargo, no de primera mano, porque no era el primogénito, pero su destino cambió radicalmente.

Con el país en guerra y aires de cambio e independencia soplando por todas partes, Jorge tuvo que abrir su mente y corazón para superar los traumas de su niñez y asumir su identidad como rey. Todos los conflictos en su interior se hacían un nudo que al final parece que enredaban sus cuerdas vocales. ¡Pero tartamudear no era un lujo que pudiera darse el hombre que de la noche a la mañana se vio forzado a contagiar de fe y valor a la nación que lideraba la Segunda Guerra Mundial!

Este rey emergente, con tanta responsabilidad sobre los hombros, debía proyectar seguridad, firmeza y poder no solo con sus decisiones, sino que también a través del significado, fluidez, ritmo y entonación de sus palabras. Precisamente como sucede con cada uno de nosotros, hijos y herederos de un Rey que nos ama. Por eso, es tan importante que descubramos nuestra identidad, confiemos en nuestro Padre y logremos vivir de acuerdo a los principios del reino al que pertenecemos. Nuestra vida y futuro dependen de ello.

Uno de los primeros retos de Jorge fue prepararse para el crucial discurso que debía pronunciar al ascender al trono. Discurso que también debía inspirar a la nación y al mundo para enfrentar los duros años de guerra. Para lograrlo, se sometió a una efectiva terapia que le ayudó reconfigurar su mente y su corazón. Precisamente lo que juntos iniciaremos en este momento, una renovación de identidad para descubrir que somos hijos del Rey, que somos herederos de un trono y que debemos vivir de acuerdo a los principios de ese reino. Hagamos nuestro el discurso del Rey.

1 SOBRENATURAL

Dios es nuestro Padre y nos pide que creamos en Él porque nos ama.

Cuando un joven de veintitrés años decidió casarse con la mujer que amaba, su hermosa novia de diecinueve años, él tenía todo por delante, su capacidad para emprender, su creatividad, voluntad de hierro, pasión y, especialmente, su claro deseo de servir al Señor. ¡Podríamos decir que no le faltaba nada! El futuro abría sus puertas de par en par a una vida plena. Años después, ese joven puede afirmar que realmente sus sueños se han cumplido. Logró formar una hermosa familia, siguió la visión que Dios le planteó y fundó un ministerio donde se le da la honra y la gloria a Él, pero el camino no fue fácil. A pesar de tanta claridad respecto a su llamado y del respaldo del Señor, hubo momentos de incertidumbre, por lo que fue necesario batallar sinsabores en todos los aspectos, desde lo más sencillo como el sustento para su propio hogar hasta cuestiones delicadas como las difamaciones.

Recién casados, en el proceso de establecer su hogar, él y su esposa vivían en una pequeña casa alquilada. Su boda había sido un verdadero milagro de provisión y muchas personas bendijeron a la pareja con regalos. Ellos veían emocionados los paquetes de diferentes tamaños. Había grandes cajas como también pequeñas, todas envueltas en bonito papel blanco con hermosos diseños. Era como una navidad especial. Tomados de la mano, los recién casados dieron gracias por tanta bendición. Algunos obsequios eran muy particulares. Por ejemplo, los padres de la novia les regalaron un juego de cubiertos de plata. ¡Wow! Sí, ¡wow! Ellos aún no terminaban de visualizar en qué momento los utilizarían, pero seguramente lo harían en alguna ocasión especial. La cuestión era que primero, antes de pensar en usar esos elegantes utensilios, se requería llevar la comida a la mesa y él estaba concentrado en ese asunto. De hecho, al tomar la decisión de casarse, al escuchar que Dios le decía: «Es tiempo de que te comprometas y comiences tu vida de servicio en pareja», casualmente tocó a la puerta de su oficina un vendedor de utensilios de cocina y por fe compró un juego de cuchillos. Cuando los recibió, dijo: «Señor, te obedeceré, me voy a casar. Ya compré lo primero para mi nuevo hogar, provee todo lo demás».

Siendo un joven esposo, decidió dedicarse al negocio de los seguros porque le permitía acomodar su horario para que no interfiriera con el tiempo de servicio al Señor. No le iba mal, al contrario, tenía gracia para presentar sus argumentos a los potenciales clientes y con el tiempo se destacó en el equipo de ventas, incluso ganó premios. Pero eso no lo vacunaba contra cierta incertidumbre, o tal vez era ansiedad por avanzar más rápido. No estoy seguro, la cuestión es que un día, sal de casa... es decir... el joven salió de casa preocupado por las finanzas, por cómo cumpliría a su esposa la promesa de la casa nueva y esos sueños que habían visualizado juntos. En ese momento escuchó la voz de su Padre: «Si te di los cubiertos, ¿no te daré los alimentos?». Fue un razonamiento tan lógico y a la vez una promesa tan cariñosa, que el joven... bueno, mejor digo de una vez que el joven era yo... pues yo no pude contener las lágrimas. ¡Por supuesto! Creo que no era tiempo para comprenderlo en su totalidad, pero fue una lección de fe como otras que recibiría.

Las personas me preguntan cómo vivir realmente conforme a la fe en Dios, y la respuesta es sencilla, pero a la vez compleja porque puede resumirse en una frase: «Entrégate al Señor», lo que implica muchas cosas, desde el conocimiento de Su Palabra, donde encontramos nuestra identidad y código de conducta, hasta nuestra actitud frente a cada situación, por grande o pequeña que sea.

Somos hijos, herederos y ciudadanos de un reino que opera bajo estándares y normas diferentes a las del mundo. ¡Esa es la clave!

Sin ir muy lejos, la oración del Padre Nuestro, ampliamente conocida, es una completa declaración de fe porque a partir de la primera afirmación: «Padre nuestro...», aseguramos comprender que somos hijos, herederos y ciudadanos de un reino que opera bajo estándares y normas diferentes a las del mundo. ¡Esa es la clave!

En dicha oración que Jesús enseñó, pedimos: «Venga Tu reino, hágase Tu voluntad así en la tierra como en el cielo», pero tal vez no dimensionamos lo que esa petición implica: que tengamos paz, que prevalezca el bien, que haya justicia, que nos liberemos del afán. En resumen, que vivamos en la tierra como viviríamos en el cielo, ¿no es así?

Y para vivir en esas condiciones ideales, sobrenaturales, debemos aprender sobre el sistema de Dios que, efectivamente, no es de este mundo. No es fácil lograrlo porque implica despojarnos de lo que el mundo nos enseña y renovar nuestro entendimiento priorizando la convicción de que Él nos ama y se interesa por cuidarnos. Tener fe en Dios significa que la maravillosa verdad de Su paternidad debe ser el fundamento de nuestra vida, a tal punto que cambia totalmente el panorama porque al ser Sus hijos adquirimos derechos y responsabilidades, como sucede en toda familia.

Dios nos propone un sistema totalmente diferente al que nos propone el mundo porque nos pide que confiemos en Él antes que en cualquier opción que pueda ofrecer el hombre. No dice que lo primero frente a la dificultad debe ser buscar la ayuda de un amigo o familiar, sino que lo primero es buscarlo a Él, porque en medio de un problema, siempre acudimos a la persona en quien más confiamos, por lo tanto, si decimos vivir por fe, buscar a Dios con un corazón humilde será nuestra primera reacción ante una situación adversa.

De lo mucho o poco que yo podría enseñarte con mi testimonio es precisamente esto, que Dios ha sido el pilar de mi existencia, siempre, en todo momento. Ha sido mi primera opción, y te aseguro que no he sido defraudado, pero tuve que aprender a pensar, sentir y actuar de acuerdo con lo que Él enseña en Su Palabra, por eso me convertí en ferviente lector de la Biblia y mi anhelo más grande es compartirte las sencillas pero transformadoras verdades que he descubierto.

En el principio, según leemos en el libro de Génesis, en la Biblia, vemos que Adán y Eva fueron creados para vivir en un sistema hermoso: disfrutar y sojuzgar el jardín del Edén, pero desviaron su atención, pecaron al escuchar el consejo de la serpiente y comieron el fruto del árbol del bien y del mal. Entonces, se vieron obligados a entrar en otro sistema diferente al que Dios les había preparado. El sistema de este mundo fue diseñado para el Adán que salió del Paraíso y asumió una naturaleza humana no redimida. A partir de ese momento, tuvo que obtener el pan con el sudor de su frente. Este cambio nos afectó a todos; sin embargo, ¡Jesús vino a darnos la posibilidad de ser partícipes de Su naturaleza divina[1] y devolvernos el acceso a ese sistema original y perfecto que Dios había diseñado!

Esta cuestión de la desobediencia me hace reflexionar porque, si lo analizamos, Adán se concentró más en la única prohibición que tenía, por lo que desestimó todo lo que sí podía hacer y disfrutar. ¿Valía la pena alejarse del sistema de Dios por comerse un fruto? ¡Claro que no! Pero al enfocarnos en lo que no tenemos o no podemos hacer, desperdiciamos todo lo que sí está a nuestro alcance.

---

[1] 2 Pedro 1.4

Cuando alguien decide entregarle su vida al Señor a veces se lamenta porque, obviamente, hay comportamientos que tendría que evitar, como beber licor, fumar o parrandear y mentir, pero no se da cuenta de que todo «lo prohibido» hace daño al cuerpo y al espíritu, por eso Dios nos pide que busquemos solo lo bueno, agradable y perfecto. Sin embargo, en el sistema del mundo encontramos agrado en lo que nos hace daño, ¿acaso no es irónico? Justo por esas contradicciones, el Señor nos pide que le permitamos renovarnos para apreciar todo desde Su perspectiva y disfrutar de los beneficios que alcanzamos al cambiar nuestro estilo de vida de acuerdo con Su sistema.

Por supuesto que todo cambio es difícil, pero es entonces cuando debemos fortalecernos y permitir que nuestra fe en Dios prevalezca sobre lo que el mundo nos presenta como valioso. Siempre he dicho que ser inteligente es dejarse asesorar por alguien más inteligente, y ¿quién mejor que nuestro Creador? Otro ejemplo es que el Señor nos pide que seamos humildes frente a una ofensa, mientras que el mundo nos abre la puerta a la revancha. ¿Qué debemos hacer si deseamos vivir por fe?

Obviamente, debemos obedecer lo que Dios nos señala como correcto y no dejarnos dominar por nuestra naturaleza humana que nos impulsa a responder con arrogancia. Cuando comenzamos a vivir por fe, nuestro Padre nos va perfeccionando, nos reconforta, nos da paz y fortalece nuestra voluntad hasta que logramos cerrar nuestros ojos y caminar confiados en Sus instrucciones.

El mejor sistema

Desde mi perspectiva, el primer paso para vivir por fe es reconocer que el sistema de Dios es el mejor y que estamos dispuestos a obedecerlo, lo que abre las puertas a una vida con grandes expectativas y la capacidad de soñar e imaginar. ¡Es como nacer de nuevo! Pero es nacer a una vida en donde somos herederos de las promesas que encontramos en Su Palabra. Si das ese paso te garantizo que recibirás agradables sorpresas.

Él es nuestro Creador, sabe lo que dice y cómo funciona todo, tiene poder y autoridad para decirnos cómo actuar y ¿lo mejor? ¡Nos ama, desea que nos realicemos! Si quieres un aliado de influencia, no puedes tener otro mejor. ¿No te parece? Es como hacerle servicio a tu vehículo; puedes llevarlo donde cualquier mecánico, pero lo mejor es llevarlo a la agencia en donde tienen todo el sistema y los repuestos para arreglarlo. No intentes arreglar tu vida con el defectuoso sistema de este mundo, mejor obedece las instrucciones del fabricante, tu Creador, quien te conoce por dentro y por fuera, y es el único que puede sanarte, restaurarte y prosperarte. El sistema del mundo y el de Dios se oponen, por eso al entregarle tu vida debes cambiar tu pensamiento. Acércate a Él para que te renueve y vivas por fe.

No intentes arreglar tu vida con el defectuoso sistema de este mundo, mejor obedece las instrucciones del fabricante, tu Creador, quien te conoce por dentro y por fuera, y es el único que puede sanarte, restaurarte y prosperarte.

Y ¿cuáles son algunos de los principios fundamentales de Su reino? La comunicación con Él y el perdón son básicos. Por eso, el Señor nos pide que oremos en todo lugar y con buena actitud, haciendo a un lado el enojo y perdonando las ofensas.[2]

Jesús compartió mucho sobre la oración con Sus discípulos, porque para lograr ese cambio de sistema, es determinante la comunicación, ya que no puedes amar y tener fe en alguien a quien no conoces. En una oportunidad, les explicó sobre la necesidad de orar y no desmayar, y lo hizo con una parábola que hablaba de una viuda insistente que le pedía intervención a un juez. Este, ya cansado, la atendió. Ella no usó el sistema del mundo, sino que usó el sistema de Jesús, quien nos enseña a insistir con fe.[3] El mundo dice: «Usa mi sistema, busca alguien con influencia que pueda facilitarte las cosas, busca a quién sobornar»; pero Dios te dice: «Usa Mi sistema, Yo sé lo que te digo,

---

[2] 1 Timoteo 2.8; [3] Lucas 18.1-8

demuestra tu fe, clama de día y de noche, sin descanso, pídeme y actúa correctamente».[4] Nadie tiene tanto poder para ayudarte como el Señor, el Juez por excelencia, quien te da acceso directo a Su trono de gracia para que obtengas oportuno socorro. Su Palabra dice que Él no tardará en responder, pero debe encontrar fe. ¡Si no recibes lo que esperas es porque te tardas en clamar! No hay nada imposible para Dios, así que todo es posible si crees y le pides.

Nuestro Señor es claro en decir que recibiremos todo lo que pidamos.[5] Por supuesto que no recibiremos aquello que sea pecado, porque si estás conectado con Él, sabes que no es posible pedir lo que nos hace daño y nos aleja de Su lado, pero todo lo que es lícito se puede pedir. Entonces, ¿qué esperas? ¡Pídele! Si quieres, incluso prueba pedirle algo «no tan bueno». ¡Ya verás que te responderá! En ese caso, por supuesto que Su respuesta será «No», pero nada pierdes con intentarlo.

Qué importa lo que otros digan, tú deja a los demás con su oración, pide con fe y te será hecho. Eso es lo que nuestro Padre nos ha enseñado. Yo estoy convencido de ello porque le he pedido con fe y Él ha obrado ya que sabe que en todo momento deseo darle la honra y la gloria. Jesús nos enseña a pedir en Su nombre. Él nos eligió y quiere que demos fruto[6] porque el Padre será glorificado cuando se cumplan tus peticiones, se pudran esos yugos de enfermedad, pobreza, orgullo, separación y desilusión.

Cuando operas en el sistema de Adán, buscas soluciones naturales. Frente a una enfermedad lo primero que haces es averiguar si el seguro médico cubre el tratamiento, pero si operas en el sistema de Dios, nada te turba porque sabes que has recibido sanidad por el sacrificio de Jesús. No importa cuántos negocios se caigan, Él dice que habrá provisión sobrenatural para tu vida. Recibirás llamadas de personas que desean bendecirte con trabajo e invitaciones que te proveerán. Ora porque se abran puertas, y mientras eso sucede, también dile al Padre: «Sé que todo estará bien porque dependo de Tu sistema».

---

[4] Lucas 18.7-8; [5] Marcos 11.24; [6] Juan 15.16

Debemos ser como niños ingenuos delante del Señor, completamente dependientes de Su poder, gracia y misericordia. Yo lo he experimentado con la obra del ministerio, he sido obediente y Él toma el control, provee los recursos y allana el camino para todo emprendimiento que beneficie a muchos. Accede al sistema de Su reino que opera sobrenaturalmente por fe. No confíes en el sistema de este mundo.

Busca ser justo delante de Sus ojos y verás que tu oración no tendrá tropiezo. No significa que seas perfecto, sino que tu corazón sea conforme con lo que Él pide. Convéncete y decídete a vivir por fe. ¡Tírate de cabeza y sumérgete en el reino de Dios!

2 IMPERFECTOS

Nuestro Padre
nos ama y
desea que nos
acerquemos
confiadamente
a Él.

Jorge V, padre del tímido y tartamudo príncipe Alberto Federico Arturo Jorge, sin darse cuenta, enfatizó en su hijo los rasgos que lo convirtieron en una persona con tantas dificultades para comunicarse. Imagino que el rey se sentía aliviado al pensar: «Gracias a Dios que es Eduardo, mi primogénito, y no Jorge quien me sucederá en el trono», pero ¡nunca imaginó que Eduardo lo intentaría, pero en menos de un año cedería ese privilegio! Muchos culpan a la novia plebeya de esta decisión, pero al ver el rumbo que tomó la vida de Eduardo, concluimos que esa relación fue nada más una excusa porque él tampoco estaba preparado ni deseaba tal responsabilidad.

Jorge no era el candidato perfecto para el puesto que debía asumir. De hecho, su temperamento y particular limitación del habla eran algunos de los peores defectos que podrían imaginarse para un líder; sin embargo, aprendió sobre humildad, permitió que lo ayudaran y corrigió sus debilidades. De esa forma, contra todas las apuestas, logró un éxito que le valió el reconocimiento del mundo.

Seamos humildes para aceptar nuestra naturaleza y reconocer que fallamos. La humildad es un elemento importante en el reino de nuestro Padre. Por ejemplo, Él nos pide que confesemos nuestras faltas y oremos unos por otros. Esa actitud sin arrogancia es ideal para formarnos y disponer nuestro corazón para acercarnos a Él y tener una conversación eficaz, porque la Escritura dice que la oración del justo puede mucho.[7]

Las personas siempre me preguntan cuánto tiempo dedico a la oración porque piensan que la cantidad de tiempo es la clave, pero lo importante es la calidad de la oración. Si digo que oro poco tiempo se escandalizan y dicen que es una barbaridad, y si digo que me paso la vida orando, condeno a los demás porque quizá nadie se sentiría capaz de hacer lo mismo. El tiempo no es lo importante, sino la fe con la que me acerco al Padre para orar. Así de sencillo, no te dejes llevar por el sistema del mundo que a veces enreda todo.

Sujetos a pasiones

Cierto día, mientras intentaba resolver un asunto delicado en relación al segundo templo que inauguramos en 2013, me di cuenta de lo fácil que es regresar a los viejos hábitos de complicarse la vida porque, en medio de mi afán, el Señor me decía: «Elías oró, tenía pasiones de hombre, pero oró». Me lo dijo varias veces, hasta que reflexioné y le dije: «¡Tienes razón! ¿Por qué me mortifico por este inconveniente? Lo que debo hacer es tomar autoridad en el sistema divino y orar, no debo enfocarme en mi imperfección y debilidades, solo debo ejercer mi fe y confiar en ti».

---

[7] Santiago 5.16

Efectivamente, al leer la Biblia vemos que el profeta Elías era un hombre sujeto a pasiones, es decir, que era impulsivo y voluble. Ahora podríamos decir que era «almático y sanguíneo». Un día fue capaz de enfrentar a más de ochocientos profetas, y al día siguiente, la amenaza de una mujer provocó que saliera huyendo. Sin embargo, esas pasiones irregulares y extremas no impidieron que orara y que su oración fuera eficaz para que no lloviera durante un tiempo, y luego provocar que lloviera de nuevo.[8] Al orar no veas qué tan bueno eres, porque es Jesús quien te aprueba y te ha dado la vía libre para acercarte al Padre.

> *Al orar no veas qué tan bueno eres, porque es Jesús quien te aprueba y te ha dado la vía libre para acercarte al Padre.*

El sistema de Adán te dice que es imposible recibir bendición en medio de tu debilidad y con tus defectos, porque te motiva a confiar en tus fuerzas, que nunca podrán compararse con las de Dios. Así que caes en un círculo de dudas y desesperanza cuando lo que debes hacer es reconocer humildemente que eres débil y demostrar fe a toda prueba. No ores de acuerdo a tu conciencia sino al amor de Dios, o ¿acaso tu pecado es más poderoso que la gracia de tu Padre? ¡Por supuesto que no!

Pedro fue el discípulo a quien Jesús más enseñó sobre fe, humildad y obediencia, seguramente porque lo estaba preparando para lo que debía enfrentar después. Sabemos que en una oportunidad le pidió que se alejara un poco de la orilla del lago para enseñar desde allí a las personas. Luego de que Jesús compartiera la Palabra, le pidió que navegara lago adentro a pescar. La primera respuesta del discípulo fue motivada por el sistema de Adán, porque le argumentó que en toda la noche no habían pescado nada, aunque luego, al parecer, cambió al sistema de Dios y le dijo que obedecería.

---

[8] Santiago 5.17-18

Entonces Pedro se puso en acción, lo que es importante para recibir bendición en el sistema divino, y fue testigo de una pesca sobrenatural.[9] Cree al igual que Pedro y ¡tendrás que pedir ayuda para cargar con toda la bendición que el Señor te dará! Porque la recibirás para compartirla con quienes te rodean, y ese es otro principio fundamental del sistema del reino de Dios.

Amor que perdona

Luego de ese milagro, Pedro se sintió indigno y, aunque lo era en su naturaleza humana, ya vimos que eso no es determinante en el sistema divino porque Dios sabe que somos imperfectos y aun así desea bendecirnos. No significa que puedes dedicarte a pecar y luego orar para recibir, porque operar en el reino de Dios implica esfuerzo por vivir según Sus mandamientos, pero no debemos alejarnos de nuestro Padre y pensar que nos castiga por ser débiles.

Él nos ama, nos perdona y nos recibe con los brazos abiertos. Eso es lo que debemos comprender. Acércate, reconoce que eres un ser humano con debilidades, esfuérzate por mejorar, humildemente pide perdón y no tengas miedo de expresarle tus necesidades con fe. Escucha y cree, deja de buscar argumentos; solo hay dos caminos: continúas viviendo bajo el sistema de Adán o buscas el reino de Dios y provocas que funcione como debe ser. ¡No busques la influencia del mundo, sino la influencia del Señor para tu vida y para tu familia!

En otra ocasión, Pedro retó a Jesús cuando lo vio caminar sobre el agua. Entonces, Jesús simplemente le dijo: «Ven». Pedro obedeció, pero seguramente sintió miedo y de nuevo cambió de sistema y a causa de ello comenzó a hundirse.[10] Por supuesto que no es fácil decidirse a vivir según un sistema completamente diferente al que nos rodea; es normal que esto provoque dudas y temor, pero te garantizo que funciona. Deja de moverte entre un sistema y otro, decídete a ser radical, no seas de doble ánimo. Si dudas, te debilitas, y tu mente vuelve a operar en el sistema que no te conviene.

---

9 Lucas 5.1-8; 10 Mateo 14.22-32

No importa lo que otros piensen, ¡siembra para cosechar, sé humilde y serás exaltado, pide y recibirás! Pon tu mirada en el Señor, has nacido de nuevo, lo tienes frente a ti, no le pidas que bendiga tu sistema sino vive conforme al Suyo. Tu vida hubiera cambiado hace mucho tiempo si pudieras orar con la insistencia con la que has llamado a esa oficina donde quieres que te den trabajo.

Un tercer ejemplo de Pedro aprendiendo a operar en el sistema de Dios es cuando Jesús le dio la singular instrucción de que fuera a pescar con un anzuelo y sacara de la boca del pez el dinero para pagar los impuestos de ambos.[11] ¿Acaso algo así no es extremo? ¡Vaya que era un reto obedecer semejante mandato! Pero luego de ver multiplicación de panes y sanidad de enfermos, parece que Pedro poco a poco abrió su entendimiento y fue fortalecido en su fe.

En ese momento, la cuestión era más delicada porque no recibiría una pesca milagrosa, sino que aprendería a mantenerse dentro del sistema del Señor, quien le pedía que atendiera a Su Palabra. Era como si le dijera: «Te espera una aventura impresionante, por eso te enseñaré a vivirla con fe y gozo». Lo mismo sucede ahora con nosotros. Sin esa confianza a toda prueba, será difícil enfrentar los retos que la vida en el Señor nos presenta.

---

[11] Mateo 17.24-27

Acá podemos analizar otra situación interesante. Sabemos que el ministerio de Jesús recibía provisión y que Judas era el encargado de administrarla. En la Palabra se habla acerca de una bolsa que este discípulo tenía y de la que incluso sacaba dinero.[12] Entonces, a pesar de tener esos recursos, Jesús los retaba a operar en el sistema del Reino porque con lo que tenían era imposible alimentar a una multitud o preparar la celebración de la Pascua. Él siempre quiso hacerles entender sobre economía divina y parece que, con Judas, como tesorero, había que hacer milagros todo el tiempo.

Entonces, ¿por qué no le pidió a Pedro que fuera con Judas para que le diera dinero para los impuestos? Me gusta pensar que también le estaba enseñando a Judas que no era necesario robar para tener abundancia. Si creyéramos en el sistema del reino de nuestro Padre, ¡se acabaría la corrupción!

También creo que Jesús quería salvarle la vida a Judas, ya que los recursos económicos son lo menos importante cuando aprendemos a depender de Dios. Si dinero es lo que necesitas, ¡Él puede dártelo! Convéncete para dejar de pensar en sobornar o hacer cosas como pedir facturas a tu nombre por gastos que no has hecho con tal de reducir el pago de impuestos. Hacer eso es vivir en el sistema de Adán, seguir de necio con el sistema del mundo. Tus preocupaciones económicas terminarán cuando vivas según los principios del reino de Dios.

Trabaja confiando en que el Padre puede darte todo lo que le pidas con fe. No te esfuerces por comprenderlo, ¡solo cree y sé constante! Obedece Sus instrucciones por ridículas que te parezcan. Aprende a vivir en Su sistema y si te manda a buscar una moneda en la boca de un pez, hazlo porque Su bendición es la que te proveerá hasta que sobreabunde. Él te salvó y solo Él te sostendrá y guiará hacia Su reino. Declara: «Padre, quiero que todo en mi vida funcione según Tu sistema. En Tu Palabra viviré, creceré y serviré a los demás con amor».

---

[12] Juan 12.6

3 HEREDEROS

Cuando mi prima Yuri Cristina murió en un accidente automovilístico, su hija, Andreíta, quedó bajo la custodia de su abuelita, mi tía Yuri. Por supuesto, el trágico suceso fue traumático para la pequeña niña, quien años después tuvo que enfrentar el dolor de perder a su segunda madre. Curiosamente, mi esposa se había visto embarazada en sueños. ¿Tendríamos otra hija?

Nuestra relación con ella siempre fue cercana, así que cuando nuestros hijos, Cashito, Juan Diego y Anita pidieron: «¡Que Andreíta viva con nosotros!» No lo pensamos dos veces.

Dios tenía todo planeado. Cashito se casaba así que teníamos una habitación disponible y todo el amor del mundo para darle la bienvenida. De esta forma inició un proceso de adaptación que involucró a toda la familia, desde acomodar los horarios hasta aprender los lenguajes del amor a los que ella era receptiva. Para nosotros, fue una hija desde que llegó a casa. Y ella se fue acomodando poco a poco al nuevo ambiente. Nuestro mayor deseo era que se sintiera parte de una familia que la amaba y aceptaba. Orábamos porque llegara el día cuando nos pidiera ser oficialmente una Luna. El día llegó, pero esa historia te la compartiré luego.

Andreíta se convirtió en nuestra hija porque la amamos y así lo decidimos. De la misma forma, Dios planeó nuestra adopción por medio de Su Hijo como un maravilloso acto de amor. ¿Acaso no es la revelación más increíble? La Escritura lo asegura, somos hijos de Dios, herederos de Su reino y coherederos con Jesús.[13] Sabemos que el Espíritu Santo engendró a Jesús en el vientre de María[14] y Dios nos ha adoptado, nos ha dado esa potestad, es decir, que ha firmado ese documento que nos otorga el poder para sentirnos orgullosos de nuestra identidad.[15] He escuchado que entre hermanos, a veces, bromean diciendo: «Eres adoptado», como queriendo incomodar o hacer sentir mal al otro, pero en el sistema del reino de Dios, ser adoptado es un enorme privilegio porque somos escogidos para ser hijos.

Yo crecí sin papá, pero ese vacío se acabó el día que acepté al Señor como mi Padre. En ese tiempo le dije: «No sé qué implica ser obediente a un padre, ni festejarlo o respetarlo, pero ahora Tú eres mi Padre, así que te serviré y amaré con todo mi corazón». Tiempo después, Dios me dijo: «He aceptado tu amor como hijo, me he dejado amar, ahora quiero que te dejes amar por mí. Quiero darte todo lo que un padre da». Entonces, le pedí al Espíritu Santo y todo lo bueno que sabía que deseaba darme. Sé que anhela regalarnos unción y provisión porque nos ama.

---

13 Romanos 8.15-18; 14 Lucas 1.34-35; 15 Juan 1.11-13

Y como herederos, Jesús fue insistente al enseñarnos a pedir todo porque de esa forma demostramos que realmente vivimos por fe. De hecho, al leer la Biblia, vemos que antes de hablar de la obediencia a los mandamientos, habla de pedir para recibir.[16] El gozo del Señor está en que recibas. Recuerda que eres tú quien necesita de Él. Acercarte a Su presencia sin pedirle es como decir que no lo necesitas.

Él es glorificado cuando pides, recibes y das testimonio de ello,[17] quiere darte para que des testimonio de Su amor. Recuerda que por el pecado perdimos todo y fuimos destituidos de la gloria de Dios. Al aceptar a Jesús como Salvador nacemos de nuevo y recuperamos la vida eterna mas no el esplendor. Logramos recuperar la herencia de gloria con la que fuimos creados hasta que la pedimos. Jesús no asumió que al resucitar recuperaría Su gloria, por el contrario, explícitamente la pidió de vuelta: «Glorifícame con aquella gloria que tenía antes».[18] Contrario a lo que hemos aprendido, pedir no es de personas carnales o de inmaduros, sino de hijos confiados en el amor y cuidado de su padre.

Justo intercambio

La vida es una constante solicitud por alguna cosa. Siempre esperamos algo como consecuencia de nuestras acciones. El trabajador pide recursos y recompensa por su esfuerzo, el patrono pide resultados por lo que paga, siembras para cosechar. No es cierto que nuestro amor es incondicional. En tu matrimonio amas y eres fiel porque esperas lo mismo de tu pareja, y cuando no lo obtienes, tu decepción es grande. Los hijos deben amar a sus padres con obediencia y obsequios materiales. Nunca te niegas a recibir lo que te dan porque lo esperas como resultado de lo que das. Nos acercamos al Señor con el deseo de recibir salvación y vida, así que pedir es aceptar con humildad nuestra necesidad humana de recibir en la medida que damos. Debes ser honesto y humilde. Reconoce que necesitas de tu Padre y pídele con confianza porque Él quiere que recuperes todo lo que has perdido por vivir de acuerdo con el sistema del mundo.

---

[16] Juan 14.13-15; [17] Juan 15.7-8; [18] Juan 17.5-7

El salmo 2 que leemos en la Biblia es mesiánico, es decir, profetiza la venida de Jesús. En los versículos 7 y 8 dice: «*Yo publicaré el decreto; Jehová me ha dicho: Mi hijo eres tú; yo te engendré hoy. Pídeme, y te daré por herencia las naciones, y como posesión tuya los confines de la tierra*». Nunca lo olvides, Él te bendijo desde que eras un embrión y eres Su hijo. Este asunto de la fe es algo entre Padre e hijos, no un asunto religioso. Además, nos da la orden de pedir. No es una opción, es un mandato para recuperar todo lo glorioso que nos fue quitado por el pecado. ¡Cómo no será importante pedir si lo dijo desde el día que nos engendró!

Y este salmo habla específicamente de pedir por las naciones, lo que también es una poderosa revelación. La palabra «naciones» significa «razas», que el hebreo original menciona como «gentes, pueblos». Entonces, el Padre le está diciendo al Hijo que el plan era salvar a los judíos, pero que también le dará al resto de pueblos, si se lo pide. Si Jesús no le pide a las naciones, ¡no seríamos salvos!

Ahora que lo pienso, es curiosa la relación: Jesús es Hijo de Dios y se convirtió en hijo adoptivo de un hombre para que nosotros, hijos de hombres, seamos hijos adoptivos de Dios. ¡Así de valioso es Su sacrificio! Si lo analizamos, ningún hijo llama por su nombre al padre, sino que le dice papi o papito, y si quiere algo le dice: «papito lindo». Abba padre quiere decir «papito», así que Dios desea que lo reconozcamos como Padre cariñoso.[19] La relación es de padre a hijos que deben pedir su herencia. Si el Heredero pidió, los coherederos también debemos hacerlo. Sé libre para ejercer tu fe, para pedir todo lo bueno, lo que necesitas y sueñas.

Sé libre para ejercer tu fe, para pedir todo lo bueno, lo que necesitas y sueñas.

---

[19] Romanos 8.15-17

Si naciste de nuevo, debes operar en el sistema del Señor, el único que sí funciona, sin duda, aunque algunos no lo comprendan. Las cosas del Espíritu se disciernen espiritualmente porque la mente del hombre no las entiende. No sabemos explicar por qué suceden milagros, pero así es, por lo que solo nos queda pedir, recibir y agradecer. Accede al reino de Dios. ¡Vive por fe, convencido de que eres hijo y tus ojos verán maravillas!

Comprender que Dios es nuestro Padre resuelve muchas cuestiones doctrinales y religiosas que a veces nos impiden tener una relación íntima. Si Él es nuestro papá significa que nos pertenece, por lo tanto, también es nuestro todo lo que Él posee. O ¿acaso nuestros hijos no están convencidos de que es suyo lo que tenemos? De hecho, ellos quieren lo que nos pertenece. Cuántas veces se ponen nuestros zapatos, aunque les queden grandes, y en todo desean ser como nosotros. Recuerdo que un día buscaba mis lentes y al no encontrarlos le pregunté a mi hijo mayor si los había visto, a lo que él respondió: «Sí, papá, yo los tomé porque estaba jugando a ser como tú».

Regreso a la oración del Padre Nuestro porque ofrece tantas revelaciones; una vez, mientras la oraba, reparé en un detalle: primero se pide el pan y luego el perdón. Le pregunté esto al Señor, pues según mi perspectiva había que hacerlo al revés, pero Dios me respondió: «Primero me pides el pan y luego me pides perdón porque soy más tu padre que tu juez». Esa verdad me llenó de confianza y me hizo notar que, a veces, al enfrentar dificultades económicas, decimos que Dios nos ha enviado esas pruebas, pero no es así, ya que Él no castiga a Sus hijos quitándoles el pan, como nosotros no castigamos a nuestros hijos negándoles la comida. Tú no le dices a tus hijos: «Perdiste dos clases en el colegio, ¡ahora no comes durante un mes!». Nuestro Padre espera que le pidamos el sustento porque desea que jamás le perdamos la confianza. Quiere sentarse a la mesa con nosotros y pasar un buen tiempo, para después, con amor, hablarnos de lo que podemos mejorar.

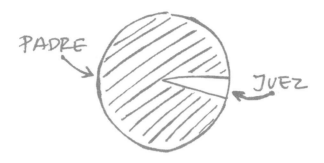

Jesús tuvo un estilo de enseñanza muy especial y efectivo porque revelaba verdades profundas a través de historias sencillas. En una de las oportunidades que tuvo para enseñar sobre pedir, lo hizo con la parábola sobre alguien que llegó a medianoche a pedirle pan a un amigo para darle de comer a unos invitados. El proveedor del pan no vio esto con buenos ojos, pero accedió a fin de cuentas. Luego, Jesús habló de Dios como nuestro Padre que desea darnos al Espíritu Santo, y lo hará sin protestar e incomodarse.[20]

La comparación es interesante porque demuestra la diferencia entre un padre y un amigo. Sabemos que amigos podemos tener muchos, pero padre solo uno. Esto es algo que los jóvenes deben comprender para dimensionar el profundo amor y preocupación de su familia, que los educa para que tengan una buena vida a diferencia de algunos amigos, quienes solo buscarán quedar bien con ellos. Así que los padres deben decir a sus hijos: «No soy otro de tus mejores amigos, soy tu único padre».

Además, es importante descubrir en esta misma Escritura la metáfora del Espíritu Santo en el análisis que hace Jesús respecto a los padres que darán pan, pescado y huevos a sus hijos. De esta forma está comparándolo con el sustento —lo que brinda energía a nuestro cuerpo: proteínas, carbohidratos y grasas— y lo hace para enseñarnos que la llenura del Espíritu Santo es tan indispensable como el alimento diario, por lo que debemos pedirlo y buscarlo siempre. No es un lujo, sino una necesidad que nuestro Padre desea satisfacer.

---

[20] Lucas 11.5-13

Así como deseamos comer todos los días, ¡así debemos anhelar la llenura de la presencia del Señor!

En Mateo 7.11 encontramos la misma Escritura, pero con un final ligeramente diferente ya que no se refiere directamente al Espíritu Santo, sino a las buenas cosas que nuestro Padre desea darnos. ¿Por qué razón esa diferencia? La explicación es que ambos evangelistas escribieron la misma verdad desde diferente perspectiva, enfatizando algo particular. Eso sucede entre lo escrito por Mateo, Lucas y Marcos, los llamados Evangelios sinópticos, característica que nos enriquece muchísimo. En este caso particular, la enseñanza es que nuestro Padre nos dará Su máximo regalo, al Espíritu Santo, y también toda buena cosa que le pidamos. ¡Maravillosa promesa!

Es más, Él se anticipó a las contradicciones que luego buscaríamos al leer Su Palabra, pues no es blasfemo pedir a nuestro Padre y pensar que Él nos dará cosas buenas; cualquier conflicto teológico o religioso se acaba con esta verdad. Él se ocupa de Sus hijos en todas las áreas porque somos cuerpo, alma y espíritu. Por eso nos da al Espíritu Santo y todo lo demás que necesitamos en la vida. ¡Créelo y pídele con confianza!

Cuando recibimos a Jesús en nuestro corazón comenzamos una nueva vida y la Palabra de Dios se convierte en la promesa eterna que nos guía porque permanece para siempre.[21] Recibe Su amor para que seas Su hijo legítimo por medio de la adopción del Espíritu Santo. Dios no quiere usurpar un lugar como padre, Él desea que lo escojas y lo aceptes como tal. La decisión es tuya. ¡Ejerce tus derechos como hijo y heredero! Ámalo, hónralo, cree en Él, pídele y permite que te brinde Su protección y provisión sin medida.

---

[21] 1 Pedro 1.23

STAR
WARS

«¡Que la fuerza te acompañe!», le dijo el maestro Yoda a Luke Skywalker, luego de entrenarlo para la batalla, tal como había hecho años atrás con su padre. Creo que esa es una de las frases más famosas en la historia del cine.

Es probable que 85% de los seres humanos entre siete a noventa años tengan idea del significado que encierra esa frase y en qué ópera espacial constituye algo así como un «¡Que Dios te bendiga!». Por supuesto, es el referente número uno de Star Wars, la saga épica que ha marcado a más de una generación. Podemos recordarla en boca de Obi Wan Kenobi, Qui-Gon Jinn, Padme, la princesa Leia, Han Solo, los caballeros de la Orden Jedi, e incluso, se la escuchamos decir al Canciller Supremo de la República Galáctica.

En esta serie de ciencia ficción, la Fuerza es un poderoso campo de energía omnipresente en todo el universo que es posible controlar con aprendizaje y disciplina para utilizarla en favor de la justicia y la paz. Sin embargo, también tiene un lado oscuro utilizado para el mal y guiado por la ira, el miedo y el odio. ¿Te suena familiar? Parece que hay algo de razón en hablar de la fe que mueve al mundo y en afirmar que todos creemos en algo y en alguien. La única diferencia es en quién creemos y cómo utilizamos esa fe.

De hecho, otra frase emblemática de la primera película (el Episodio IV) estrenada en 1977 es la que dijo Darth Vader, el antagonista por excelencia, caballero jedi con enorme poder que se dejó seducir por el Lado Oscuro: «Tu falta de fe me perturba». ¡Sí!, eso le dijo a uno de los tenientes del Imperio Galáctico que lo desafió al asegurarle que el poder de la Fuerza no se comparaba con el poder destructor de la Estrella de la Muerte, la estación bélica más sofisticada jamás creada hasta ese momento, símbolo del poderío del Imperio.

Vader enfureció a tal punto que comenzó a estrangularlo valiéndose de la telequinesia, como era su costumbre. Él tenía una fe ciega en la Fuerza, esa energía invisible, pero real. A pesar de su dramática transformación hacia el mal, producto de terribles decepciones y dolor (incluyendo la muerte de su amada esposa), el villano sabía que nada en el universo era capaz de reconstruir o destruir de forma tan radical como la Fuerza.

Irónicamente, él compartía la misma fe que los jedi. Mi teoría es que él seguía siendo un jedi a pesar de las atrocidades que ya había cometido desde que se unió al Lado Oscuro. Y estoy seguro de que habrá redención para su atribulado espíritu. Aunque el drama no apunte a un mega desenlace de la saga en el que triunfe el bien, con esa frase, Darth Vader se convirtió en uno de mis héroes de la fe, totalmente convencido de que ninguna cosa creada por el hombre era más poderosa que esa fuerza sobrenatural que había logrado dominar como un maestro. Claro que mi personaje favorito es Han Solo; pues a pesar de que su motivación no es tan elevada como la lucha por la República, él también es un héroe. Además, es quien, al final, se queda con la princesa. Nos convertimos en héroes y hacemos proezas cuando la fe en Dios se convierte en la fuerza que nos motiva, sostiene y hace avanzar incluso en medio de la guerra de las galaxias.

4 MÁS QUE VENCEDORES

Podríamos pasar dificultad, pero la fe y la obediencia nos garantizan la victoria que Jesús ya obtuvo por nosotros.

No sé mucho sobre muchas cosas, pero me encanta aprender, descubrir y conocer. Una tarde, recibí el mensaje de texto de un amigo fanático del arte que emocionado me comentaba: «¡Puedes creer que Joaquín Sabina publicó un libro con sus dibujos!». Como no sabía de lo que me hablaba, lo escuché atentamente y me encantó la noticia.

Resulta que, en 2016, salió a la venta una pieza de arte sin igual, el libro *Garagatos*, edición limitada (de solo 4.998 ejemplares) que contiene los dibujos de Joaquín Sabina; sí, el famoso poeta y trovador español. Él mismo dice en una entrevista que para nada se cree un pintor o dibujante, que sus dibujos son expresiones personales y que nunca tuvo intención de publicarlos, por tanto, le sorprende que una editorial se interesara en ellos y que produjera una obra tan exquisita y delicada. Sin embargo, los dibujos no dejan duda del talento gráfico de Sabina. Quienes aman su poesía traducida en canciones, como mi amigo, con los ojos cerrados se embarcarían en la aventura de motivarlo en su faceta de pintor.

Al tener fe en el artista, tienen fe en su creación. Suena lógico, ¿verdad? Si decimos creer en alguien significa que creemos en lo que hace. Entonces, si decimos creer en Dios, ¿por qué no tendríamos fe en Su creación? Si todo lo que ha hecho es bueno, más aún lo somos nosotros, los seres a quienes hizo a Su imagen y semejanza y adoptó como hijos. Por lo tanto, nuestra fe en Dios debe reflejarse en la confianza en nosotros, en las habilidades y destrezas que nos regaló y que, unidas a Su gracia, son la combinación perfecta para lograr proezas.

> *Al tener fe en el artista, tienen fe en su creación.*

Cierta vez, un niño llevó a su madre una nota de la escuela. El niño la vio abrir el sobre sellado, sacar la nota y leerla con los ojos llenos de lágrimas. Luego, ella, al notar la ansiedad en los ojos del niño, leyó la nota en voz alta: «Su hijo es un genio, esta escuela es muy pequeña para él y no tenemos buenos maestros para enseñarle, por favor enséñele usted».

Muchos años después, cuando falleció la madre, el hijo que obviamente ya era un hombre, encontró la carta entre algunas cosas viejas de la familia. La tomó y la leyó: «Su hijo está mentalmente enfermo y no podemos permitirle que venga más a la escuela, por lo que usted deberá enseñarle». El hombre lloró durante horas al ver la realidad que hubiera marcado su vida de forma diferente, pero que no le afectó, gracias a la fe que su madre tuvo en él cuando apenas era un niño. Entonces, escribió en su diario: «Thomas Alva Edison fue un niño mentalmente enfermo, pero por una madre heroica se convirtió en el genio del siglo».

¡Dios tiene esa misma fe en nosotros! Así que no hay razón para que te menosprecies o escuches las voces del mundo que intentan debilitarte. Él te conoce, te formó, sabe cuál es tu potencial y lo que eres capaz de lograr. Por lo tanto, no tienes derecho a dudar de ti. Confía en tu Creador porque Sus obras son buenas y siempre tienen un propósito. Vivir por fe es alinearnos al pensamiento de Dios y aceptar el reto que implica haber sido preparados para alcanzar grandes objetivos. Así de sencillo. ¡Créele y cree en ti!

Además, en la vida enfrentamos muchas batallas que requieren de nuestra confianza en lo que somos capaces de lograr. Y de cierta forma me gusta pensar que nuestras batallas están arregladas porque Jesús ya nos ha dado la victoria. Él venció al pecado y a la muerte, por lo que, según Su promesa, somos más que vencedores. Él peleó la batalla y la ganó, entonces nosotros recibimos el beneficio sin haber muerto en la cruz. Es como un boxeador que recibe los golpes en el cuadrilátero, gana el título por *knockout* y le entrega el cheque del premio a su esposa. El deportista derribó al contrincante, pero su esposa es más que vencedora porque obtuvo la recompensa sin pelear.

Tal como sucedía en la película *Cinderella Man*, en la que el boxeador Jim Braddock recibía tremendas palizas en el cuadrilátero con tal de que su esposa no se viera en la necesidad de descuidar la crianza y cuidado de sus hijos para ponerse a trabajar. Braddock peleaba y ganaba para que su familia estuviera bien. Ellos recibían la victoria por gracia de su padre. En la vida real, esta victoria que recibimos por gracia se compara con la situación de nuestros hijos, a quienes hacemos más que vencedores porque les damos la oportunidad de estudiar sin que tenga que trabajar. Nos esforzamos por ellos, para abrirles paso a buenas oportunidades. Peleamos la batalla y obtenemos los recursos para que puedan recibir los beneficios. ¡Así de generoso y misericordioso es el Señor, porque confía en nosotros, Sus hijos!

¿Cómo podemos identificar a alguien que es más que vencedor? Pues al ver que se toma de la mano del Señor sin importar lo que esté enfrentando, sea bueno o malo. Porque algunos solo se acercan a Dios cuando están mal —a punto de divorciarse o en bancarrota, por ejemplo— y se alejan cuando todo comienza a mejorar. Algunos jóvenes solteros dejan de servir en la iglesia cuando encuentran a su pareja. Saber si el noviazgo está respaldado por Dios es tan fácil como evaluar si te acerca más a Él, porque todo lo que te aleje de Su amor te convierte en perdedor. También hay quienes están cerca del Señor y se alejan cuando algo no va bien, cuando en realidad nada debería separarnos del amor de Dios.[22]

El Señor lo asegura, ¡ya vencimos al enemigo![23] Entonces, ¿por qué a veces permitimos que nos derrote? Porque muy en el fondo no aceptamos esa victoria. Cuando realmente confiamos, las victorias se manifiestan en todas las áreas de nuestra vida, pero si confiamos solo en nuestra fuerza no logramos vencer.

Ya comprendimos que Dios creó a Adán con dominio, autoridad y victoria,[24] pero al desobedecer perdió lo que había recibido. Sin embargo, nosotros ya fuimos redimidos por la sangre de Cristo y gracias a Él recuperamos la autoridad. El problema es que cuando pecamos, sufrimos el daño colateral de la pérdida de confianza en nuestra identidad y capacidad de superar los errores, además de enfrentar los problemas en la familia y en la economía. Porque cuando caemos en tentación desperdiciamos nuestros recursos y nos alejamos del amor de quienes se preocupan por nosotros.

Tienes algún vicio y gastas tu dinero en mantenerlo, pero después enfrentas dificultades con tu esposa y tus hijos: esos son daños colaterales. Al sufrir una enfermedad, el daño colateral es el poco rendimiento para trabajar y el gasto que implica comprar medicinas. Si lo analizamos desde otro punto de vista, entregarle nuestra vida a Jesús tiene múltiples beneficios colaterales porque al dejar los vicios podemos ofrecerle una vida más cómoda a nuestra familia y las relaciones mejoran. Si te dedicas a tu esposa y no andas con «segundo frente de batalla», te abunda el tiempo, los recursos y la paz.

---

[22] Romanos 8.35-39; [23] 1 Juan 2.13-14; [24] Génesis 1.28

Cuando te desvías y cometes errores, pierdes confianza para actuar, trabajar y relacionarte. Así que confía en el Señor, acepta la redención que te ofrece y que te devuelve el dominio sobre el enemigo que desea verte derrotado. A veces puede sonar algo fantasioso hablar del diablo como un enemigo, pero lo es. Por favor, disculpa si al abordar este tema te sientes un poco incómodo porque no estás familiarizado con ello, pero si deseamos caminar por fe, debemos abrir nuestros ojos espirituales.

Jesús, el segundo Adán, vino a salvarnos y provocó nuestro nacimiento espiritual. En esa nueva vida, ya vimos que recuperamos la autoridad perdida, porque Él tiene toda potestad sobre el cielo y sobre la tierra,[25] así que ahora puedes vencer porque ¡tienes autoridad! Date por vencedor, recupera tu confianza en Jesús y Su victoria será la tuya. Tener fe en Dios significa tener fe en lo que puedes lograr porque Él ya te ha dado todo para alcanzar la plenitud.

Tu pelea está arreglada

En la Biblia leemos sobre la conquista de la Tierra Prometida luego de que el pueblo de Israel caminara cuarenta años por el desierto. Una de las primeras ciudades a conquistar era Jericó, rodeada de enormes muros que parecían imposibles de derribar. Sin embargo, Dios le dijo a Josué, sucesor de Moisés, que ya la había entregado en manos de Su pueblo y le dio instrucciones precisas.[26] Hay puertas en tu vida que estaban cerradas, pero el Señor te dice que están por caerse las murallas y entrarás donde no era posible. Confía y obedece las instrucciones de Dios porque Él ya arregló tu victoria, así como dispuso todo para que Su pueblo conquistara Jericó.

La instrucción que Josué recibió no era esgrimir las espadas y pelear, sino darle siete vueltas a la ciudad. Quizá eran indicaciones un poco extrañas para alguien que esperaba luchar ya que rodear la ciudad y tocar las trompetas durante siete días no era precisamente la idea de una batalla, pero al obedecer demostraron que nada los separaba

---

[25] Mateo 28.18-20; [26] Josué 6.1–4

de la fe en Dios. Lo mismo debemos hacer ahora. Obedece siempre a tu Padre y en un día lograrás lo que antes lograbas en siete. Pero lo primero es reforzar tu fe.

A veces crees que tu esfuerzo no vale la pena, te cansas, piensas que perdonar, amar y bendecir

Él está convencido de tu victoria, pero tú también debes estarlo.

no da resultado, pero no desmayes. A veces debes hacer siete veces más de lo que piensas que es suficiente para recibir lo que Dios quiere darte. Él está convencido de tu victoria, pero tú también debes estarlo. En medio de la batalla, de nada sirve que el general del ejército sepa qué hacer y dé las instrucciones si los soldados no confían en su capacidad y obedecen. Con cada vuelta que los israelitas daban alrededor de Jericó, Dios seguramente decía: «Ya los veo casi convencidos, pero necesito plena certeza». Al séptimo día, cuando les mandó dar siete vueltas, seguramente dijo: «Ahora es el momento, nada los separa de la fe que deseo ver en ellos, es tiempo de que los muros caigan».

Lo que vence al mundo es nuestra fe. Si las circunstancias te han derribado, levántate victorioso porque en el Señor nada puede destruirte. Solo la fe puede darte el valor para hacer lo que Dios te mandará, porque los muros cayeron por el poder del Señor, no por las vueltas que el pueblo dio. Haz lo que Su Palabra dice y deja que Él haga el resto.

Nunca destruidos

En medio de las dificultades aprendamos a diferenciar lo externo de lo interno. Claro que podríamos estar atribulados en todo, en apuros, perseguidos y derribados, pero notemos que todas esas son señales externas, porque no es lo mismo verse derribado que sentirse derrotado. Sin embargo, nuestra fe en la victoria que ya tenemos provoca que a pesar de todo lo negativo no estemos angustiados, desesperados, desamparados ni destruidos.[27]

---

[27] 2 Corintios 4.7-9

En la primera película de *Rocky*, la saga que hizo famoso a Silvester Stallone, vemos a un joven, apasionado e inexperto boxeador en su camino hacia el éxito. Al final de la película pelea contra Apollo Creed, el campeón indiscutible, y durante un combate sangriento que nos emociona incluso ahora muchos años después, vemos cómo ambos boxeadores caen noqueados una y otra vez, pero no se dan por vencidos. Al final Apollo gana la pelea por decisión dividida, lo que realmente es un triunfo para el retador, quien se vio en apuros, perseguido y derribado, todas las señales externas eran negativas y dolorosas, sin ninguna duda, pero nunca estuvo derrotado ni destruido y, al contrario, a pesar de lo mal que le fue físicamente, la victoria fue suya, superó su miedo al fracaso, ganó el respeto de quienes no confiaban en él y las puertas se le abrieron al lograr una proeza sin precedentes. Lo mismo sucede con nosotros: podemos estar derribados, pero nunca destruidos, podemos ser perseguidos, pero nunca estaremos desamparados. Nuestro Padre y entrenador nos ha preparado para que ningún enemigo pueda con nosotros, lo único que debemos hacer es subirnos a ese cuadrilátero y pelear.

La angustia y la falta de paz interior, la desesperación de pensar que no podremos salir del problema y el desamparo de sentirnos abandonados sin ayuda nunca serán una realidad en nuestro corazón si afirmamos una y otra vez que nada puede destruirnos aunque tropecemos y seamos derribados.

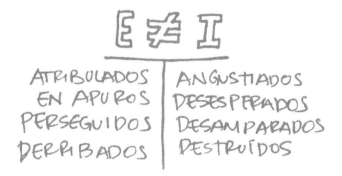

Utiliza tu fe para atacar lo malo que te sucede y provocar que se cumpla lo bueno que Dios promete, no al contrario. El Señor nos ha dado el regalo de la fe para que confiemos en lo que podemos lograr con Su ayuda, porque nos ha hecho fuertes y podemos ser eficientes en todo lo que emprendamos.[28] Logras lo que te propones si crees en lo que Dios te ha dado. Todo comienza con ese acto de fe que debe sustentar tu vida. Tus sueños se cumplirán cuando actúes como un hijo que confía en su Padre y en las habilidades que ha recibido.

---

[28] Romanos 12.3

5 LA MEJOR ARMA

Poner en práctica nuestra fe requiere decisión, carácter y valor.

En una guerra, se dice que de nada sirven las armas si no se saben usar. Lo mismo sucede en el plano espiritual, ya que de nada sirve decir que creemos en las promesas del Señor si no tenemos el valor para enfrentar las situaciones y provocar que Sus planes se cumplan. ¿Por qué no te has animado a desarrollar ese negocio que tienes en mente? Si dices tener fe en que el Señor te sustentará, debes dar el paso hacia la construcción del futuro que Él te ha prometido. Con respeto lo digo, a veces nuestra cobardía se disfraza de esa espiritualidad que busca miles de confirmaciones de Dios para animarse a hacer algo. ¿Qué más necesitas para casarte luego de tantos años de noviazgo? La Palabra dice que los violentos arrebatan las promesas, es decir, que los decididos y emprendedores, los que ponen manos a la obra, son quienes alcanzan la victoria.

Hemos leído muchas veces lo que Hebreos 11 enseña, pero es importante revisar varios aspectos que nos hablan sobre la fe. Primero, leemos que Dios es galardonador de los que le buscan, así que una forma de demostrar que lo buscamos es alcanzar esos galardones. En nuestra relación con Dios hay dos testimonios: el nuestro, que habla sobre lo que Él ha obrado, y el Suyo, que habla de lo que Él ha visto y le agrada. En el caso de Abel sabemos que Dios da buen testimonio de su ofrenda porque fue excelente. Lo mismo sucede con los hombres y las mujeres de quienes habla Hebreos 11; este es el testimonio del Señor sobre la fe y el valor de personas que han ganado Sus galardones.[29]

Nuestra fe debe reflejarse en cada aspecto de la vida: en el trabajo, la familia, el ministerio, el matrimonio, el emprendimiento, la salud, los amigos... ¡en todo! Nuestro testimonio de fe debe ser integral para que el testimonio de Dios también lo sea, porque Su gracia abarca todo nuestro ser, no solamente nuestro espíritu. Por ejemplo, cuando entregas tu vida al servicio de nuestro Padre y lo honras siempre encontrarás favor ante otros que acaso te digan: «No sé por qué, pero quiero hacer negocios contigo». La bendición de Dios es Su testimonio a partir del nuestro, producto de la valentía y coraje de vivir según la fe que Él ha puesto en nosotros.

Es increíble la cantidad de veces que la Biblia nos asegura que el justo vive por su fe,[30] así que la fe no solo nos garantiza la vida eterna, sino que también es la llave para una plena vida terrenal. Es fácil decir que al aceptar a Jesús como Señor y Salvador tienes garantizado tu espacio junto al suyo después de morir, pero es difícil declarar fe en aquello que Dios ha prometido que lograrás en la tierra, pues habría que demostrarlo con actitudes y obras. Sin embargo, esa es la confianza que debemos hacer realidad, ya que es la única forma de agradar a Dios.

---

[29] Hebreos 11.1-11; [30] Habacuc 2.4

Cada día de tu vida debes demostrar tu fe, no solamente cuando te dan el aumento que esperabas, sino también cuando el día amanece nublado y no tienes ganas de levantarte de la cama.

Hebreos 11 nos habla de Noé, quien alcanzó justicia al construir el arca por fe. Ahora muchos podrían decir que hubieran participado, pero realmente es difícil saberlo si no son capaces de enfrentarse a las dificultades y retos del día a día. Antes de asegurar que hubieras creído en el loco constructor de un enorme barco cuando nadie sabía qué significaba la palabra «lluvia», demuestra que eres capaz de arriesgarte a creer por tu felicidad y éxito. Esas son las proezas que debes lograr ahora.

¡Vaya fe la de Abraham al tomar a su esposa y salir de su tierra sin saber hacia dónde lo llevaría su amor por Dios! Y nosotros a veces sufrimos una terrible depresión cuando pasamos un mes sin trabajo y clamamos desesperados: «¡Dios me ha abandonado!». ¿Dónde está la fe que te levanta y te hace tocar puertas hasta que logras lo que deseas? El problema no es decir que tenemos fe, sino usarla cuando vienen las dificultades, porque en medio de la tribulación y del desafío es que ponemos a prueba nuestras convicciones y las activamos para lograr maravillas.

La fe es un estilo de vida

Y ¿qué sucede si llegas al final de tus días sin recibir lo que Dios te ha prometido? Pues así como Abraham, Isaac, Jacob y José, proclama a tu descendencia que ellos verán cumplidas las promesas porque Dios es fiel y no miente.[31] La fe es la mejor herencia para tus hijos, esa que te hace vivir expectante, renunciando a existir sin propósito, porque no tener expectativas es como estar muerto. Vivir por fe es disfrutar del presente y del futuro que forjamos con optimismo.

Vivir por fe es disfrutar del presente y del futuro que forjamos con optimismo.

---

[31] Hebreos 11.12-13

Quienes realmente tenemos fe pensamos y hablamos de lo que esperamos y lo que recibiremos por nuestro esfuerzo y confianza en Dios. Abraham, por ejemplo, fue capaz de ofrecer a su hijo Isaac en sacrificio porque sabía que Dios obraría para cumplir Su promesa. Los héroes de la fe nos enseñan a no perder el tiempo pensando en el pasado, sino proyectarnos hacia el futuro. ¡Pelea por tu porvenir porque lo que viene será mejor!

Otra cuestión determinante para vivir por fe es la valentía. ¿Cuántas veces el Señor nos dice que no tengamos miedo? Si las contamos en la Biblia, son aproximadamente 365 veces; prácticamente podríamos decir que lo dijo una vez por cada día del año para que, al despertarnos, lo recordemos y que sea parte de esa declaración que aparta el temor.

¿A qué se refiere Dios cuando habla de galardones? No solamente se refiere a cosas materiales. La gente piensa en casas y posesiones, pero Dios pide que veamos más allá. Su provisión es, a todo nivel, espiritual, física, emocional y material.

De nada sirve tener todo el dinero del mundo si es fruto del pecado y de la falta de fe. Además, la fe nos distingue de quienes intentarán hacer las mismas proezas, pero se ahogarán, como sucedió con los egipcios al intentar cruzar el Mar Rojo persiguiendo a los israelitas.

Somos hijos de Dios y Su poder nos sustentará siempre si vivimos por fe, ya que Él promete que no seremos burlados. ¡No lo dudes, serás capaz de abrir las aguas y caminar en tierra seca o de caminar sobre el agua si es necesario!

Con los pantalones bien puestos

Incluso Rahab, de quien se dice en la Palabra que era una prostituta,[32] recibió galardón por su fe, ya que Dios da testimonio de ella en Hebreos 11, el libro del Nuevo Testamento. Ella creyó en el Dios de los israelitas y los ayudó a conquistar Jericó. Yo tenía conflicto con que se le llamara ramera en la Biblia porque ya había sido justificada por fe, pero el Señor me dijo: «Es un ejemplo para que vean que todos pueden lograrlo, no hay excusa, la fe es lo que los hace justos delante de mí, no sus obras». Entonces me quedó clarísimo el mensaje.

Ella creyó y ayudó, porque vivir por fe requiere valor y coraje. Como decimos en muchos países, es necesario tener «bien puestos los pantalones» porque no es fácil. Dejar todo, como hicieron Abraham y Moisés, demanda mucha decisión. No te has atrevido a emprender ese negocio por falta de valor y por orgullo, porque no crees en tus capacidades y en el respaldo de tu Padre; dudas, te preguntas: «¿Qué dirán si fallo, qué pensarán?». Usar la fe implica aceptar que nos debemos a nuestro Padre, que Él tiene la última palabra y nos respaldará porque quiere lo mejor para nosotros.

Cuando el pueblo de Israel era esclavo en Egipto, todos sabían que Dios los libertaría pero solo uno, Moisés, tuvo los pantalones bien puestos para plantarse frente al faraón. Claro que el valor vino de Dios porque recordemos que Moisés incluso había huido luego de matar a un egipcio, pero en medio de esa situación, que por ningún lado parece que tendría un buen final, todo obró para bien. En su naturaleza este hombre no habría podido hacer nada, pero con la gracia y poder de Dios fue posible que venciera sus temores y enfrentara tremenda asignación.

---

[32] Hebreos 11.30-40

También vemos que Noé tuvo fe para obedecer la orden de Dios, pero fue el valor lo que provocó que construyera el arca a pesar de las burlas de la gente. David tuvo fe y también tuvo pantalones para enfrentarse a Goliat. En ningún momento la tarea fue fácil, pero fue posible lograrla.

Al decir la Biblia que el reino de Dios sufre violencia y los violentos lo arrebatan, se refiere a quienes tienen el coraje y pelean por recibir lo que han creído. Jacob, el hijo de Isaac, nieto de Abraham, tuvo fe y también los pantalones bien puestos para pelear hasta el amanecer con el ángel del Señor para que lo bendijera.[33]

---

[33] Génesis 32.26-29

6 TODA POTESTAD

El Señor nos ha dado poder para vencer al enemigo y bendecir a los demás.

En Casa de Dios hemos construido dos templos, ambos en las afueras de la ciudad de Guatemala, en el sector donde el Señor nos indicó. Ambas construcciones han sido retos enormes, no solo por la inversión económica, sino por las críticas que hemos tenido que enfrentar, especialmente porque nos hemos esforzado en hacer todo con excelencia, lo que significa buscar lo mejor en diseño, materiales e insumos. ¿Por qué construir de esta manera en un país donde hay tanta necesidad? ¿De dónde se obtienen los recursos para tales proyectos? ¿Acaso Dios no nos pide ser humildes? Estas son algunas de las preguntas y cada una tiene una respuesta específica, aunque la respuesta general es que ambas obras son producto de creerle al Señor y obedecer Sus instrucciones.

No han sido proyectos desarrollados de acuerdo con los recursos que teníamos, sino de acuerdo a la fe en lo que Dios nos había indicado. Para alguien es lógico creerle a Dios por una casa para su familia; igual de lógico es para nosotros creerle por una casa para Él. Algunos preguntan por qué habría de hacerse y nosotros preguntamos por qué no. Alguien debe creer que es posible lograr la excelencia en países como Guatemala. Todos debemos creer que somos capaces de convertirnos en héroes cuando lleguen los desafíos.

Además, si Dios nos ha regalado un espacio tan perfecto y bello, es nuestra responsabilidad utilizarlo bien y construir obras que dignifiquen y honren Su creación. Nuestro Señor ha hecho todo con excelencia y nosotros, Sus hijos, no podemos menos que imitarlo. Lo que más me emociona es que justamente en un país clasificado como «en vías de desarrollo», obras como estas no solo son fuente de trabajo y desarrollo social, sino que son un testimonio del cuidado y provisión de Dios, Si nuestro Señor ha podido levantar este ministerio que inició con la visión que puso en mí, un guatemalteco como todos, sin ninguna duda, Él te levantará a ti, si le crees, le obedeces y desarrollas tu potencial. Porque Él ha dado a cada uno la capacidad y la medida de fe para lograr proezas.

Sin embargo, es común pensar que al hablar de fe nos referimos solo al plano espiritual cuando debe impactar todas las áreas de nuestra vida. ¿O es que somos espíritus sin cuerpo? ¡Claro que no! Somos seres de carne y hueso que viven en un mundo corpóreo y material. Por supuesto que a pesar de vivir en una realidad natural nos orientamos por leyes sobrenaturales, pero eso no significa que seamos ajenos a la dimensión física que nuestro Padre nos dio porque Él es Señor de los cielos y también de la tierra. ¿Te suena complicado?

Realmente no lo es, solo es cuestión de sumergirnos en la Palabra y descubrir la bendición integral que Él desea para nosotros. Sabemos que Dios tiene potestad en el cielo y en la tierra; también sabemos que somos hijos y Sus embajadores[34] aunque a veces lo visualicemos lejano, sentado en una nube, espectador de los seres que creó. ¡Al leer Su Palabra, vemos que no es así! Porque en todo momento nos habla de los asuntos terrenales; de hecho, Jesús no solo vino a darnos la bendición de la vida eterna, sino que también nos dio vida y en abundancia. Él quiere que seamos Sus testigos; nuestra existencia en la tierra no

Es importante que abramos nuestros ojos y entendimiento a estas dos dimensiones: la terrenal y la espiritual, porque nuestra fe debe sustentarnos en ambas.

es simplemente un paso hacia la eternidad, tenemos un propósito, un tiempo que debemos aprovechar y disfrutar. Es importante que abramos nuestros ojos y entendimiento a estas dos dimensiones: la terrenal y la espiritual, porque nuestra fe debe sustentarnos en ambas. Hay un aquí y ahora así como hay un futuro eterno, ambos escenarios reciben el impacto de nuestra fe porque Su promesa es acompañarnos siempre hasta el fin.

Entonces, al aceptar la potestad de nuestro Padre por sobre todas las cosas espirituales y materiales, naturales y sobrenaturales, podemos asegurar que estamos hechos para aprovechar nuestra vida terrenal y disfrutar de la vida eterna conforme con la voluntad de Dios que es buena, agradable y perfecta. Visualicémonos de esa forma porque a veces pensamos que venimos al mundo a sufrir y a ganarnos el derecho de vivir en el paraíso cuando finalmente Dios nos lleve con Él. Esta perspectiva altera nuestra visión de fe, nos limita para buscar la bendición en todo lo que hagamos y, lo peor, es que criticamos a quienes se esfuerzan por tener éxito, porque «son carnales o se enfocan en los bienes terrenales», cuando sabemos que nuestro Padre es bueno y quiere prosperarnos en todo. Por supuesto que esa prosperidad no se refiere exclusivamente al área económica, sino que es integral, es decir, que el Señor busca que cosechemos buenos frutos espirituales, familiares, afectivos, profesionales, ministeriales y también financieros,

---

[34] Mateo 28.18-20

siempre apegados a Sus enseñanzas. Él desea lo mejor para nosotros y espera que luchemos por alcanzar todo lo que anhela darnos.

Por lo tanto, vale la pena analizar un poco esta cuestión de lo natural y lo sobrenatural que nos rodea. Cuando en las Escrituras vemos a Jesús caminar sobre el agua,[35] realmente estamos delante de dos milagros: el de avanzar sobre una superficie líquida y el milagro del agua en sí, ya que es un elemento natural creado sobrenaturalmente. Al leer la Biblia vemos que Jesús pudo obrar con poder porque sabía que tenía potestad en el cielo y en la tierra, por eso, en algún momento dijo que si los discípulos no le daban la gloria a Dios, las piedras lo harían.[36] Jesús maldijo la higuera y esta se secó, le pegó la oreja a un hombre, resucitó muertos, convirtió el agua en vino... todo esto porque tenía autoridad en la tierra; pero también echó fuera demonios porque tenía autoridad en el cielo. ¿Acaso no dijo que todo lo que atáramos y desatáramos en la tierra sería atado y desatado en el cielo?[37] No menosprecies tu posición privilegiada ni le cedas el poder al enemigo vencido. Debemos manifestarnos poderosamente sobre lo que hay en la tierra y también sobre lo que hay en el cielo.

¿Cuándo entraremos en esa dimensión de fe que nos da confianza en nuestras capacidades y nos otorga la libertad que Dios desea para nosotros? No te concentres en el temor, es cierto que el diablo es nuestro enemigo, pero concéntrate en afirmar que tú eres más poderoso. Recuerda que la mejor defensa es el ataque y actúa como Jesús, a quien los demonios le rogaban que no los atormentara.[38] Nosotros somos bendición en la tierra, así que debemos liberar y llevar las promesas del Señor a toda criatura.

El colmo es que los demonios, habitantes del mundo espiritual, reconocían la grandeza de Jesús más que algunos humanos necios. Ellos decían: «Sabemos quién eres».[39] ¿Por qué sucedía esto? Porque Jesús debía revelarse a los seres humanos ya que es necesario que tengamos fe para que Él se manifieste con poder. Solo al conocerlo y reconocer Su naturaleza puedes amarlo, honrarlo, adorarlo y servirlo.

---

[35] Mateo 8.23; [36] Lucas 19.40; [37] Mateo 16.19; [38] Mateo 8.28-34; [39] Marcos 1.23-27

Nuestra fe se fundamenta en la Palabra y el poder de Dios. La enseñanza de Jesús no es solo de palabras, sino también de hechos, de
dominio sobre todo. Él no solo dijo que era el Hijo de Dios, sino que
también lo demostró para que no quedara duda, pero ahora la sabiduría de los hombres se usa para negar Su poder. ¡Qué gran error!
¿Hasta cuándo negaremos lo evidente? Si el Espíritu Santo desciende
y llena a las personas, algunos científicos lo explicarán como histeria
colectiva en su afán por dar lógica a lo sobrenatural cuando lo mejor
es recibir y dar gracias por el hermoso regalo que Dios nos da. No
seríamos discípulos sin demostraciones del poder de Dios, por eso, el
apóstol Pablo decía que su predicación no fue con palabras persuasi-
vas o sabiduría humana, sino con demostración del Espíritu y del poder
del Señor.[40]

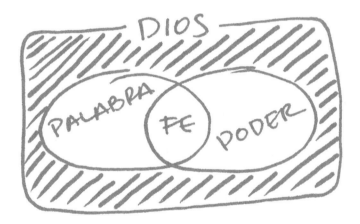

¡Este glorioso Evangelio y Su poder se harán visibles a toda criatura!
Cuando nos dispongamos a obrar en nombre del Señor nos maravi-
llaremos tal como sucedió con los discípulos de Jesús.[41] Tenemos potestad para destruir al enemigo, potestad sobre los principados de las
tinieblas y sobre la enfermedad y la opresión porque el poder de Dios
está en nosotros por la unción del Espíritu Santo; por lo tanto, imponer
manos para sanar y liberar debe ser natural para nosotros.

---

[40] 1 Corintios 2.1-5; [41] Lucas 10.17-20

Nos seguirán señales y prodigios cuando estemos convencidos de nuestro poder en el nombre de Jesús. Nuestra fe será visible, pero lo primero es aceptar que no es por vista que debemos creer, sino por amor en aquel que no miente y cuya Palabra es cierta. Si te sientes oprimido y débil, cree en Jesús y serás libre. Declara que eres lleno del Espíritu Santo, que se pudren los yugos, que tienes la capacidad de hacer proezas y así será.

7 NO MENOSPRECIES TU CAMINO

Demuestra
buena actitud
ante las
dificultades
porque tu
destino es de
bien, aunque
el proceso sea
difícil.

Demuestra buena actitud ante las dificultades porque tu destino es de bien, aunque el proceso sea difícil.

Mucho se ha dicho sobre David, el joven pastor que venció al gigante, el poderoso rey que fue llamado por Dios como un hombre conforme a Su corazón, pero en cierto momento, la Palabra nos lo presenta en una cueva, llamada de Adulam, donde se convirtió en jefe de un grupo de perseguidos, endeudados y amargados.[42] ¡Imagina qué maravilloso panorama para un hombre a quien se le había profetizado gobernar un reino!

---

[42] 1 Samuel 22.1-2

Ante esa circunstancia poco alentadora, David pudo desmotivarse y renegar diciendo: «¡Esto no es un castillo y estas personas no son el séquito que esperaba!». Sin embargo, no lo hizo. ¿Nosotros qué hubiéramos hecho en su lugar? Seguramente hubiéramos dudado del profeta, nos hubiéramos deprimido asegurando que todo lo dicho sobre nosotros era mentira porque no se veía nada claro. La promesa para David era ser rey, pero en esa cueva fría, oscura y húmeda que seguramente olía mal, rodeado de hombres rechazados, sin duda barbudos, sucios, sin bañarse, él no se sentía como un futuro monarca; a pesar de lo que sus sentidos percibían, puso su mirada en el objetivo dado por Dios. Parece increíble, pero así fue.

Muchas veces nos sucede igual y nos encontramos como en una cueva oscura, o como dicen: «Sin padre, sin madre, ni perro que nos ladre». Es fácil creer que no hay salida cuando nos diagnostican una enfermedad grave, cuando un hijo se va de casa en rebeldía y no sabemos con quiénes está, cuando nuestro matrimonio se fue por el drenaje y vemos destruidos los sueños de una familia feliz, cuando quiebra nuestra empresa o nos despiden del trabajo; en esos momentos miserables, si nuestra fe en las promesas del Señor no está firme como roca, nos hundimos porque se nos mueve la tierra bajo los pies, sentimos que todo acabó, que nos tiraron a un abismo del que no podremos salir; pero si realmente crees en esas promesas de bien, presentarás batalla y arrebatarás lo que te pertenece al ladrón que pretende robarte.

Las semillas de la fe han sido plantadas, las promesas han sido dadas y están en Su Palabra; mil veces nos lo han dicho, pero no dimensionamos esas frases hasta que nos encontramos en una situación desesperada. Debemos ser buena tierra para esa semilla de fe, debemos cuidarla, abonarla con nuestra constante búsqueda de Dios; de lo contrario, las aves se la comerán y no dará fruto.

En esa cueva, David incluso pudo pensar que nunca sería rey porque, de hecho, ni siquiera era parte de la familia real. Jonatán, hijo de Saúl, era a quien le correspondía la sucesión al trono, pero la Palabra del Señor es verdadera y supera cualquier circunstancia, así que incluso el mismo heredero legal se hizo a un lado para que David fuera rey.

Esto no resultó fácil y nos muestra el corazón limpio y fiel de Jonatán, quien, siendo amigo íntimo de David e hijo de Saúl, no buscó protagonismo, sino que menguó para que se cumpliera la voluntad de Dios y su amigo alcanzara la posición que tenía destinada. Así que no está demás recordar que los buenos amigos tienen una actitud similar a la de Jonatán, se alegran por el éxito de sus amados y, si es necesario, se sacrifican por ellos.

Pensándolo bien, esa es una actitud muy parecida a la de Jesús. Él se humilló a lo sumo para darnos vida a nosotros, sabía perfectamente cuál era el plan y obedeció, aunque implicó un sufrimiento extremo, pero fue capaz de lograrlo porque Sus ojos estaban puestos en el objetivo final: el galardón, la recompensa. Necesitamos esa actitud en la vida, ya que Dios tiene un lugar privilegiado

> *Debemos ser capaces de luchar por lo nuestro, aunque las circunstancias sean difíciles y pareciera que nada bueno puede resultar.*

para cada uno, estamos destinados a ser cabeza, no cola, a ocupar un puesto que nadie más puede usurpar, pero debemos ser capaces de luchar por lo nuestro, aunque las circunstancias sean difíciles y pareciera que nada bueno puede resultar.

Del pesebre al trono

El nacimiento de Jesús nos muestra otra situación adversa que no fue limitante porque la promesa era más grande que la realidad de ese momento.[43] Ahora no hablamos de un rey terrenal como David, sino del Rey celestial que tuvo que superar circunstancias adversas desde Su nacimiento. Muchos dicen que Jesús nació en un establo para enseñarnos humildad, pero realmente no fue así, ya que ni María ni José lo prepararon de esa forma. La historia dice que Su madre lo acostó en un pesebre porque no había lugar en la posada, no porque quisieran

---

[43] Lucas 2.7

dar una lección de humildad. Si nosotros, siendo humanos, jamás someteríamos a nuestros hijos recién nacidos a una situación así, mucho menos ellos que sabían sobre la divinidad del niño que María había dado a luz. Si fuera para enseñarnos humildad, sería pecado que buscáramos el mejor hospital que podemos pagar para que nazcan nuestros hijos, ¿no te parece?

Dios no fue impositivo o prepotente haciendo que todos salieran del mesón para que naciera Su Hijo y tampoco envió un terremoto para que dejaran espacio; simplemente dejó que el plan se cumpliera porque Él es así, un Dios de procesos, de paciencia para ver planes cumplidos. Claro que hay milagros instantáneos, pero siempre son la culminación de una serie de eventos. Jesús sanó a los ciegos, a los leprosos; esta fue una sanidad inmediata, pero ellos padecieron durante largo tiempo. Los israelitas conquistaron la Tierra Prometida, pero la variable natural del tiempo fue tomada en cuenta en esa ecuación, pues fueron siglos de esclavitud en Egipto, la preparación de Moisés, los años en el desierto. El poder de Dios puede actuar en la medida que creamos y lo activemos.

De hecho, no se trata de que tengamos paciencia, se trata de la paciencia que Él nos tiene hasta el momento que activemos esa fe de la que nos habla una y otra vez. Si volvemos al pesebre donde nació Jesús, sabremos que la circunstancia fue difícil y, aunque ese no era Su destino, debió afrontarlo. Si Él fue capaz de hacerlo, ¿por qué nosotros a veces nos quejamos tanto cuando debemos enfrentar adversidades? ¿Por qué deseamos que todo sea instantáneo si ni siquiera nuestra salvación fue de la noche a la mañana?

No había una cuna de oro esperando a Jesús y tampoco un trono esperando a David, pero ambos estaban convencidos de que esas circunstancias adversas eran pasajeras porque el objetivo principal era glorioso. No hagas de tu principio el final anticipado. No seas fatalista, aprende a diferenciar el camino del destino y aprécialo para que te ayude a formar el carácter de un vencedor.

Si te graduaste con honores de mercadólogo y te ofrecen un puesto como vendedor, acéptalo y esfuérzate, aunque creas que estás preparado para asumir una gerencia, porque todo implica un proceso y debes probar que tienes el carácter para asumir los retos.

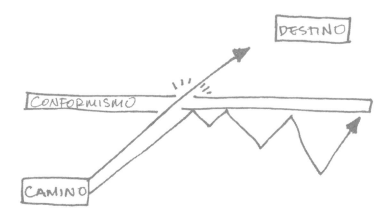

Las dificultades son inevitables y debemos superarlas. ¡Confía en ti, en lo que aprendiste, en tu capacidad para demostrar que mereces más! Imagina que María hubiera sido arrogante y dijera: «Esperemos que haya lugar en el mesón para que el bebé nazca. Es el Hijo de Dios, ¿cómo no tendrá un lugar digno?». Pero eso no era posible, el tiempo había llegado y debían superar las dificultades para que se cumpliera la promesa de salvación. ¡Qué maravillosa fe práctica tuvo María! Imitémosla, afrontemos las circunstancias, no reneguemos, busquemos solución y agradezcamos anticipadamente la victoria que seguramente lograremos.

Dios no planeó un pesebre sino un trono para Su Hijo, pero para ello, pasar por el pesebre fue necesario, además de superar difíciles y dolorosas circunstancias para que el trono fuera una realidad. Jesús nació en un pesebre, pero no se quedó allí. Tú debes decir convencido: «No me quedaré en la circunstancia difícil, Dios me sacará de esto si demuestro que tengo buena actitud». Seguramente María no estaba feliz de acostar a su recién nacido en un pesebre, pero no se enojó o culpó a José por la situación. Tal vez alguna madre hubiera dicho: «Ves, te lo dije, ¡había que reservar habitación!». Mi esposa seguramente me mata o mínimo deja de hablarme durante buen tiempo si yo no me hubiera ocupado de preparar todo para el nacimiento de nuestros hijos, así que María, tan obediente como era, supo aceptar la situación y buscar lo mejor que había, pues sabía que todo era parte de algo mayor.

No te detengas en lo negativo de las dificultades, extiende tu percepción hacia todo un panorama que es más amplio que tu circunstancia actual. Afronta las dificultades con una buena actitud, con optimismo y fe. Actuar así forma tu carácter para que disfrutes de la bendición en el momento que la recibas. Aprende también de los reyes de oriente, que no se detuvieron a juzgar la circunstancia, sino que se enfocaron en su objetivo: honrar al niño con los tesoros que le llevaban, aunque lo encontraron en un establo. Tus metas y las promesas del Señor deben estar por encima de lo negativo que puedas estar viviendo.

Lo importante no es dónde nacimos, sino qué hacemos con nuestra vida y lo que logramos antes de morir. Algunos dicen: «Yo no pedí nacer, ¿por qué nací?». ¡No reniegues más! Estás vivo y debes hacer algo bueno con ese regalo que Dios te dio porque hay propósito en tu vida; en ti se integra lo natural y lo sobrenatural del Padre. Y no te lo digo simplemente como una vacía frase motivacional porque creer que eres valioso y tienes un propósito es cuestión de fe en Dios. Es tiempo de superar lo que hemos perdido y avanzar por fe.

En otro momento de Su vida, luego de ser bautizado, Jesús fue llevado al desierto durante cuarenta días, pero tampoco se quedó allí porque sabía que era un paso más en el proceso para bendecir a otros y cumplir Su destino. Vemos que voluntariamente ayunó y rechazó la tentación, se fortaleció para tener la fe que necesitaría para hacer milagros y pasar por el dolor de la cruz. ¿Dónde está tu carácter cuando debes pasar por un desierto? ¡Llénate de paciencia y sabiduría!

Si quieres que la gracia de Dios te acompañe y anhelas superar el tiempo de desierto, debes creer y crecer, fortalecer tu espíritu y tu cuerpo. Jesús preparó Su cuerpo para la cruz porque sabía que era el instrumento para salvar a la humanidad, aunque alguien con mala actitud pudo pensar: *¿Para qué voy a cuidarme si al final moriré?* En los buenos y en los malos momentos debes prepararte porque los desiertos podrían estar a la vuelta de la esquina. En todo tiempo gocémonos en la fidelidad de nuestro Padre.

Superar el rechazo y el dolor

Jesús también tuvo que afrontar otra situación difícil cuando el pueblo escogió que liberaran a Barrabás y no a Él. Seguramente el sentimiento de rechazo fue terrible luego de haberles hecho tanto bien y que ellos prefirieran liberar a un asesino. ¿Dónde estaban los diez leprosos, la mujer a quien salvó de morir apedreada, el gadareno, el joven a quien le devolvió la vista y tantos otros? Todos tuvieron miedo, pero nada ni nadie era superior al plan divino.

Satanás deseaba que el corazón de Jesús se llenara de amargura porque de esa forma hubiera pecado, el proyecto de salvación se echaría a perder y no hubiera sido promovido a la derecha del Padre, pero Él no cayó en la tentación. Incluso clavado en la cruz, entre dos ladrones, dijo al Padre, lleno de compasión: «Perdónalos porque no saben lo que hacen». ¡Ese es nuestro líder y debemos imitarlo! Satanás tratará de impedir que crezcas y buscará que tu corazón se llene de rencor porque alguien te rechazó, tal vez tu papá o tu mamá, tal vez tu cónyuge, un hermano o un amigo, pero no lo permitas porque es una estrategia para alejarte de tu destino. Sin importar lo que suceda, pídele fortaleza a Dios para superar el rechazo y el dolor, pídele que sane tu corazón, que te limpie, que sea bálsamo para tus heridas.

No te quejes de los problemas. Cuando pases tiempos difíciles, piensa con fe: «Este no es mi destino, es solo el camino y resistiré porque mi Padre tiene excelentes planes

Cuando pases tiempos difíciles, piensa con fe: «Este no es mi destino, es solo el camino y resistiré porque mi Padre tiene excelentes planes para mí».

para mí». Las cosas desagradables suceden aunque seamos buenos. Jesús no había hecho nada malo para merecer un sufrimiento como el que padeció; sin embargo, lo soportó porque la promesa era más grande que la dificultad. No importa si es un pesebre, en el pozo donde estuvo José, en el desierto o en la cueva de Adulam: allí donde te encuentres, busca a Dios y entrégale tu circunstancia para que te ayude a superarla, convencido de que eres Su hijo y no te abandona. Tu fe debe sostenerte en la adversidad; confía en Dios y confía en ti porque eres una de Sus maravillas.

Si en este momento estás enfrentando un proceso difícil, tal vez no puedo darte una explicación, pero puedo decirte que la actitud correcta es la que te ayudará a obtener buenos resultados. Dale gracias al Señor por Sus planes de bien para tu vida y esfuérzate por alcanzarlos. Confía en la fortaleza que te dará, aprovecha el camino que ha puesto frente a ti y que te llevará a cumplir tu destino.

STROKE OF GENIUS

¡Ahhh, Bobby! Impresionante Bobby Jones; uno de mis héroes, uno de mis deportistas favoritos, el único golfista en realizar la proeza de ganar el Grand Slam de Oro al alzarse campeón de los torneos US Open, US Amateur, British Open y British Amateur en un mismo año. 1930 fue el año de la gran proeza, pero este genio demostró sus habilidades desde niño. Y no fue un destacado solo en el golf sino también académicamente.

La película que relata magistralmente la historia de un genio, *Stroke of Genius*, no es una historia trágica que conmueva porque él surgió de la nada, no es una historia de superación de la adversidad y tampoco de conflictos familiares o transiciones sociales. La historia de Bobby es más bien sobre la evolución de un hombre que tiene un don que debe desarrollar a fuerza de escucha, disciplina y enfoque.

Para él, jugar golf era un don innato que con los años tuvo que perfeccionar con mucha dedicación. Obtuvo el regalo de encontrar su pasión desde pequeño —algo que no es poco decir— y a partir de ahí, con sus metas muy claras, tuvo que enfocarse. Eso tampoco es fácil, ya que las voces externas siempre influyen, pero él, poco a poco, logró acomodarlo todo: los sueños de su familia de verlo graduado de abogado, el sueño de su esposa de tener un esposo abnegado y atento, y su propio sueño de hacer historia en el golf.

Durante este proceso tuvo que sortear sus limitaciones físicas, entre ellas una dolorosa enfermedad de la médula espinal, siringomielia y su sanguíneo temperamento que le provocaba un estrés que expresaba, muchas veces, de la peor forma. Esto hizo que fuera suspendido temporalmente del golf, a causa de los arranques de ira en el campo. Y es que cuando Bobby fallaba un tiro, maldecía, pataleaba, somataba los palos o incluso los lanzaba por el aire. Claro, aunque después se disculpaba por su comportamiento, a veces ya era demasiado tarde, pues había lastimado a alguien o había puesto en riesgo a quienes tenía cerca.

Bobby tuvo que aprender a escuchar y hablar. No me mal interpreten, no era un energúmeno que andaba suelto por ahí, tampoco una persona violenta o irracional, pero como a todos nos sucede, a veces la frustración le ganaba y terminaba diciendo lo que no debía. ¿Eso condicionaba sus resultados? ¡Claro que sí! No fue sino hasta que pidió perdón y prometió corregirse que le permitieron regresar al campo de juego.

Obligado a dominar sus palabras, tuvo que aprender a canalizar de mejor forma sus reacciones y así fue como logró esa sublime concentración que le valió conquistar el Grand Slam. El golpe de genialidad que lo caracterizaba tuvo que forjarse con el dominio de los pensamientos y de las palabras. Él lo comprendió, y por eso aseguró: «El golf de alta competición se juega principalmente en un campo de cinco pulgadas y media: el espacio que hay entre tus orejas».

Además, hablaba de «alta competición», no de golf profesional, pues él se negó a hacer de su pasión un negocio, por lo que siempre jugó en la categoría amateur. «Juego por amor, no por dinero. El golf es un placer, no un empleo», decía. A los veintiocho años decidió retirarse, se dedicó a su familia y construyó Augusta, el más hermoso y emblemático campo golf de Estados Unidos.

Para lograr el éxito no le bastó con lo que sabía, pues fue necesario, además, tener fe, escuchar consejos, recibir amonestación y hablar adecuadamente para formar su carácter. Nuestra genialidad es mucho más que conocimiento; es también buena actitud para escuchar, hablar y actuar con fe.

8 PALABRAS PODEROSAS

Escucha al Señor
para desatar
la cadena de
bendición que
Él ha preparado.
Tu palabra debe
ser una con Su
Palabra.

Cuando la joven esposa supo que estaba embarazada de su primer hijo tan solo unos meses después de su matrimonio, su corazón se llenó de alegría. Ella sabía que ese bebé era un regalo del cielo y, aunque luego de la primera emoción sus dudas comenzaron a invadirla, intentaba responderse con optimismo a tantas preguntas: «¿Cómo le daría la noticia a su esposo, un soldado que en ese momento servía a su país a miles de kilómetros de distancia? ¿Qué sucedería dentro de su cuerpo? ¿Sería capaz de llevar a término el embarazo a pesar de la enfermedad que padecía y de la que le aseguraron no sobreviviría?». A pesar de todos esos pensamientos que le generaban ansiedad, ella decidió ser optimista y se dispuso a disfrutar de su embarazo.

Una de sus primeras acciones fue escribir un diario para su bebé. Cada día anotaba y dibujaba en ese cuaderno todas las palabras y mensajes de amor que venían a su mente, todo lo que ella sentía conforme esa vida iba creciendo en su interior. Cuando supo que sería niña, de inmediato comenzó a llamarla por el nombre que su esposo y ella le habían escogido. Le hablaba con esperanza y confianza, aunque sabía que había una enorme posibilidad de que no llegaran a conocerse. Extrañamente, sus palabras parecían fortalecerlas a ambas. Ella sentía cómo su preciosa niña reaccionaba y se movía cuando le hablaba, le leía y le cantaba. Así descubrió que esa comunicación era poderosa. Unos meses después, cuando lloraba de alegría con su pequeña Sofía en brazos, pudo asegurar que la íntima conexión que estableció con su hija desde el primer momento fue lo que las salvó a ambas.

Efectivamente, nuestras palabras tienen la capacidad de condicionarnos para bien o para mal; por eso, cuando hablamos de fe, indiscutiblemente debemos referirnos a lo que escuchamos y hablamos. Es determinante que aprendamos a hablar sobre nuestro futuro, que dejemos atrás el pasado y no nos detengamos a hablar de las dificultades del presente.

Sabemos que David, el joven pastor que venció a Goliat y se convirtió en rey de Israel, también fue un maravilloso poeta. También lo conocemos por sus cánticos al Señor. Él escribió muchos de los salmos que leemos en la Biblia. Uno de los más famosos es el Salmo 23:

> *Jehová es mi pastor; nada me faltará.*
> *En lugares de delicados pastos me hará descansar;*
>   *junto a aguas de reposo me pastoreará.*
> *Confortará mi alma;*
>   *me guiará por sendas de justicia por amor de su nombre.*
> *Aunque ande en valle de sombra de muerte,*
> *no temeré mal alguno, porque tú estarás conmigo;*

Tu vara y tu cayado me infundirán aliento.
Aderezas mesa delante de mí
en presencia de mis angustiadores;
unges mi cabeza con aceite; mi copa está rebosando.
Ciertamente el bien y la misericordia
me seguirán todos los días de mi vida,
y en la casa de Jehová moraré por largos días.

Este salmo es una poderosa declaración de fe en la que David habla de su futuro. Aunque dice que está angustiado, se siente ungido porque el Señor le sirve la mesa frente a sus angustiadores. Uno de los versículos que habla en presente: «Aunque ande en valle de sombra de muerte», hace notar que David estaba pasando dificultades, pero su actitud era de esperanza y su boca hablaba palabras de bendición sobre el futuro: «No temeré mal alguno, porque tú estarás conmigo». Igual sucede en nuestra vida: nuestra copa debe estar rebosante aun en medio de la tribulación, porque confiamos en nuestro futuro de bien. ¡Hablemos de acuerdo con lo que deseamos vivir, no lo que estamos viviendo! Anticipémonos, no sigamos en el pasado que es imposible de arreglar.

Si eres cristiano sabes que asistir a la iglesia no soluciona tus problemas por arte de magia y tampoco es como una anestesia para no sentir dolor. En la iglesia compartimos Palabra y dirección y nos hacemos porras, pero nadie puede caminar por otro. Cada uno debe avanzar con fe en las promesas del Señor, superar su pasado, vivir en santidad el presente y confiar en el futuro. Corrige tus palabras y deja las expresiones pesimistas. Después de tantos años aprendí que un pensamiento malo se combate con la correcta confesión de la Palabra. Debes verte al espejo y decir: «Yo confío en el Señor, Sus palabras son mi norte, me guían, indican mi destino».

Debemos comprender que las palabras son poderosas y que provocan cosas. Elías, el profeta, demostró muchas veces que su palabra tenía poder, por eso aseguró que la lluvia y el rocío de ese tiempo dependían simplemente de lo que él declarara. Su historia nos habla de un proceso de obediencia: primero se fue a un arroyo, tal como

Dios le mandó, y allí no le faltó de comer porque los cuervos ya tenían la orden de alimentarlo llevándole carne a pesar de ser animales carnívoros.

Ese es un archi-mega-ultra milagro, así como provocar que una viuda le diera de comer porque supuestamente las viudas, más bien, debían ser sustentadas en vez de dar sustento. Ambos sucesos son tan increíbles como pedirle a un niño que te entregue intacta una rebanada de delicioso pastel de chocolate, ¡así de atrevido es Dios! No sabemos en qué momento los cuervos y la viuda recibieron la orden, pero el Señor ya había plantado esa semilla de bendición en ellos para que diera fruto en el momento que Elías lo necesitara.[44]

En el ambiente hay muchas palabras: las tuyas, las del mundo, las de Dios y las de quienes te rodean y te hacen bien. En la historia del profeta Elías y la viuda hay varias palabras: las de Elías, las de la viuda y las de Dios. Las tres palabras se cumplieron; se cumplió la de Dios porque sobreabundaron el poco aceite y la harina que la viuda tenía; se cumplió la de Elías porque dejó de llover y luego llovió de nuevo; además se cumplió la palabra de muerte de la viuda: «para que comamos y nos dejemos morir», porque su hijo enfermó y murió[45] aunque después Elías lo resucitó.

Esta experiencia de la viuda nos enseña que nuestra palabra es poderosa y se cumple, por eso debe ser de bien y no de maldición. Ella realmente creía que iban a morir, tenía esa angustia en el corazón a pesar de ser testigo de las maravillas de Dios, quien le abundó el alimento. Hay mucho a tu alrededor que muere por tu palabra, así que corrígela. Busca siempre alimentarte de las palabras de Dios para que se cancele todo mal que has hablado: «Nunca voy a salir de este problema», «mejor me muero», «soy un inútil», «seguro que me irá mal», etcétera.

Déjate guiar por el Señor y ya no te sientes en la mesa de tus escarnecedores, es decir, de tus amigotes que te inducen a decir lo que no se debe. ¡Profetiza tu futuro de éxito porque nada te faltará si Dios

---

[44] Reyes 17.1-16; [45] 1 Reyes 17.17-20

está contigo! No sigas de necio hablando de la crisis y de las deudas, convéncete de que debes hablar de abundancia para condicionarte a lograrla. La Palabra del Señor alineada a las tuyas desata bendición.

Cuando Elías obedeció a Dios y le pidió a la viuda que buscara vasijas para llenarlas de aceite desató la bendición. Si no lo hubiera hecho, todos habrían perdido la bendición de obedecer y servir a Dios. El cielo, la viuda e incluso la harina y el aceite ya tenían sus órdenes. ¿Has visto la película de ciencia ficción *Inception*? El argumento trata sobre personas que tienen la capacidad de intervenir en los sueños para robar ideas, pero los descubren y los amenazan para que cumplan una misión contraria: implantar una idea en vez de robarla.

Cuando vi la película inmediatamente lo asocié con Dios, a quien visualizo como el implantador de bendiciones por excelencia, quien siembra en cada uno las instrucciones para beneficiar a otros al activarse la cadena de obediencia. Cuando obedeces, desatas la obediencia de otras personas. El significado original de ordenar,

> *La obediencia es un detonante que desencadena la bendición a través de quienes ya tienen la orden de Dios para ayudarte.*

dar instrucciones, es «cargar», así como una pistola que se carga y está lista para disparar. La obediencia es un detonante que desencadena la bendición a través de quienes ya tienen la orden de Dios para ayudarte.

La cadena es esta: escuchas Palabra y la proclamas con tu boca, obedeces al Señor y provocas la respuesta de aquellos que ya están listos para darte cosecha de lo que sembraste. Si estás enfermo, buscas alimentarte de las promesas de sanidad que Dios te ha dado a través de Su Palabra, las declaras de día y de noche, te rodeas de personas que crean contigo, que te alienten y te motiven a creer por tu sanidad; claro, también tendrás que buscar ayuda médica, desde luego, pero en ese ambiente cargado de fe en la sanidad, Dios pondrá a las personas que te bendecirán con el fin de lograr tu completa recuperación. Atrévete a dar el paso de fe para ser testigo de lo que sucederá en tu vida: en tu familia, en tu trabajo y en todo lo que hagas.

Obedece, que lo demás viene por añadidura

Dios dejó esta historia de Elías para que veas que con fe todo es posible. El pedido de Elías a la viuda: «Dame a mí primero, y la harina y el aceite serán añadidos», me recuerda los pasajes que dicen: «Buscad primeramente el reino de Dios y su justicia, y todas estas cosas os serán añadidas [...] No os afanéis por vuestra vida, qué habéis de comer o qué habéis de beber». Corrige tu forma de hablar y obedece para que la cadena se active y las bendiciones se derramen sobre todos. Nadie es bendecido por sí mismo sino a través de otros: cuervos, viudas, profetas o las personas que te rodean.

Ya verás que cuando inicies la cadena te sorprenderás de las bendiciones que vienen a tu vida de los lugares y personas inesperados. Cuando llegues a una agencia a ver un carro nuevo, el vendedor te dirá: «Justo en este momento tenemos un descuento especial». Acaso ni él mismo no comprenda y piense: *¿Por qué se lo dije a este cliente y no al anterior?*, y es porque Dios abre las puertas de los cielos para ti. A través de mis años de servicio, he visto que hay muchísimos testimonios de personas que han sido bendecidas por el amor de quienes les rodean, porque nuestro Padre siempre actúa a nuestro favor.

Todo se multiplica para bien cuando le obedeces y eres generoso. En tus manos está el poder para activar la bendición. Cuando compré el terreno donde construimos la iglesia, mucha gente dijo que había cometido el error más grande de mi vida porque nadie iría a ese templo tan lejano, pero gracias a la misericordia de Dios, Su plan se ha cumplido. Somos una congregación creciente que da la bienvenida a todos los que anhelan buscarle y todo se activó por nuestra obediencia, que impactó a quienes fueron «cargados» para seguir el camino de bendición.

Dile al Señor que le obedecerás, darás pasos de fe y lograrás desencadenar las bendiciones que Sus manos han preparado para ti. Dale gracias por Su Palabra, que desde ahora será parte de lo que declares con optimismo y fe en el futuro.

Más de treinta y cinco años de servir al Señor me han mostrado muchas cosas. He visto gente recibir a Jesús y también abandonarlo, personas que saben mucha Biblia, pero no ponen en práctica lo que leen y también he visto a miles fortalecerse y salir adelante por la confianza que tienen en el amor de su Padre. Hace poco hablaba con un amigo que estaba pasando por una situación económica difícil porque se había quedado sin trabajo y estaba desesperado. Siempre había estado con Dios, se había dedicado a estudiar las Escrituras y sabía mucho sobre teología, pero había

> *El problema no es saber Palabra, sino creerla y demostrarlo con nuestra actitud positiva, incluso cuando no comprendamos lo que sucede.*

llegado el momento para poner en práctica todo lo que sabía. Muchas veces, el problema no es saber Palabra, sino creerla y demostrarlo con nuestra actitud positiva, incluso cuando no comprendamos lo que sucede. En la vida, lo que marca la diferencia en los resultados que obtenemos no es lo que sabemos, sino lo que creemos y la actitud que asumimos sustentados en esa convicción.

9 LA ESCUELA DE MARTA

De nada sirve que conozcas las Escrituras si no avanzas con fe.

En la Biblia se puede aprender mucho sobre la diferencia entre saber y creer. Cuando Jesús llegó a casa de Lázaro, quien había sido su amigo íntimo, Marta, una de sus hermanas, demostró gran revelación y conocimiento.[46] Ella entabló una conversación doctrinal con Jesús y demostró que sabía sobre oración y sobre la resurrección de los muertos porque todo lo aprendió del Maestro. ¡Cómo no iban a saber tanto sobre el reino de Dios! Pero en ese momento Marta estaba a punto de obtener en abundancia porque

---

[46] Juan 11.20-27

aprendería que la fe es más importante que el conocimiento. La pregunta clave que Jesús le hizo fue: «¿Crees en mí?». Ahora, si eres cristiano, te pregunto: «¿Cuántos versículos de la Biblia conoces, aunque pienses que no funcionan?». Pues la verdad es que cada versículo de la Palabra es una gran revelación, pero si no avanzas en fe, de nada sirve que los conozcas.

Después de su diálogo con Marta, Jesús se dirigió al sepulcro y pidió que removieran la piedra, pero de nuevo, ella salió al paso con sus razonamientos y le dijo que el cadáver ya olía mal. ¿Qué le sucedía a Marta? ¿Por qué tantos argumentos y tan poca fe en lo que Jesús podía hacer? La pena por la muerte de su hermano debilitó su capacidad de creer en la obra del Señor. ¿De qué tamaño es la lista de tus excusas, que impiden que Jesús haga algo en tu vida? ¡Que Su Palabra sea efectiva en tu circunstancia depende de tu fe! Si quieres ver la gloria de Dios, debes creer. Eso es justo lo que Jesús le dijo a Marta para que ella finalmente comprendiera lo que estaba por suceder.[47]

> *¡Que Su Palabra sea efectiva en tu circunstancia depende de tu fe! Si quieres ver la gloria de Dios, debes creer.*

Cuando estábamos en el proceso de comprar el terreno para construir el segundo templo del ministerio —uno que respondiera a las necesidades de espacio y comodidad para recibir a más personas— nos contactaron para ofrecernos uno justo en el área donde buscábamos. El tamaño era ideal, aunque la disposición era poco conveniente por ser más largo que ancho. Este terreno pertenecía a varios miembros de una familia y aseguraban todos estar dispuestos a venderlo. Nos reunimos un par de veces para negociar el precio y las condiciones de la compra. En la primera reunión, incluso antes de bajarme del carro, oré y el Señor me dio los detalles de lo que debía ofrecer y pedir.

---

[47] Juan 11.38-40

Para mi sorpresa, los dueños accedieron a todo sin mayor dificultad. «¡Ya está! Sin duda, Dios está respaldando esta negociación», me dije lleno de optimismo porque yo sé que cuando Él está en control, cuando obramos de acuerdo con Sus planes, todo parece caminar sobre ruedas. Muy feliz y confiado, presenté el proyecto a la junta directiva y a la iglesia y todos estuvieron de acuerdo. *¡Genial, me apoyan! ¡Gracias, Señor, vamos muy bien!*, pensé. En ese tiempo yo debía viajar a México a predicar, pero no quería dejar el tema en el aire, justo porque el viaje estaba próximo a la fecha que habíamos definido para firmar los documentos de compra-venta. Hablé a los dueños del terreno y me dijeron que viajara sin pena porque el papeleo estaba tomando un poco más tiempo.

Viajé con un amigo que me acompañó, no sin antes compartir con la congregación las buenas noticias y disponer todo para hacer el primer pago. Cuando me encontraba en México un colaborador me llamó para darme la noticia: «Cash, me ha llamado el abogado de la familia dueña del terreno, acabo de colgar y no tengo buenas noticias, se han disculpado porque no lo van a vender». Y yo dije: «¡¿Qué?!». No era posible que se retractaran cuando todo estaba listo y en la iglesia estaban que no cabían de la felicidad. No voy a negar que me puse muy mal, tanto que le hice la broma a mi amigo: «Me siento como cuando, hace años, frente a una decepción, íbamos a tomarnos unos vinitos para olvidar las penas».

Mi amigo intentó consolarme con todos los versículos que pudo: «Recuerda que siete veces cae el justo, pero se levanta; todo lo puedes en Cristo que te fortalece, Dios es tu pastor nada te faltará; en todo lo bueno, santo y justo, en ese pensad; tú sabes que los planes que el Señor tiene para ti son mucho más abundantes, pensamientos y planes de bien, no de mal...». En fin, me soltó toda su batería bíblica pesada en contra de la depresión, pero la verdad es que no se trataba de eso. Mi confusión se debía a que estaba seguro de que Dios me había dado las indicaciones precisas, es decir, que algo no andaba bien: o yo lo había malinterpretado o realmente era el terreno correcto y todo se solucionaría.

De cualquier forma, di las gracias a mi amigo por su apoyo: «Me siento terriblemente decepcionado. Espero que Dios no esté escuchándome en este momento. No es común que alguien le crea por tanto y se arriesgue como yo lo he hecho. Que pruebe Dios hacer lo que hacemos nosotros sin ser omniscientes ni omnipotentes. Me siento confundido, pero pongo en Sus manos todo esto, que Él obre como desee». Al regresar a Guatemala reuní al liderazgo de la iglesia y les comuniqué la noticia, pidiéndoles que no dejáramos de confiar en que Dios tenía algo mejor, aunque en ese momento no lo veíamos.

Pasaban los días y nada cambiaba. Yo oraba, le pedía instrucciones al Señor, pero no lograba escucharlo. Hasta que una noche, en mi habitación, cuando mi esposa ya estaba profundamente dormida y yo acariciaba su cabello, escuché: «Hay cosas que tú no sabes. Les daré otro terreno mejor y podrán construir el templo para que el ministerio se extienda. Has dicho que Yo pruebe hacer lo que tú haces sin ser omnisciente y omnipotente. Prueba hacer lo que hago Yo, que siendo omnipotente y omnisciente confío en que ti». ¡Eso era todo lo que necesitaba! La fe que Dios nos tiene siempre ha excedido la que nosotros le tenemos a Él. Esas palabras me devolvieron la vida y lloré de agradecimiento. Dios nos respaldaba, me pedía que creyera y confiara por sobre cualquier conocimiento y situación que pareciera contraria. Me pedía que avanzara por fe, no por vista.

Algunos meses después, efectivamente, fue un milagro que lográramos reunirnos con los dueños de otro terreno mucho más accesible, mejor ubicado y con mejor disposición topográfica para construir. Los agentes de bienes raíces se habían acercado a mí para ofrecerme una lotificación para mi casa, pero yo les dije: «No quiero un terreno para mi casa, sino uno para la casa del Señor». Cuando nos entrevistamos con los dueños de este nuevo espacio, ellos nos dijeron que no lo vendían, que solamente rentaban la tierra y entre las cláusulas se estipulaba que no la alquilarían a iglesias; pero como Dios se especializa en lograr imposibles para que no haya duda de que fue Él quien obró a nuestro favor, luego de algunas reuniones los dueños aceptaron rentárnoslo. La negociación favoreció mucho el proyecto porque al reducirse la inversión inicial por el terreno contábamos con más recursos para construir.

Cuando el equipo pastoral y yo visitamos el espacio, el Espíritu Santo se derramó sobre nosotros, dejándonos como ebrios en Su presencia, y entonces me dijo: «¡Querías embriagarte y ahora te doy gusto!». No pude más que rendirme de nuevo a Su amor tan detallista, porque justo eso fue lo que meses antes, decepcionado, le mencioné a mi amigo. Frente a la incertidumbre fui como Marta, busqué argumentos y excusas fundamentadas en mi conocimiento y en lo que veía, pero aprendí la lección. ¡Quita la piedra si ya sabes que Jesús es la resurrección y la vida! Dios nos dice, como a Marta: «¡Te aseguro que verás Mi gloria, si crees!». No seamos necios: podemos saber muchas cosas, pero solo veremos cumplidas aquellas promesas que creamos de corazón. Que tu conocimiento no sea estorbo para tu fe.

Él es nuestro intercesor, está delante del Padre pidiendo por nosotros. De nada sirven los cursos, las profecías y las conferencias si no refuerzas y fortaleces tu fe en el poder e intercesión de nuestro Señor. Claro que está bien que aprendas, pero todo debe ayudar a que creas en Dios y en Su capacidad de hacer la obra en tu vida. Evita ser como Marta, que sabía mucho, pero a la que Jesús tuvo que poner contra la pared para que al fin se avivara su fe. Eres salvo por lo que crees, no por lo que sabes; serás sano por lo que crees, no por lo que sabes; tu familia será bendecida porque sabes lo que Dios te ha prometido y ¡porque lo crees!

Jesús también dio gracias al Padre porque sabía que todo el proceso que enfrentaban era un avivamiento para la familia que amaba. La muerte y la resurrección del amigo significarían un nuevo comienzo para ellos, la renovación y el fortalecimiento de su fe y de la de muchos que presenciaron el milagro. Marta, María y Lázaro estaban muy cerca de Jesús, sabían quién era Él, sin embargo, habían perdido el rumbo. Su fe se había apagado, lo veían más como un amigo que como su Señor. Hoy puedes experimentar un avivamiento, tus sueños resucitarán, tu vida cambiará, un nuevo rumbo se abrirá ante tus ojos si decides creer en Jesús. Y si ya eres creyente, recupera tu primer amor por Él, verás que no quedarás defraudado.

Nuestro fundamento

Al leer la Biblia conocemos y aceptamos obras fuera de lo normal. Estamos convencidos de que nuestra fe se fundamenta en situaciones extrañas como engendrar un hijo con una esposa estéril, abrir el mar para que pase todo un pueblo hacia la libertad, caminar sobre el agua o ver que se multiplica el pan. El apóstol Pablo, quien llevó la fe cristiana a los confines de la tierra, pidió que no nos avergonzáramos del Evangelio porque es poder de Dios. Vergüenza sería también saber tanto del Evangelio y no creer. La fe es para mentes superiores y nos lleva más allá de donde la razón nos abandona. Lo que necesitamos no son revelaciones más profundas, sino más confianza en nuestro Padre. Yo he escuchado muchas revelaciones y profecías, pero solo la fe me ha levantado. ¿Para qué necesitamos tantas confirmaciones sobre lo que podemos lograr? ¡Cree y actúa conforme a esa fe!

Por supuesto que esperamos que Dios nos permita conocerlo más, pero ese conocimiento sería en vano si no nos conduce a creerle de corazón. ¿Qué hace un niño cuando recibe un milagro de sanidad? Un niño no ayuna, no estudia profundamente las Escrituras, ¡solo cree y recibe! Por eso le pido al Señor que nos dé esa fe inocente y poderosa de los niños. Aprendamos a ver los problemas como oportunidades para conocer al Señor y ver Su obra. Si los israelitas no hubieran sido esclavos en Egipto, Moisés nunca habría conocido a Dios de esa forma y no los hubiera conducido hacia la libertad y la bendición. Si hay abundancia de comida, no necesitamos un milagro de multiplicación de panes y peces, por eso, si quieres ver milagros, seguramente enfrentarás problemas porque si todo estuviera bien no habría necesidad de la obra sobrenatural. La experiencia de Marta es la mejor escuela de teología y también de fe porque nos enseña a creer haciendo uso correcto del conocimiento. Dile al Señor: «Desde hoy, me inscribo en Tu academia, la Biblia será mi libro de texto y la vida será mi escuela. Aprenderé y creeré Tus enseñanzas. Nada me detendrá para alcanzar el cumplimiento de Tu Palabra en mi vida». Honra al Señor y reconócelo como el único capaz de hacer que tu circunstancia cambie para bien.

Honra al Señor y reconócelo como el único capaz de hacer que tu circunstancia cambie para bien.

Nunca he sido muy hábil para reparar cosas. Hacerle a la electricidad o a la plomería no es mi fuerte; sin embargo, como el hombre de casa he tenido que ingeniármelas, así que me preocupo por tener herramientas a la mano por si hay que apretar algún tornillo, comenzando por los de la cabeza de algunos de mis hijos. En más de una oportunidad me ha tocado hacer algún arreglo menor y todo va bien cuando tienes las herramientas exactas que te facilitan el trabajo, pues de nada sirve un martillo si lo que necesitas es una llave inglesa. Lo mismo sucede en la vida: la mejor herramienta que tenemos es la Palabra de Dios y, aunque está a nuestro alcance, no la usamos, no la ponemos en práctica; a veces por desconocimiento.

¿Cómo vamos a creer en promesas que ignoramos? ¿Cómo podemos reclamar una herencia que no sabemos que nos pertenece? ¿Cómo pondremos en práctica principios que desconocemos? La herramienta está ahí a nuestro alcance, aprendamos a utilizarla. Es como si tuviéramos en las manos todas las piezas del rompecabezas, pero no nos atrevemos a armarlo. Todos pasamos por situaciones difíciles; a todos se nos ha roto una cañería y necesitamos una llave de tuerca para repararla antes de que la casa se inunde.

Yo puedo contarte muchísimas situaciones difíciles que hemos enfrentado con mi familia. Por ejemplo, la vez que le diagnosticaron leucemia a mi hijo o cuando la vida de mi hija menor y la de mi esposa estuvieron en peligro durante el parto de la bebé. En esos momentos yo he clamado, intercedido y orado con toda la fe que tengo, he puesto en práctica todo lo que he aprendido en la Biblia, convencido de que Dios obrará milagros y así ha sucedido.

En momentos así quizá estés diciéndote: «Nada cambiará, así ha sido siempre en mi familia, yo soy así, no hay nada qué hacer». ¡No pongas excusas y deja de creer más en las mentiras del enemigo que en las verdades de tu Padre! Jesús está de tu lado, está frente a ti dispuesto a obrar el milagro, tal como estaba frente a Marta. Si sabes que Dios desea tu bien, prepárate para recibirlo, agradece lo que está por hacer en tu vida, agrádalo con tu fe y disfruta de la bendición que te dará.

No te pierdas en la ignorancia y tampoco en medio de tanto conocimiento de la Palabra. Ver milagros no depende de lo que sabes y conoces de Dios, sino de lo que estás convencido que Él puede hacer. Que tus recursos y conocimientos no sean tropiezo para tu fe, al contrario: aprovecha esos recursos y sabiduría para ponerla en práctica. No vivas esa ironía religiosa del que sabe mucho, pero cree poco y no obtiene nada.

10 UNA SEMILLA DE MOSTAZA

Hay semillas pequeñas que se convierten en un inmenso árbol.

Jesús no pudo hacer milagros en Nazaret —el pueblo donde creció con su familia— porque lo veían como un carpintero y no como el Hijo de Dios.[48] Allí no encontró fe sino suspicacia. Sabemos que la Palabra de Dios es viva y eficaz, que es buena semilla y no regresa vacía, pero los afanes de la vida y el engaño de las riquezas pueden ahogarla y volverla ineficiente. Por esa razón hay que aprender lo correcto sobre riqueza según los principios

---

[48] Marcos 6.1-6

bíblicos, para que no tenga más poder en ti que Su Palabra. Cuando hablamos de ver milagros, es importante recordar la honra que debemos demostrar al Señor porque Él podrá obrar maravillas solamente si creemos en Su capacidad de hacerlo.

¡La incredulidad y el afán de la vida pueden neutralizar el poder de Dios![49] Cuando leí esto en las Escrituras yo también me quedé con la boca abierta. En Su tierra neutralizaron a Jesús con desprecio, descrédito, deshonra y envidia; fue como si lo bombardearan con kriptonita. Cuando lo veas como el Señor de señores, el milagro sucederá. Acepta el poder de Dios así como aceptas el poder de la ciencia humana. Si ves a tu pastor simplemente como un amigo más, sin respeto, ¿cómo quieres que Dios lo use para bendecirte? Proclama tu fe con valentía y defiende lo que crees porque de eso depende tu bendición. Honra a Jesús, ¡demuéstrale que es tu Señor y Él podrá hacer Su obra! Sé congruente con tus actos: si dices que Él es tu Señor, demuéstralo. Aprécialo y apréciate porque te ha delegado autoridad.

Todos podemos obrar milagros si creemos y hay honra entre nosotros. Somos hijos de Dios y Él puede escoger a través de quién bendecirá a otros. Entre esposos pueden ser usados por Dios, pero deben darse honra a pesar de sus defectos; ya que estos no serán estorbo si Dios encuentra fe en la pareja. Puedes ver a Jesús como tu mejor amigo, pero no dejes de verlo como tu Señor, a quien honras y a quien le crees con todo el corazón.

Yo le creo a Jesús, tengo mil defectos, pero le creo. Cuando me invitaron a ir a la iglesia llegué con una cajetilla de cigarros en la bolsa de mi pantalón de lona roto. Al escuchar todo lo que Jesús había hecho por mí, sin dudarlo, me levanté y lo acepté como mi Señor. No llegué cansado, decepcionado, frustrado o herido, era un joven que estudiaba y tenía una empresa; así que no lo acepté por desesperación sino por agradecimiento, porque a pesar de la vida que llevaba Él me amaba y me bendecía. Desde entonces decidí creerle y fui radical en hacerlo.

---

[49] Marcos 4.19

Así como pagaba por el mejor licor en las discotecas, desde ese día pagué por la mejor Biblia que pude comprar e invertí en mucho material instructivo para aprender y compartir con los demás; me dediqué a crecer en fe y no he sido defraudado. Retomé la vocación que sentía cuando era niño y Él me formó porque yo no tenía ni idea sobre cómo predicar, cómo ser pastor y entregar mi vida al ministerio. El camino no fue fácil. Cualquiera que hubiera predicado en el zoológico de su ciudad sin que nadie lo escuchara habría desistido, cualquiera que hubiera regalado pequeños folletos bíblicos a la entrada de los cines o que hubiera escrito mensajes en los *tickets* de bus frente a la mirada desconfiada de los pasajeros habría dudado de lo que le deparaba el futuro, pero yo le creí, acepté el reto de mi llamado y le doy gracias porque he tenido Su respaldo incluso cuando me he equivocado, algo que ha sucedido muchas veces.

Si lo hizo conmigo, sin duda lo puede hacer contigo, pero no regreses a Jesús a la carpintería, no lo veas como el hijo del carpintero, sino como el Hijo de Dios que está sentado en Su trono, a la derecha del Padre, donde intercede por ti. Pídele perdón si lo has menospreciado y si te has menospreciado. Aprende a ver a tus semejantes como hermanos en Cristo dignos de honra, a quienes Dios puede usar para bendecirte. Pídele que abra tus ojos, que puedas verlo tal como es: Señor de señores, Rey de reyes, y puedas ver en otros a Sus hijos, discípulos y representantes. Pídele que te enseñe sobre el honor y la fe, y que te ayude a desechar toda incredulidad.

Cuida cómo oyes

Y ¿cómo se hace para deshacerse de la incredulidad? Pues buscando escuchar solo palabras que nos edifiquen. En una oportunidad, cuando los discípulos intentaron echar fuera un demonio y no lo lograron, le preguntaron a Jesús qué había sucedido. Entonces Él les explicó que les faltaba fe y les puso el ejemplo del grano de mostaza,[50] pero la analogía no es que se tenga una fe tan pequeña como esa semilla, sino que sea tan poderosa con el mismo temple y carácter, porque

---

[50] Mateo 17.19-21

siendo minúscula, llega a ser la mayor de las hortalizas y se transforma en árbol grande que da abundante fruto.

Además, les enseñó cómo incrementar la fe: con oración y ayuno. Cuando deseamos sanar a alguien no debemos orar y ayunar por el enfermo sino por nosotros, para que nuestra fe se fortalezca y seamos usados como instrumentos de la obra del Señor. El género de incredulidad solo se elimina buscando a Dios con todo el corazón. Las cosas buenas suceden cuando erradicas tu incredulidad. Ya sabemos que nadie con sus ojos puestos en el reino de la tierra alcanza grandes logros, solo con la vista en las maravillas del Señor se logran los milagros.

> *El género de incredulidad solo se elimina buscando a Dios con todo el corazón.*

En otro momento, Jesús comparó el reino de los cielos con el grano de mostaza que se extiende poderosamente, y la mejor parte es que en sus ramas resistentes y frondosas anidan las aves del cielo. Las bendiciones del Señor anidan en las personas que luchan por sus sueños y crecen como la semilla de mostaza. Dios siempre hará algo más si usas tu fe para creerle y alcanzar tus metas. Dicho de otra forma, no debemos concentrarnos en lo que somos sino en lo que estamos llamados a ser. Tal vez ahora te ves pequeño como una semilla, pero serás como un inmenso árbol que dará cobijo a otros en el nombre del Señor. ¡Escucha y cree que estás llamado a la grandeza!

Jamás se menosprecian los inicios. La más pequeña de las semillas estaba convencida de su gran capacidad de crecimiento. Imagina una semilla de mostaza frente a una de naranja, de durazno o de aguacate. No dejaría que la humillaran, seguramente les diría: «Ahora soy pequeña, pero ya verán lo grande que llegaré a ser cuando me siembren, abonen y rieguen». No lo olvides: ¡la Palabra de Dios te hará grande! La semilla de mostaza incluso cree que cambiará de especie,

---

[51] Mateo 13.31-32

ya no será hortaliza sino árbol. No importa si es un árbol pequeño, lo importante es que trascendió sus fronteras y no se conformó con ser una hortaliza grande. Si tienes fe puedes ser transformado como esa semilla; tenemos un enorme potencial para crecer y dar fruto.

No te veas como eres ahora, mírate con los ojos de la fe, como la persona exitosa y feliz que ya eres. Si crees con esa fe de la mostaza todo será posible: sanidad, restauración y salvación. Muchos se limitan porque se piensan indignos de recibir bendición, pero el reino de Dios opera por fe, no por obras. No veas qué precio debes pagar porque Jesús ya lo pagó. ¡Solo cree y ora! Si un demonio no sale al echarlo fuera en el nombre de Jesús, puedes orar y ayunar, pero no porque sea más poderoso que Su nombre, sino porque, al hacerlo, tu fe se fortalece. Un estómago vacío por ayuno no es más poderoso que el Señor. La oración y el ayuno son efectivos para fortalecer tu fe, no como «fórmulas mágicas» que provocan el resultado que deseamos.

La fe viene por el oír y sale por el hablar. Cuando somos hombres y mujeres de fe cuidamos lo que escuchamos y lo que hablamos. El apóstol Pablo predicaba palabra de fe porque ayudaría a los nuevos cristianos a vencer las dificultades y la persecución. Nunca olvidemos que la Palabra dice que el justo por su fe vivirá, es decir, que la fe sirve para vivir, para salir adelante día a día; así que debemos alimentarnos con esa Palabra de fe que nos hace vivir y crecer para avanzar.

11 PIDE Y DECLARA

Si le permites a Dios obrar en ti, tus palabras cambiarán y iverás esos buenos días que tu boca proclama!

A finales de 2015, miembros de la iglesia organizamos varias visitas al hospital general de la ciudad de Guatemala para entregar víveres e insumos porque enfrentaban una crisis muy grave. Además de llevar donaciones, oramos por los enfermos que nos lo permitían. En una de las salas de pediatría, tímidamente se acercó a mí una señora que se veía bastante cansada. Su ojerosa mirada contrastaba con la franca sonrisa que me ofreció al tiempo que me abrazaba, pidiéndome que orara por su hija. Al acercarme a la cama donde dormía la niña —bueno, realmente no sé si dormía, pero tenía sus ojitos cerrados— mi corazón se conmovió por el dolor que reflejaba. ¡Es tan difícil mantener el buen ánimo frente al sufrimiento de un niño! Pero en esos momentos nuestra fe debe sostenernos y contagiar a quienes nos rodean. Lo cierto es que esa madre, de rodillas junto a la cama de hospital de su pequeña hija en terribles condiciones, tenía una fe tan grande y una actitud tan poderosa que casi puedo decir que ¡ella me la contagió a mí! Mientras orábamos, en medio de ese ambiente que olía a sudor y podredumbre, donde casi era posible respirar muerte, la niña abrió sus ojos y sonrió.

Nunca lo voy a olvidar: ellas no tenían nada, pero su fe era tan grande que con eso tenían todo, y estoy absolutamente seguro de que recibieron su milagro. Más allá de la sanidad, recibieron gozo, paz y todas las bendiciones que Dios tenía para ellas. Su fe no era sensorial, no creían lo que veían, sino lo que su corazón les decía que Dios tenía para ellas. Vivían por fe, no por vista.

El contraste es tan evidente cuando recuerdo las visitas que he hecho a otros enfermos en circunstancias diferentes, personas que, bendito Dios, tienen todas las posibilidades económicas para atender a sus hijos en los mejores hospitales e incluso pueden llevarlos a clínicas fuera del país al menor síntoma de alarma. Sin embargo, a veces su actitud no es la mejor, se muestran irritados, arrogantes y hasta retadores. ¡Todo lo que tienen parece no sumar a su vida! Pareciera que tienen fe, pero en sus recursos, y dejan a Dios en segundo o tercer plano.

Tu fe se alimenta de aquello a lo que pones atención y solo cuando realmente estás enfocado en el Señor, se fortalece y tus sentidos se abren a lo bueno. Todo suma, todo agrega algo a tu vida incluso en medio de la peor adversidad. Entonces, cobra sentido decir que el poder del Señor se perfecciona en nuestra debilidad y que tenemos todo, aunque no tengamos nada, porque todo lo podemos si Él está con nosotros.[52]

---

[52] 2 Corintios 12.9

Cuando tienes fe todo suma, pero cuando no la tienes, incluso lo que crees tener parece que se va de tus manos. Puedo dar testimonio de que incluso en los momentos más difíciles, cuando me acerco al *Señor* y busco escucharlo, mi ánimo se fortalece porque Su Palabra me añade esperanza y confianza; pero he visto amigos que al escuchar consejos erróneos o llenar su mente con mensajes fatalistas no viven en paz aunque no tengan un problema específico. Entonces comprendo lo que Dios quería decir porque hasta lo que tienen pareciera que les resta.

El futuro está lleno de bendiciones para quienes escuchan con fe. Claro que tendrás desafíos, porque de esa forma puedes demostrar que crees en eso bueno que sucederá. Y cuando me refiero a alimentarnos de Su Palabra, es importante que busquemos la correcta interpretación. Por ejemplo, vuelvo a la oración del Padre Nuestro, tan completa y profunda que vale la pena ahora reflexionar en la frase: «El pan nuestro de cada día, dánoslo hoy».[53] ¿Qué pasa con esas palabras? Podrías preguntarte, pues ¡pasa mucho con ellas! Tanto que han sido un pilar de mi fe para pedir al Padre. La clave está en leer bien porque no dice que nos dé el pan cada día, sino que nos dé en este día el pan que nos sustentará durante otras jornadas. Es decir, que le estamos pidiendo abundancia, no escasez. Al pedirle de esta forma demostramos nuestra fe en que puede proveernos ahora y abundantemente lo que sabemos que recibiremos en el futuro.

Puedes orar para que, como sucede con el «pan nuestro de cada día», el Señor te dé hoy las ventas de todo el mes, los negocios de toda la temporada, los buenos resultados que esperas para toda una época. Todo dependerá de tu fe. Hoy mismo puedes tener la bendición de cada día si le pides que te que provea ideas porque cuando crees que algo es posible, encuentras la forma de lograrlo; pero si crees que un proyecto es imposible no te esfuerzas por buscar cómo lograrlo. Primero cree por el «qué» y a partir de ahí surgirá el «cómo».

---

[53] Mateo 6.11

Si aprendemos a entender la Palabra de Dios como promesa de bendición, seguramente la recibiremos, pero si no le pedimos discernimiento, incluso lo que creemos que es nuestro nos será quitado. Dios sabe
lo que piensas y lo que deseas, pero te lo dará solo si escuchas con
fe y lo pides. ¡Dale gracias por esta revelación tan bella! Pídele que
limpie tus oídos para escuchar solo palabras de fe.

El bien y el mal buscan la boca

Bueno, ¿qué más? ¿Solamente escuchar es importante? Por supuesto que no. El aprendizaje también se debe poner en práctica a través
de lo que decimos y hacemos. Jesús dijo que cualquiera que tiene fe en
Dios verá realizarse lo que declare con su boca.[54] Me gusta que sea
claro en decir «cualquiera» porque significa que todos podemos ver
esa manifestación de Su poder si creemos y lo confesamos con nuestra boca. Por esa razón Jesús nos pidió que oremos con fe para que
recibamos lo que pedimos. Orar también es un asunto de aprender a
escuchar y hablar porque para recibir hay que creer y decir.

Pero si no sabemos hablar, si no sabemos expresarnos con palabras,
difícilmente sabremos orar, ya que al intentar comunicarnos con Dios
buscamos que Él escuche lo que le decimos. Él anhela escucharte y
quiere establecer una relación íntima contigo, pero solo puede hacerlo
si le hablas. ¿Acaso es posible tener una buena relación con alguien
con quien no se dialoga? ¡Claro que no! Es cierto que Dios sabe lo
que pensamos, pero buscarlo para hablarle es manifestar nuestro deseo de relacionarnos con Él. Entonces, si deseas orar, debes fortalecer
tu fe y aprender a expresarte verbalmente.

A veces pensamos que orar es solamente llegar delante de Dios y
derramar nuestra alma, creemos que llorar es suficiente para recibir
lo que esperamos, pero ¿dónde está la fe que debemos demostrar al
proclamar que estamos seguros de que Él nos escucha y que recibiremos bendición? Una cosa es desahogarse, y otra muy distinta creer y

---

[54] Marcos 11.21-24

confesar Su Palabra con total seguridad. Para estar convencidos de Su amor debemos tomarnos el tiempo para estudiar Su Palabra, aprender sobre Sus promesas y Sus leyes, de lo contrario, ¿cómo podemos estar convencidos de que Su deseo es bendecirnos?

Así que abre los ojos y el corazón para darte cuenta de que orar implica mucho más que buscar a Dios en medio de la dificultad. Es la fe que proclamamos fundamentada en el conocimiento de Su Palabra lo que nos sostiene y nos permite avanzar confiados aún en medio del dolor y de los problemas. Dios responde a la declaración de nuestra fe, no a las quejas y lamentos, ya que por fe alcanzaron buen testimonio los hombres de la Biblia. Hay que creerle al Señor y expresarlo con palabras y acciones para ser agradable ante Sus ojos.

En la Biblia encontramos la historia de Gedeón, un joven escogido por Dios para vencer a los madianitas que afligían al pueblo de Israel y les robaban sus cosechas. Cuando el ángel del Señor lo encontró le dio instrucciones y él comenzó a lamentarse y declararse inadecuado para la labor que le fue encomendada, pero Dios no le dijo: «Tienes razón, eres débil, pobre y el más pequeño»; al contrario, lo empoderó, quitándole los lamentos de la boca: «Ve con esa tu fuerza y derrota a los madianitas». Dios no habla el lenguaje de lástima y derrota. ¿Has intentado hablar con alguien que no habla tu lenguaje? Si te dicen: «¿Qué pex, vato? ¡Qué chileros tus rieles!», te cuesta comprender que están elogiando tus zapatos. Así sucede con el Señor cuando hablas el lenguaje de la duda que Él no entiende. Si le dices: «La situación está mal, pero yo te creo. Sé que cuidarás de nosotros», entonces llamas Su atención, te escucha y te entiende.

Creí, por lo tanto, hablé

Podemos tener lleno el corazón, pero nada bueno se activa si no se declara. Claro que al hablar debes cuidarte de no ser jactancioso o altanero. Demuestra que confías en Dios y que tienes la actitud correcta para proclamarlo y recibirlo. Un doctor puede decirte: «El diagnóstico es cáncer y usted morirá». Pero tú puedes responder: «Yo no creo en eso, rechazo toda enfermedad». Entonces, el médico pensará que estás loco, pero tú podrás pensar: *Que él vea los exámenes, yo veré las promesas de Dios.*

Cuando confesamos algo hacemos evidente lo que viene del corazón. No puedes asegurar que hay fe en tu interior si no lo declaras. Una pareja de la congregación que gracias a su fe perseverante y emprendedora han superado su terrible situación económica, me comentaba que su proceso ha sido justo en ese orden que consiste en visualizar, planificar y declarar con fe.

Ellos aceptaron la invitación de unos amigos porque les dijeron que habría comida. Pero casi se retiran cuando escucharon que se empezó a hablar de ofrendas. Cuando él le dijo a ella que se fueran, ella le respondió: «Quedémonos. De todas formas ¿qué van a quitarnos si no tenemos nada?» Tan grave era su situación que para ir a la iglesia tenían que comprar pegamento para arreglar las suelas de sus zapatos. Sin embargo, conforme abrían su mente y corazón, Dios los convencía de Sus promesas. Empezaron a asistir a las reuniones organizadas por líderes de la iglesia, lo que nosotros llamamos «grupos de amistad».

La semana que les tocó llevar la refacción, no sabían qué hacer porque solo tenía Q20.00, así que compraron una magdalena que les costó Q16.00, y dieron los Q4.00 restantes como ofrenda. En pocas palabras, actuaron contra toda lógica y con fe. Ese mismo día, al entrar a casa, su hija los sorprendió con una noticia, ¡un amigo de la familia les había llevado víveres para la semana! Y la provisión nunca les faltó, al contrario, todo fue mejorando; tanto que lograron poner su negocio y dar trabajo a más personas. Siempre que pueden, ellos comparten su testimonio convencidos de que al hacerlo dan esperanza a muchos.

La fe es como un río cuya fuerza es tan grande que no hay represa capaz de detenerlo sin que se desborde. Deja salir ese torrente de fe contenido en tu mente y en tu espíritu. A través de tu boca y de tus declaraciones activas tu bendición o abres la puerta al rencor, al engaño y la negatividad. No solo se trata de asegurar: «Tengo fe, Dios me bendice», sino de cambiar por completo tu forma de hablar porque esta condiciona lo que piensas y lo que haces. No podemos ser hipócritas porque sería como tener dos mentes y dos bocas. Comparte solo palabras de bien. Por supuesto, habrá momentos en que nos den ganas de decir un par de buenas palabrotas: cuando choquen tu carro, cuando te asalten, cuando descubras algo desagradable o te insulten; en esos momentos no viene a tu mente un «Dios te bendiga, hermano», pero será mejor callar y pedir al Señor que nos llene de paciencia porque es cuando debemos demostrar esa templanza y dominio propio[55] que Él tanto nos recomienda. Deben reconocernos porque nuestra fe se traduce en buenas palabras.[56]

> *No solo se trata de asegurar: «Tengo fe, Dios me bendice», sino de cambiar por completo tu forma de hablar porque esta condiciona lo que piensas y lo que haces.*

Seamos como bebés que están aprendiendo a hablar. Primero asimilamos conceptos y luego palabras para referirnos a ellos, pero del mismo modo cada palabra contiene infinidad de significados según el contexto y cómo las digamos. No es lo mismo decir: «¡Madre!» frente a tu progenitora que frente a tus amigos o tus hijos. ¡La magia de la comunicación radica en qué decir y cómo decirlo! Por eso, en este mundo de mensajitos de texto y chats, lo emoticones son tan valiosos para dar emoción y tono a lo que escribimos. Los expertos afirman que el verdadero significado de un mensaje depende un 10% de su contenido y un 90% del modo de decirlo, o sea, del lenguaje corporal, el tono de la voz, los gestos, la actitud. Por tanto, nuestra fe debe ser un estilo de vida que se refleje en lo que pensamos, hacemos y decimos.

---

[55] 2 Timoteo 1.7; [56] 2 Corintios 4.13

En medio de la aflicción

Frecuentemente el Señor nos pide que le creamos y que hablemos palabras de fe incluso en medio de la pena.[57] Hay que hablar lo que Dios dice, no lo que nuestra alma afligida quiere que digamos.

Si no hablamos palabras de confianza, nuestra fe es vana y somos como vasijas vacías. La fe produce algo cuando se cree y se habla, no cuando se queda guardada en el corazón. Además, las palabras de fe se reciben cuando se tiene el corazón dispuesto, de lo contrario, caen en tierra desierta. En medio de la aflicción no se habla de tristeza, sino del gozo del Señor, de la fortaleza que nos da y de la bendición que tenemos prometida. ¿Qué ganamos con quejarnos y lamentarnos? Lo único que conseguimos es hundirnos más en nuestra miseria. Las palabras influyen en los pensamientos y sentimientos, así que habla bien. Si tu sentimiento de inseguridad es grande, se volverá gigante al decirlo. Habla de tu seguridad para que crezca y erradique tu inseguridad.

La calidad de tu vida depende de lo que hables. Busca la paz y la verdad, exprésala para recibirla.[58] Muéstrame cómo hablas y te mostraré quién eres. Muéstrame lo que declaras con tus palabras y te mostraré los días que vendrán. Nadie que diga malas palabras podrá tener buenos días. Proclama lo bueno, la bendición que llegarás a tener, lo que tu familia logrará.

---

[57] Salmos 116.10; [58] 1 Pedro 3.10-11

Nuestra lengua es el vehículo, no la fuente. Yo fui una persona muy mal hablada. A los quince días de recibir al Señor llegué al capítulo 12 de Mateo y me di cuenta de que efectivamente tenía quince días de no decir malas palabras porque mi boca hablaba de la abundancia que tenía en mi corazón.[59] Aléjate de esas palabras corruptas ya que es imposible que con la misma boca quieras bendecir a Dios y maldecir a tus hermanos. Es imposible decir a alguien: «Hijo de tal» y luego pretender llegar delante del Señor y decirle: «Eres mi Dios y mi Salvador». Corrige tu manera de hablar porque es uno de los mayores testimonios que puedes ofrecer y tu mejor herramienta para comunicarte con el Señor.

Corrige tu manera de hablar porque es uno de los mayores testimonios que puedes ofrecer y tu mejor herramienta para comunicarte con el Señor.

Renueva la fuente y el agua amarga desaparecerá. Quita la envidia, el rencor y el dolor de tu corazón y verás que ya no habrá palabras ofensivas o negativas en tu boca. Si hay palabras hirientes e inadecuadas es porque tu corazón aún no ha sido renovado por la fe. Cambia lo que tienes dentro y lo que expreses será diferente. Una de las promesas del Señor es quitarnos el corazón de piedra y darnos uno de carne,[60] lo que significa que nos dará un nuevo corazón del que solamente brote lo bueno, pero esto solo puede ocurrir si le creemos.

Lo que digas será hecho

Jesús lo dijo muy claro: lo que digamos será hecho. Si le decimos a un monte que se aparte, así será,[61] por lo tanto, si crees, debes hablar de lo que sucederá. Cada vez que hablamos sobre el futuro como si ya fuera hecho, demostramos nuestra convicción. A veces, nuestras palabras podrían sonar jactanciosas, pero no te detengas por eso y cuídate del orgullo de creerte lo que no eres y de la falsa humildad de

---

[59] Mateo 12.34; [60] Ezequiel 36.26; [61] Marcos 11.20-24

no reconocer lo que eres, pero no tengas pena de proclamar toda la bendición que recibirás por fe.

Edifica y otorga gracia a otros con tus palabras, expresa solo cosas buenas que ayuden a tus semejantes a crecer espiritualmente,[62] ¡alegra su corazón, su espíritu y al Espíritu Santo! Nuestra lengua es un órgano con gran poder, por lo que necesita ser controlada y bien utilizada para bendecir. Evita que tu lengua te contamine y contamine a otros. Jesús dijo que por nuestras palabras seremos justificados o condenados. Alcancemos justificación y evitemos la condenación, expresemos solo palabras correctas. El enemigo necesita de nuestras palabras para dañar y Dios las necesita para bendecir. ¿A quién las rendirás? ¡Con fe, entrega tus palabras a la voluntad divina!

Pidamos perdón al Señor por lo inadecuado que podríamos haber dejado entrar en nuestro corazón. Digámosle que deseamos confesar lo que creemos, que estamos listos para que nos renueve y que nos ayude a desechar la envidia, el egoísmo, el rencor y el rechazo. Que nos llene de paz, bondad, amor y buenas palabras.

---

[62] Efesios 4.29-30

TEMPLE

Ser identificado con alguna característica del espectro autista es un tabú, como también lo es tener un diagnóstico de bipolaridad, nacer con Síndrome de Down, lidiar con TDAH o cualquier otra condición psicológica, neurológica o conductual. Muchas veces se consideran limitaciones, pero algunas personas han sabido escalar sobre los prejuicios y ver dichas condiciones como oportunidades para la grandeza.

Temple Grandin es una de esas personas, y en la película que lleva su nombre, podemos explorar un poco de esa grandeza que va más allá de lo que otros podrían considerar una limitación cuando en realidad solo se trata de una percepción distinta de la realidad, desde otra perspectiva, lo que también implica enfrentar retos, tal como ella lo describe en el filme: «Yo soy diferente, pero no inferior. Yo tengo un don: veo al mundo de una forma nueva, percibo todos los detalles que otros no ven... Yo pienso en imágenes y las conecto».

La madre de Temple se extrañaba al notar que su pequeña bebé se incomodaba al ser tomada en brazos. Un gesto de cariño que brinda confianza y reconforta a la mayoría de los niños, ¡para ella era como bañarla con agua fría! Poco a poco, fueron evidentes más rasgos autistas que obligaron a su familia a adaptarse y buscar opciones para desarrollar el potencial de su hija. ¡Gracias a Dios que no la etiquetaron como alguien incapaz, porque el mundo se hubiera perdido de una mujer con increíbles dones y talentos!

La vida de esta genial zoóloga, etóloga y científica ha sido un constante proceso de superar niveles en áreas que otros damos por resueltas porque nos parecen naturales. Aprender a hablar, vencer el temor que inspira el ruido de un ventilador o las puertas automáticas, superar la ansiedad al sentir que alguien nos toca, y romper las barreras para socializar fueron puertas que Temple tuvo que abrir una a una, peldaños de una escalera que subió con cierta dificultad. Y no solo lo logró, sino que fue más allá.

Su mente brillante, que de inmediato traduce todo a figuras y dibujos, no alcanzó el nivel promedio para llevar una vida funcional, sino que fue capaz de abrirse paso y ofrecer increíbles aportes. Ella pasó del nivel de sobrevivencia al nivel de explosión creativa de la mano de personas cuya fe también superó etapas para avanzar hacia mayores logros. Su madre, su tía y su maestro, el doctor Carlock fueron determinantes en ese proceso que la ayudó a florecer.

¿Qué me dices de inventar una máquina para dar abrazos y que ahora es parte de la terapia para personas con rasgos del espectro autista? ¿Qué tal el diseño de un proceso para mejorar el manejo del ganado y de esa forma evitar a los animales un sufrimiento innecesario? Porque está comprobado que los animales también manejan emociones. «La naturaleza es cruel, pero nosotros no debemos serlo. Les debemos algo de respeto», asegura Temple.

A través de los privilegiados ojos de Temple, vemos el mundo desde una nueva y emocionante perspectiva de fe que madura paso a paso, constantemente y sin detenerse en medio de los desafíos, porque no somos personas «promedio» y hay genialidad dentro de cada uno. Solo es cuestión de abrir nuestra mente y corazón a todas las posibilidades, tal como Temple lo ha hecho. Yo me animé y lo hice, fui avanzando paso a paso, nivel por nivel, y ¡Dios me ha sorprendido!

12 NIVELES DE FE

Tu fe en Dios debe ser el fundamento en todas las áreas de tu vida.

En tiempos ancestrales, cuando alguien deseaba declarar su voluntad, dejar bienes o definir leyes y estatutos, los escribía en pergaminos o en papiros que enrollaba y entregaba. Quien deseaba gozar de los beneficios escritos allí debía desenrollar y ejecutar las instrucciones. Ese es el origen de la palabra «desarrollar». Nos desarrollaremos y alcanzaremos nuevos niveles de grandeza cuando desenrollemos lo que está escrito para nosotros, y esto aplica especialmente para la voluntad de Dios escrita en Su Palabra, esa buena voluntad, agradable y perfecta, que va más allá de lo que podemos imaginar y desear[63] porque Sus planes y pensamientos siempre son mejores que los nuestros. Esta debe ser la convicción que fundamente nuestro deseo por desarrollar el carácter, las habilidades y la fe que nos permitan cumplir Su visión. Sabemos que todos hemos recibido una medida de fe, un «papiro» con las promesas y bendiciones del Señor, pero de nosotros depende desenrollarlo y cumplirlo.

Siempre he sido deportista y mi esposa también. Ambos jugamos voleibol desde muy jóvenes. De hecho, cuando nos conocimos, una de nuestras coincidencias era esa y Sonia recordó que ya me había visto jugar. Entonces, en broma, le dije: «Nunca pudiste olvidar ese día cuando me viste jugar voleibol y el Señor cumplió la petición de tu corazón de volvernos a encontrar». Lo cierto es que realmente Dios cumplió la petición de mi corazón y nos unió. Entonces, la cuestión es que hemos practicado muchos deportes y en los últimos años adquirimos la pasión por el esquí en nieve luego de que un amigo nos invitara a vivir la experiencia en Denver, Colorado. ¡Realmente es un deporte fascinante! Desde que tuve el primer contacto con los esquíes y sentí la adrenalina no pude soltarlo y contagié a todos: a mi esposa, a mi hija, a mis dos hijos y sus cónyuges. ¡Hasta mis nietecitos!

Poco a poco, cada quien, a su ritmo, ha superado niveles. En mi caso, luego de seis temporadas de práctica, he pasado de nivel principiante al primer nivel de experto. Por supuesto que aún me falta mucho por aprender, pero en la primavera de 2017, junto con mi esposa y mi hija Ana, vivimos una aventura que podría decir que me hizo saltar varios niveles hasta convertirme en experto instructor. Estoy exagerando, claro, pero sí fue una experiencia que me ayudó a poner en práctica todo lo que había aprendido.

Fue un día intenso en las montañas de Utah. Al último momento, nuestro instructor se disculpó porque no pudo acompañarnos debido a un delicado problema de salud, entonces, tal como sabíamos que debíamos hacer, los tres trazamos, cada uno en su mapa, la ruta que seguiríamos durante la jornada, siempre alrededor de cafeterías que, de ser

---

[63] Jeremías 29.11

necesario, también servirían como refugios. El plan era usar un sistema nuevo de góndolas que conectaba las dos montañas. Pasamos el día esquiando de lo mejor, pero al regresar, el clima se complicó. La nieve era de ese tipo húmedo, como lluvia que cala hasta los huesos. Debíamos ser muy exactos con los horarios porque la góndola que nos llevaría de vuelta cerraba a las cuatro de la tarde, así que calculando el tiempo decidimos iniciar el retorno más o menos a las tres. La visibilidad era poca y en cierto punto alcanzamos a un ameno grupo que también regresaba. Sin darnos cuenta, ¡cada uno tomó una ruta diferente! Aunque cada quién asumió que los otros dos iban juntos. Cuando descubrí que avanzaba solo, viví los minutos de mayor incertidumbre en mi vida como esquiador. El tiempo corría y las probabilidades de que no alcanzáramos la góndola eran mayores, ¡no sabía si detenerme y buscarlas o avanzar!

Cada vez que veía un grupo preguntaba: «¿Han pasado por aquí dos mujeres, una con chaqueta roja y otra con chumpa blanca?». La respuesta siempre era que no. Llegué justo a tiempo a la estación para tomar la góndola y me subí con la esperanza de que ellas ya hubieran pasado. De no ser así, sería más fácil ayudarlas desde la estación central que desde la montaña. Esa convicción provocó que avanzara, siempre orando porque estuvieran bien.

Y gracias a Dios tomé esa decisión porque al llegar al punto final de reunión, Anita, mi hija, estaba esperándome. ¡Ahí descubrimos que todos íbamos solos! Ella pensaba que mi esposa y yo íbamos juntos. Sonia pensaba que Anita y yo estábamos juntos. Yo pensaba que ellas dos iban juntas. ¡Enorme confusión! Qué importante fue el tiempo que nos tomamos para trazar la ruta y marcarla cada uno en su guía.

Unos minutos después, Sonia apareció empapada y con su mapa prácticamente deshecho. Sin duda, los tres alcanzamos un nuevo nivel de confianza y destreza durante esa jornada. Estoy convencido de que lo mismo sucede en nuestra vida de fe, donde vamos superando niveles, como en todo proceso de aprendizaje.

Nacer de nuevo

Si vemos la fe como un proceso de maduración, el primer nivel es nacer de nuevo. Como leemos en la Palabra de Dios, con el corazón se cree para justicia y con la boca se confiesa salvación; por lo tanto, nacemos de nuevo cuando confesamos con nuestros labios que Jesús es nuestro Salvador.

Cuando lo recibimos voluntariamente, renacemos; es decir, nos convertimos en nuevas criaturas, listas para crecer en fe.[64] El mismo día que lo recibí y dije: «Jesús, eres mi Señor y Salvador, desde hoy vivo por ti», algo sucedió en mi interior. Mientras más aprendía de la Palabra de Dios, más incómodo me sentía con lo que vivía y más deseaba avanzar en el camino que Él me mostraba. El cambio sucedió gradualmente porque no es fácil reprogramarnos.

La fe y la gracia a través de Jesús nos regalan un nuevo nacimiento[65] y es el primer paso en el camino hacia nuestras promesas. ¡No lo olvides, eres nueva criatura por fe![66] Al entregarle nuestra vida al Señor, nacemos del Espíritu, quien nos hace partícipes de la naturaleza divina. ¿Puedes imaginarlo? Si la fe puede lograr que nazca un nuevo Carlos, una nueva María, un nuevo Juan, ¡es capaz de hacer que tu familia sea restaurada, que tu cuerpo sane y que avances en todo lo que emprendas! Si te enfocas en establecer una íntima comunicación con Dios, si buscas aprender de las Escrituras y aplicarlas, literalmente habrá un nuevo ser en tu interior. Si eres capaz de creer que eres renovado y viste emerger una nueva persona en tu interior, no habrá enfermedad, tristeza o pobreza que triunfe sobre

> *Lo más difícil, que consiste en nacer de nuevo y ver tu nombre escrito en el libro de la vida, ya habrá sido hecho, así que superar la dificultad económica y la enfermedad será fácil con la fe que has recibido.*

---

[64] Juan 3.3; [65] Efesios 2.8-9; [66] 2 Corintios 5.17

ti. Tu fe es poderosa, te hace caminar en novedad de vida y te da la capacidad de escuchar a Dios, cambiar tu circunstancia y superar cualquier dificultad. Lo más difícil, que consiste en nacer de nuevo y ver tu nombre escrito en el Libro de la Vida, ya habrá sido hecho, así que superar la dificultad económica y la enfermedad será fácil con la fe que has recibido.

Vivir por fe

Luego de aceptar nuestra nueva identidad, el siguiente paso es vivir por fe, y con humildad, entregarle al Señor el control de todas las áreas. Muchas veces ese es el reto más grande porque estamos acostumbrados a tener el control y confiar en nuestras fuerzas, y buscamos obtener resultados inmediatos cuando realmente la vida de fe implica superar niveles que nos fortalecen y preparan. Si todo fuera instantáneo, ¿en dónde quedaría nuestra formación y educación de la voluntad? Por supuesto que Dios puede obrar milagros en un parpadeo; he sido testigo de tumores que desaparecen, pies que se enderezan y ojos que vuelven a enfocar correctamente las imágenes, pero creo firmemente que cuando Jesús dijo que con fe podríamos mover montañas, se refería a un proceso, no a un acontecimiento.

Incluso algunas de las sanidades que hemos visto al orar por los enfermos se van perfeccionando conforme pasa el tiempo. Por fe ahora eres visto como alguien justo que puede vivir confiado,[67] porque obedecemos estatutos y leyes que nos hacen creer en un futuro de paz, gozo y estabilidad. Ahora que eres una nueva criatura que sabe del amor de su Padre, debes vivir conforme a esa fe que fue capaz de hacerte renacer.[68]

Quien ha nacido por fe no se afana. La Palabra es clara y nos dice que somos valiosos, más que los lirios y las aves, por tanto, no debemos afanarnos.[69] Esto no significa, sin embargo, que nos quedaremos de brazos cruzados esperando que llueva ropa y comida, sino que nuestra fe en la providencia del Señor prevalecerá sobre el afán del

---

[67] Habacuc 2.4; [68] Romanos 6.4; [69] Mateo 6.25-30

trabajo. Quien trabaja poniendo su fe en Dios recibirá bendición. Busca siempre esforzarte y dar lo mejor, porque de esa forma demuestras lo que crees. Debes aplicar tu fe en las cosas pequeñas y también en las grandes; en las sencillas como vestir y en las complicadas como ver una nación entregada a los pies de Cristo. La crisis económica no debe dominar tu espíritu ni capacidad de ver hacia delante. Cuando piensas en estrechez y pobreza, dudas del Señor, quien desea bendecirte. Ni siquiera los perros callejeros mueren de hambre, mucho menos tú que eres bendecido por Dios.

Yo no he tenido que ministrar a leones, osos, ballenas o peces afligidos por el futuro, ¡he tenido que ministrar a cristianos que declaran vivir por fe! Su poder es tan palpable, que te aseguro que te han invitado a comer más veces justo cuando has estado más limitado de dinero; e incluso te han llevado a restaurantes que no podrías pagar ni siquiera cuando te va bien. Es así como Dios te dice: «Eres importante para mí, no temas». Entonces, vive confiado y trabaja conforme a tu fe; lucha por obtener siempre lo mejor, no seas conformista y esfuérzate.

Caminar por fe

El 28 de noviembre de 2016 el mundo lamentó un terrible accidente de avión. El equipo de fútbol de una pequeña ciudad brasileña, Chapeco, se accidentó en territorio colombiano cuando viajaba para enfrentar la final de la Copa Sudamericana frente al equipo Atlético Nacional de Medellín. Muchas versiones circularon sobre la causa de la tragedia; al final se determinó que fue una falla eléctrica, y por sorprendente que parezca, ¡la falta de combustible! Los audios que se graban por protocolo mostraron que el piloto se mantuvo en contacto con la torre de control y pidió permiso para el aterrizaje de emergencia, recibió instrucciones para hacerlo, pero no logró llegar.

Bien sabemos que un piloto de avión no dirige la nave por vista, como sí lo hace un piloto de carro, moto, bicicleta o de cualquier otro vehículo que usemos en tierra firme; y no lo hace debido a la altitud que deben tomar, porque el tráfico aéreo es controlado por técnicos que tienen todo el panorama de las infinitas rutas de los aviones en vuelo. Así que el piloto de cada aeronave debe confiar en las instrucciones que recibe, tal como lo hizo el piloto del avión que transportaba al equipo de fútbol chapecoense. La tragedia se dio al sumar dos elementos, la falta de combustible y la tardanza en permitirles el aterrizaje. Afortunadamente nosotros no tenemos esos problemas porque nuestro Guía nos ofrece las instrucciones precisas y estaremos atentos para que el combustible no se acabe, manteniéndonos siempre cerca de nuestro Señor, nuestra fuente inagotable.

Por tanto, si el primer nivel es nacer de nuevo por fe y el segundo es vivir por fe, el tercero es caminar por fe y no por vista.[70] Debemos ser como los ciegos que se dejan guiar por alguien, como los pilotos de avión que escuchan instrucciones hasta llegar a su destino. No vemos el rumbo, pero escuchamos la voz de nuestro Señor que nos guía,

No temas al futuro porque el Espíritu Santo te orienta por fe.

que tiene todo el panorama claro y nos lleva a donde debemos llegar. No temas al futuro porque el Espíritu Santo te orienta por fe.

Cada mañana es clásico que, aún medio somnolientos, buscamos la prensa, encendemos el televisor o vemos el teléfono para informarnos. Por supuesto que es necesario hacerlo, pero esas noticias no nos determinan y solo debemos considerarlas como un parámetro de lo que tristemente se vive en el mundo. Es difícil no deprimirnos, porque debemos fortalecernos en la fe para que la realidad no eclipse las verdades divinas que son nuestro fundamento.

Mantengamos nuestros oídos atentos para escuchar a Dios y nuestros ojos puestos en Él para recibir Sus instrucciones. Abraham, el patriarca de Israel, recibió la instrucción de Dios para salir de la tierra de los caldeos. Seguramente Sara, su esposa, le preguntó hacia dónde iban, pero imagino que él le respondió: «No sé, solamente escucho al Señor y obedezco».

---

[70] 2 Corintios 5.7

Moisés, el hombre que sacó al pueblo de Israel de la esclavitud en Egipto, también se dejó guiar por la voz de Dios. Cuando finalmente los habían dejado ir y avanzaron hasta donde encontraron el Mar Rojo, parece que el faraón se arrepintió de su decisión y envió al ejército a perseguirlos. ¿Qué hizo Moisés? No dijo: «Ya estuvo, aquí se acabó todo, rindámonos», sino que continuó expectante y pidió instrucciones en medio de una situación crítica, acaso la más difícil de su vida, y eso que desde su nacimiento enfrentó crisis. La vida no se trata de tener siempre las soluciones a la mano, sino de buscar a Dios en cada momento. Las persecuciones como la que vivió Moisés por los egipcios ante el Mar Rojo son una oportunidad para que creas, le preguntes, obedezcas y camines por fe.

«Sí, muy bien, entiendo», le decía un amigo a otro cuando este intentaba explicarle el gran misterio de confiar en nuestro Padre para recibir provisión. Ambos, Mario y Roberto, eran cristianos, por supuesto que creían en Dios y la salvación a través de Jesús, pero tenían cierta discusión acerca de aplicar la fe para asuntos sencillos como la provisión. Mario argumentaba que, de nuestras obras, de nuestro esfuerzo, venía la provisión. De hecho, le explicaba a su amigo: «Mira, el apóstol Pablo afirmaba a los tesalonicenses que no comería pan quien no trabajara». Entonces, Roberto le respondía: «Es verdad, pero también recuerda que Jesús dijo que somos más que los lirios del campo que no trabajan y se visten bien, así que nuestra bendición está garantizada si confiamos en el amor del Padre». ¡Ambos están en lo correcto! Jesús y Pablo no se contradicen; por el contrario, se complementan, porque la enseñanza es no poner nuestra fe en el trabajo, sino en el Señor, quien hará fructificar todo esfuerzo que hagamos. Nuestra esperanza no depende del trabajo que debemos realizar sino de la Palabra de Dios. Imita a Abraham y Moisés, que caminaban por fe y emprendían la marcha confiados en el amor del Señor.

Luchar por fe

Nuestro Padre es claro en pedirnos que peleemos la buena batalla de la fe; que permanezcamos en la justicia, la piedad, el amor, la paciencia y la mansedumbre. Batallar es el cuarto nivel de la fe. Abraham es ejemplo de caminar por fe y también de batallar, tal como Josué ante Jericó, Elías ante los profetas de Baal y David ante Goliat y los enemigos de Israel. En el nivel de «vivir por fe» no peleas contra otros, sino contra tu propia desconfianza y debilidad ante las dificultades. Un escenario diferente es la batalla de la fe, que implica enemigos que visitan tu casa, quieren quitarte a tus hijos, robar tu bendición y probar tu fortaleza. Temple Grandin de verdad que luchó y ha logrado enormes victorias.

Solo las batallas frente a los enemigos nos hacen más que vencedores, así que, si queremos ver victorias, será necesario luchar batallas. Caminar y vivir por fe no es pelear sino subsistir, como tampoco es lo mismo salir a entrenar y trabajar que estar en casa cocinando tranquilos. En ambas situaciones respiras y vives, pero una acción es más retadora que la otra. Desafiemos nuestra vida seguros de la victoria, aprendamos a vencer el temor porque Dios está a nuestro lado y nos hace vivir confiados. ¡Estamos llamados a pelear y obtener la victoria en las buenas batallas![71]

Morir por fe

Y ¿qué pasa cuando nos ha llegado el tiempo para ir delante de la presencia de Dios? Por fe debemos decir a nuestros hijos qué esperar cuando ya no estemos con ellos. Al leer la historia del pueblo de Israel, vemos una cadena de fe generacional porque Abraham recibió la promesa de una gran nación, y al morir, la trasladó a su hijo Isaac, y este a su hijo Jacob, quien antes de morir, adoró al Señor y bendijo a su descendencia. Declaró que la promesa del Señor se cumpliría. Luego de una vida de retos, morir era ganancia y el siguiente paso era declarar a sus hijos que les iría bien.

---

[71] 2 Timoteo 4.6-7

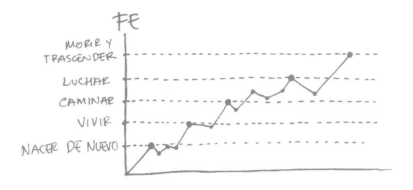

La seguridad respecto al futuro de nuestras generaciones es el nivel más alto de fe que podemos alcanzar. Nacemos por fe, aprendemos a vivir, caminar y pelear por fe, y debemos morir con esa fe generacional que trasciende nuestra existencia. Hay promesas que tus ojos no verán y que deberás delegar a tus hijos y nietos, convencido de que Dios no miente. Él te ayuda a creer y esperar más allá de la muerte porque desea que a tus hijos y nietos les vaya bien.

13 CAMBIA DE NIVEL

Atrevámonos y evolucionemos por fe.

Imagino a Pedro como el más temperamental de los doce discípulos de Jesús. Por supuesto que todos tenían su carácter particular, pero Pedro en verdad era como un diamante en bruto, y Jesús, un extraordinario maestro para él; algo así como Shifu para Kung Fu Panda, en la película animada de DreamWorks. Pedro siempre decía lo que pensaba, no tenía filtro para expresarse y hasta era algo impulsivo. De hecho, podemos ver su evolución: cómo pasó de ser alguien a quien se le dificultaba controlar su carácter y emociones, al grado de cortarle la oreja a un soldado y negar a Jesús, hasta convertirse en el portador de las llaves del Reino y uno de los guías espirituales de la iglesia que estaba por nacer.

A pesar de todos sus defectos, este hombre nos reveló grandes lecciones de fe. Por ejemplo, fue el único en atreverse a caminar sobre el agua cuando Jesús lo llamó una noche de tormenta; claro que se hundió, pero tuvo el valor de intentarlo. Si se hubiera quedado en la barca con los demás discípulos, no hubiera estado a punto de ahogarse, pero tampoco habría experimentado su fe en acción y el amor de Jesús al rescatarlo. ¡Qué privilegio!

La raíz de todo fue la fe, tal como sucede cuando te lanzas a una acción en la que confías más en las promesas del Señor que en lo que ves a tu alrededor. Desde luego que existe la probabilidad de que te hundas, pero anímate porque, aunque falles, Jesús te levantará tal como hizo con Pedro. Ya vimos los distintos niveles de fe, ahora corresponde renovar el pensamiento que conduzca nuestra fe al nivel donde el Señor se manifiesta con poder.

No dejes de hacer algo bueno por temor a lo que puede suceder. Debemos aprender de las experiencias pasadas; sin embargo, por sobre todas las cosas, debe prevalecer nuestra fe en Dios, quien ha prometido sostenernos siempre, especialmente cuando sentimos que estamos hundiéndonos porque nos debilitamos.

Meditar en este suceso de Pedro dando sus primeros pasos sobre el agua me hizo pensar en otra forma de apreciar los niveles de la fe. Podemos avanzar en ellos como si subiéramos por una escalera o avanzáramos hacia una colina. El primer escalón es el de acercarnos a Dios esperando recibir algo que necesitamos: salud, restauración, provisión o consuelo. Cuando Jesús obró milagros como la multiplicación de los panes y los peces, muchas personas fueron bendecidas y su fe creció. Al creer en Jesús naces de nuevo y todo cambia para bien, pero no se vale quedarnos estancados en ese nivel de fe,[72] sino que debemos continuar hacia el segundo nivel, que se manifiesta cuando nuestra relación con Dios crece y lo obedecemos, como los discípulos cuando Jesús les mandó que se adelantaran en la barca mientras Él despedía a la multitud y oraba.

---

[72] Mateo 14.20-33

En este nuevo nivel ya hemos recibido bendición del Señor, hemos visto Su poder y le servimos con amor; podríamos decir, entonces, que «nos metemos en la barca». En esta etapa vivimos tormentas, enfrentamos retos mayores que no viven quienes se quedan en tierra sin comprometerse, conformes con el alimento material que ya recibieron. En este segundo nivel somos testigos de muchos más prodigios.

El tercer nivel de fe nos permite ser usados como Jesús fue usado, tal como ya hemos visto que sucedió con Pedro, quien vio caminar al Señor sobre el agua y quiso imitarlo. Al principio dio unos pasos, pero luego enfrentó su batalla de fe y comenzó a hundirse. Al avanzar en este camino de confiar en lo sobrenatural, en aquello que no vemos, las batallas no se harán esperar y hay que pelearlas, confiados en que Él ya pagó por nuestra victoria. Incluso podremos preguntarnos: «¿Estoy haciendo lo correcto?». Avanzar sobre el agua puede hacernos dudar como Pedro, cuya fe se debilitó cuando ya estaba caminando. Incluso con una relación tan íntima con Jesús podríamos caer en la trampa y pestañear por un momento, podríamos creer que los préstamos bancarios funcionan más que la provisión de nuestro Padre o que las palabras de desaliento que escuchamos son más poderosas que la promesa que hemos recibido de Dios. No confíes en la barca que te ofrece seguridad, sigue buscando a Jesús y ¡avanza con pasos de fe hacia Él!

No confíes en la barca que te ofrece seguridad, sigue buscando a Jesús y ¡avanza con pasos de fe hacia Él!

Aunque me vuelva a hundir

El cuarto nivel de fe provoca que confiemos en que el Señor nos levantará. Cuando Pedro se hundía, su primer impulso fue pedirle ayuda a Jesús, quien lo tomó de la mano. La Palabra no dice que lo cargó hasta la barca; yo más bien imagino que ambos caminaron juntos. Claro que Pedro había avanzado poco, por lo que volvió sobre sus pasos, pero tomado del Señor.

¿Por qué se hundió Pedro? El primer nivel de discernimiento motiva a responder: «Porque dudó, porque trató de caminar sobre el agua»; sin embargo, en un segundo nivel de discernimiento podemos responder: «Porque se atrevió a desafiar su fe». Si Pedro se hubiera quedado en la seguridad de la barca, no se hunde, pero él fue el único que intentó imitar a Jesús. Es muy probable que en la barca los demás discípulos hicieran apuestas sobre lo que sucedería; tal vez uno dijo: «Ya verás que regresa», otro quizá dijo: «Apuesto a que se ahoga»; pero al final, Pedro regresó con Jesús; no se quedó con la incertidumbre de lo que sería capaz de hacer en obediencia. La fe es maravillosa, ¿no crees?

Seguramente Jesús se sintió halagado con la fe de Pedro, pues aunque al final tuvo que sostenerlo, pudo ver su capacidad para lograr grandes cosas. Es como un niño que comienza a caminar, seguro se caerá más de una vez, pero si insiste y se levanta no solo aprenderá a caminar, sino que un día logrará correr. No te desanimes si te atreves a desafiar tu fe; recuerda que de la mano de Jesús no te hundirás.

Renuévate

De nuevo vemos que renovar nuestro entendimiento es la clave. En el caso de Pedro, su discernimiento se sujetó a la Palabra de Jesús, quien lo llamó a caminar sobre el agua. El consejo, una y otra vez, es dejar las limitaciones del mundo y caminar por fe; que tus recursos no te limiten para esforzarte por lo que anhelas alcanzar. No digas que es imposible lograr proezas porque te hacen falta recursos, oportunidades o relaciones. La historia demuestra que incluso han podido llegar a ser muy ricos algunos hombres que ni siquiera fueron a la universidad. Claro que es importante prepararse, pero nada debe detener tu impulso por lograr algo bueno en tu vida. Lo único que necesitas es depositar tu fe en el Señor, no en aquello que te limita.

Deléitate en la fe como Pedro lo hizo en su intento por caminar sobre el agua. Hacerlo no era necesario, pues tenía la barca como medio de transporte; sin embargo, ese era un gusto que él deseaba satisfacer: quería experimentar una sensación nueva, qué tanto podía lograr por fe, y no encontró límite en Jesús. Ejercita tu fe, establece metas altas en tu vida, imagínalas y visualízalas aun si crees que lo tienes todo, porque para nuestro Padre no hay límites. Ejerce tu fe, no solo por necesidad, sino por el gusto de ver maravillas sobrenaturales. Ver más allá de lo necesario es crecer en fe, llevarla a otro nivel.

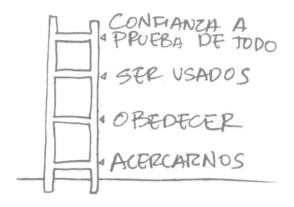

Debemos ver más allá de nuestro juicio y nuestra razón lógica. Un despido laboral puede verse como una enorme tragedia, o bien, como una oportunidad para renovarte y buscar mejores oportunidades. No intentes comprender las causas de lo que te sucede, sino más bien afirma que no importa lo que pase porque confías en que el Señor tiene el control. La pregunta no es por qué estás enfrentando determinada situación, sino, cuál será el propósito. No te quejes ni te lamentes; llena tu entendimiento de fe y alcanza el siguiente nivel al decir: «Dios tiene un plan, algo grande se manifestará en mí, Él está conmigo, no me ha dejado, me acompañará si me caigo». Dios quiere cambiar tu nivel de fe, pero debes cambiar tu entendimiento y ser positivo.

Avanza

Evolucionar en nuestro nivel de fe requiere avanzar en madurez y permitir que nuestro Padre nos transforme para ser capaces de descubrir cuál es Su voluntad. Para lograrlo, renovemos nuestra mente donde se origina todo pensamiento.[73] Debemos pensar diferente para lograr

---

[73] Romanos 12.2-3

<u>lo bueno que esperamos.</u> Por ejemplo, sabemos que Dios quiere restaurar a nuestra familia, pero decidimos tomar acciones y tal vez insistimos en hacer cosas guiados por nuestra propia prudencia cuando lo que realmente corresponde hacer es pedir sabiduría y estrategias por parte del Espíritu Santo. Si por mucho tiempo has pensando y actuado de la misma forma y no logras ver los resultados que esperas, ¿no crees que es momento de dejarte renovar y buscar otras alternativas? Aprende a ser sabio y déjate guiar por la fe. Es necesario que busquemos otras formas de entender lo que sucede.

Un amigo que pasaba por la dura experiencia del adulterio y del divorcio desperdició demasiado tiempo intentando obtener el perdón de su esposa. Ella se había convertido en su dios, en su ídolo, en su obsesión, porque él vivía o moría dependiendo de las respuestas de ella. Aunque hizo bien al buscar el resarcimiento y demostrar que estaba dispuesto a cambiar radicalmente por amor a ella y a sus hijos, al actuar en su propia prudencia parecía que el corazón de su esposa se endurecía cada vez más, arrastrado por el dolor, la decepción y la arrogancia que comenzaron a instalarse. ¿Qué podía aconsejarle a este amigo si ya lo había intentado todo? Y más aún: ¿qué podía decirle si todo lo que había hecho era bueno?

Él tenía fe y cada mañana esperaba un milagro de restauración que tardaba demasiado. Se sentía solo y frustrado, a punto de tirar la toalla, convencido de que la condenación era lo que le esperaba por el resto de su vida; sin embargo, sabemos que Dios no quiere eso y que siempre hay esperanza, que nuestras faltas ya han sido perdonadas por Su gracia y amor, no porque lo merezcamos. Lo que a mi amigo le faltaba era enfocar su atención en Dios y ya no en su esposa, tener paciencia, no actuar bajo su prudencia según lo que el mundo le decía que debía hacer, sino buscar profunda intimidad con su Padre, darle la honra y la gloria, agradecerle porque sin ninguna duda Él obraría con poder sobre su familia en ruinas.

El Señor debía restaurarlo a él y a su esposa, ellos debían morir a su vieja manera de vivir y nacer de nuevo. Su nivel de fe debía crecer y fortalecerse en medio de esa terrible tormenta, quizá la más dura que un hombre puede enfrentar. De eso se trata renovar nuestro entendimiento por medio de la fe. Yo sé que algunos pensarán «es más fácil escribirlo que hacerlo», pero es en tales momentos cuando aplica decir que todo lo podemos en Jesús, quien nos fortalece.[74]

Muchas veces, al esperar un milagro, nos aferramos a la promesa de que todo es posible para quien cree, que podemos mover montañas si tenemos fe, pero debemos estar claros que la primera montaña a remover es esa que está en nosotros y que nos hace dudar frente a la decepción. El primer milagro de mi amigo debía suceder en su interior: cambiar de mentalidad y enfoque, rendirse al Señor, soltar la carga, la culpa y creer que era merecedor del perdón que Dios ya le había dado.

Cuando pudiera decir con total libertad: «Padre, sé que Tu voluntad es buena para mí y para mi familia, tengo fe, te entrego el control, Tú obrarás mejor que yo», iría en el camino correcto hacia la restauración, obtendría la paz y paciencia que sobrepasa todo entendimiento, especialmente porque en asuntos como ese el proceso podría tomar años, no porque Dios quiera castigarnos sino porque la sanidad del corazón depende de cada uno.

Entonces ¡a renovar nuestro entendimiento se ha dicho! Permitamos que la Palabra de Dios reconfigure nuestra capacidad de juzgar serenamente la realidad y nos ayude sacar buenas conclusiones, sin exagerar o malinterpretar. Tomémonos el tiempo para analizar porque es importante comprender algo antes de juzgarlo, pues al entender equivocadamente, nuestro juicio también será erróneo. Muchas veces solemos cometer errores al juzgar a una persona sin conocerla, asimismo, algunos juzgan a Jesús y lo malinterpretan sin antes permitir que la lectura del Evangelio impacte su entendimiento.

Algunos dicen que Él fue un caballero, pero cuando leí sobre los milagros que hacía, me di cuenta de que realmente hizo cosas que en esta época parecerían poco educadas, como escupir y hacer lodo para

---

[74] Filipenses 4.13

que alguien sanara. Si yo hiciera eso ahora, ¡seguro que no me definirían como un caballero! Pero si permitiéramos que el Señor renueve nuestro entendimiento, cambiaría nuestra perspectiva de todo, y más que detenernos en juzgar los métodos, apreciaríamos el milagro.

No demos espacio a los malos pensamientos (esto implica aprender a interpretar positivamente la información que recibimos y vivir confiados en Su amor). El mundo nos dice: «Piensa mal y acertarás», pero el Señor nos dice: «Piensa en todo lo bueno, justo, puro, amable y honesto».[75] ¿A quién rendirás tu voluntad? Repítelo hasta que esta verdad impacte tu mente: «La voluntad de Dios para mi vida es buena, agradable y perfecta, por eso debo buscarlo con pasión».

Percibamos con fe

En la Biblia hay muchos ejemplos de la renovación de mente que el Señor nos propone. Uno de los milagros de sanidad que Jesús hizo fue a un joven ciego de nacimiento. En ese caso, Él provocó un cambio en el entendimiento de los discípulos al motivarlos para que dejaran de pensar en culpables y se concentraran en buscar la voluntad de Dios, la oportunidad de milagros y salvación que la ceguera del joven implicaba.[76] ¿Ves cómo en una misma situación puede cambiar la perspectiva y se altera el resultado? En ese caso, la obra de Dios se manifestó en sanidad, pero en otros se manifiesta en fortaleza para superar una deficiencia, como el caso del niño ciego que escala montañas junto con su padre. ¿No son gloriosos ambos testimonios? Eso es lo que debemos pensar: *No importa lo que suceda, la gloria del Señor se manifestará en mi vida porque Su voluntad es perfecta para mí y lo alabaré en cualquier situación.*

La situación es como la de un amigo frente a un terrible diagnóstico por el cual esperaba un milagro de sanidad; sin embargo, el tiempo pasaba y no sucedía, así que su fe comenzó a tambalear hasta que Dios le ayudó a renovar su entendimiento al decirle: «Tú esperas un milagro de sanidad, pero estás viviendo otro milagro: el de mi amor

---

[75] Filipenses 4.8; [76] Juan 9.1-3

y fortaleza en medio de esta prueba. Yo estoy y estaré contigo». ¡Esa revelación le devolvió el gozo y fortaleció su fe! Le ayudó a recordar que en Dios no hay despropósito y que sin importar cuál sea nuestra circunstancia, Él tiene un plan para nosotros. Solo debemos confiar y alinear nuestra perspectiva a la suya. Al hacerlo, el afán desaparecerá, ya no lucharemos para que se cumpla nuestra voluntad, sino por mantenernos expectantes a ella.

Sin duda, las obras de Dios se manifestarán si cambiamos nuestro pensamiento, lo que transformará nuestra percepción y juicio respecto a lo que enfrentamos. Esa renovación llevará nuestra fe a un nuevo nivel. Si pasamos una mala situación económica nuestro pensamiento debe ser de prosperidad y esto cambiará nuestra percepción y juicio, por lo que buscaremos nuevas opciones con entusiasmo y con fe sembraremos para cosechar. De esa forma Dios se manifestará y nos levantará. Aprende a ver oportunidades de milagros donde otros ven pecado y derrota. La percepción debe ser diferente para que los resultados sean buenos.

> *Aprende a ver oportunidades de milagros donde otros ven pecado y derrota. La percepción debe ser diferente para que los resultados sean buenos.*

Yo lo he vivido en las Noches de Gloria (las cruzadas de milagros que organizamos en diferentes países de Latinoamérica), donde muchas personas reciben sanidad y ni siquiera saben de protocolos religiosos; simplemente creen con todo su corazón y Dios se manifiesta como resultado de esa fe sin límites.

Si anhelamos alcanzar nuevas alturas es imperativo que renovemos nuestra mente, pensemos como Dios piensa y actuemos según Su voluntad. El caso de la mujer con flujo de sangre que fue sanada al tocar a Jesús es otro ejemplo de cómo Él ve las cosas desde una perspectiva diferente más allá de la que ven otros, porque aseguró que alguien lo había tocado con fe y el poder había obrado para bien mientras que los demás solo se concentraron en la incomodidad del tumulto y el atrevimiento de la mujer.[77]

Sabemos que la fe agrada a Dios, quien da galardones a quienes lo buscan en intimidad[78] y no es necesario que nos sintamos libres de pecado para acercarnos a Su presencia. De hecho, cuando Jesús sanaba, primero obraba en favor de las personas y luego les decía que no pecaran más para evitar daños mayores, así que no pienses que necesitas hacer mil penitencias para pedirle ayuda; lo único que necesitas para ser escuchado es tener fe y dar gracias con un corazón humilde. Claro que si has cometido errores debes pedir perdón, pero sentirte indigno de recibir lo que Él desea darte te roba bendición. ¿Acaso esperas que tus hijos sean perfectos para amarlos y proveerles? Acércate a tu Padre para que te renueve, demuestra tu fe reconociendo que lo necesitas para todo. No pretendas ser perfecto para aceptar Su amor y misericordia porque la perfección es difícil de lograr, lo que significa que pasaríamos buena parte de nuestra vida —si no toda— alejados del Padre en busca de la perfección cuando solo Él puede ayudarnos a lograr la excelencia.

Muchas veces las circunstancias nos desalientan y nos dicen: «Ríndete, no podrás alcanzar lo que Dios te ha prometido», por lo que debemos tener cuidado con lo que ven nuestros ojos; es decir, las señales que nos roban el impulso de seguir adelante y alcanzar las cosas buenas que hemos pedido. Sabemos que fe es la certeza de lo que esperamos, la convicción de lo que no vemos,[79] por lo tanto, si estás trabajando en un proyecto y te detienes por una situación negativa, significa que tu fe depende de lo que percibes, no de lo que esperas que suceda con tu esfuerzo y la ayuda del Señor. Así que si oras y no ves lo que esperas, ¡no te detengas!

.

---

[77] Lucas 8.43-48; [78] Hebreos 11.6; [79] Hebreos 11.1

14 FE CON AUTORIDAD

Debemos creer y esforzarnos con la autoridad que nos otorga ser hijos y herederos del Señor.

Sabemos que en la Biblia no leemos sobre hombres y mujeres perfectos, sino esforzados y valientes, pero con faltas, equivocaciones y temores. Sabemos que Abraham, Sansón, David, Josué e incluso Rahab terminaron bien, por tanto, creemos que Dios estuvo con ellos porque los respaldó, pero la cuestión es creer que Él quiere hacer Su obra con nosotros en este tiempo, aun cuando no sabemos qué sucederá en el futuro. Ahora no construiremos un arca ni tendremos que vencer a Goliat, pero enfrentaremos nuestros propios desafíos (que no son menos retadores): la empresa, el matrimonio, la familia, los amigos. ¡En estas circunstancias cotidianas, ahora es cuando debemos demostrar que tenemos fe! Y ¿de qué depende que esa convicción realmente opere y se manifieste en nuestra vida? Pues de que tomemos autoridad para que así sea. ¿A qué me refiero? A que realmente superemos el temor de ver nuestra fe en acción.

No es difícil para nosotros creer que Jesús sanó a muchos enfermos, sino creer que Él también desea sanarnos. La razón nos abandona donde la fe nos da la mano. Demostremos que nuestra voluntad es de perfecta obediencia a Dios, quien nos manda ser esforzados y valientes. ¡Este es el momento cuando tu fe será desafiada para emprender lo que piensas que es imposible lograr!

Un ejemplo de fe impactante es la del centurión romano, que muestra autoridad. Para comprender este caso es necesario analizar los antecedentes y el contexto. Primero vemos que Jesús era parte del pueblo judío, que en esa época estaba bajo el dominio de Roma. Entonces, cuando le preguntaron si debían tributar a César, intentaban ponerlo contra la espada y la pared, pero Él respondió con justicia diciendo que debían dar al César y a Dios lo que le pertenecía a cada uno.[80]

Jesús ofrece otro antecedente importante cuando aconsejó a los judíos tener la humildad de sobrepasar la orden romana y llevar una milla más la carga que les mandaran.[81] ¡Imagina qué controversiales eran esas enseñanzas a un pueblo que deseaba ser libre! Pero Él lo hacía porque pretendía ayudarnos a sanar nuestro corazón y edificar nuestra vida. Si te obligan a recorrer una milla con una carga ajena, tu corazón dolido querrá tirar la carga al completar dicha milla, pero quienes aprenden el código de trabajo del Señor, a medida que avanzan en caminar la segunda milla reflexionan sobre la humildad, la paciencia y la buena actitud, entonces quizá ya no vean con tanta rabia a quien les impuso la carga, e incluso, al final podrían decir: «La verdad es que no es tan malo, ¡Dios bendiga a quien me ha retado a esforzarme!».

Si quieres que Jesús sea tu mentor, si quieres que apoye tu vida con ideas y autoridad, debes aprender a obrar según Sus reglas y dejar

---

80 Marcos 12.15-17; 81 Mateo 5.39-41

que sane tus heridas. Necesitamos ser personas con un corazón saludable y sin amargura. Los judíos estaban resentidos como esclavos, pero Jesús vino a liberarlos del rencor. Su doctrina de paz nos libera porque nos enseña que sanamos cuando damos más de lo que nos han pedido. Todos queremos una vida de abundancia, pero lo primero que debemos buscar es un corazón bien dispuesto para dar y una actitud humilde para ser edificados.

El emperador romano impuso a los judíos que caminaran una milla con la carga, sin embargo, Jesús dijo que debían ser dos millas. Si queremos ser productivos, debemos ser de los que se esfuerzan más de lo que el mundo pide. Es necesario tener visión y pasión porque alguien sin pasión jamás se comprometerá con una visión. Esto también es un asunto de fe.

Centurión

Al leer el pasaje sobre el centurión reforzamos la importancia de escuchar para fortalecer nuestra fe, ya que ese hombre escuchó sobre Jesús y creyó que podría sanar al siervo enfermo. Por esa razón te insisto tanto en que te alimentes de la Palabra de Dios, quien desea levantarnos y no solo sacarnos de los problemas del momento. Tu fe debe demostrar que crees por grandes proezas. Recuerda que los sueños son la única forma de erradicar las pesadillas, así que no tengas pena de pedir mucho más que salir de las dificultades.

No solo pidas por superar la enfermedad, sino por los recursos que te permitan desarrollar una vida más saludable cuando estés sano: asistir al gimnasio, a un nutricionista, etcétera. <u>Tu fe debe llevarte a pedir por llegar a la cima, no solamente por salir del pozo.</u>

La Palabra dice que Jesús se maravilló de la fe del centurión romano.[82] ¿Sabes lo que implica que el Todopoderoso se maravillara de alguien? El centurión no era del pueblo judío, lo que implica que nosotros también podemos maravillar a Dios con nuestra fe porque Él está disponible para quien le cree y le pide. Esto es algo que aprendemos de la fe del centurión, quien se atrevió a pedir a Jesús.

Imagino que, siendo soldado, seguramente lo investigó y supo que era aquel hombre que le hablaba a las multitudes acerca del amor al prójimo, pero también les enseñaba sobre el respeto a la autoridad, sobre dar el tributo y ofrecer más de lo que se les exigía. Seguramente todo esto lo asombró, así que lo mandó llamar con unos ancianos judíos y sabía que no se negaría porque Jesús era del pueblo sometido a la ley romana.

Cuando Jesús estuvo cerca, el centurión envió a otros mensajeros a darle instrucciones. En ese momento es cuando se hace evidente su fe casi impositiva. Usó el poder que tenía como romano sobre Jesús y es increíble ver que le habló usando una parábola que explicaba la relación de autoridad: «Señor, no soy digno de que entres bajo mi techo, pero conozco sobre obedecer órdenes. Digo que vayan y van, como lo hice con los ancianos para que te trajeran, a otros les pido que vengan y vienen, como Tú has venido; así que te pido que sanes a mi sirviente». En otras palabras, le dijo: «Respeto tu señorío, así como veo que Tú respetas el que yo represento».

¡Este hombre mandó a Jesús que obrara un milagro! Ante semejante actitud, Él no tuvo más que maravillarse de esa fe tan poderosa. Esa seguridad y convicción fue la que impresionó a Jesús. Haz que tu fe se active de la misma forma, no la dejes descansar, ponle trabajo, abre tu mente, porque todo es posible si crees con autoridad.

---

[82] Lucas 7.3-9

¡Atrévete!

Cuando el centurión mandó a los ancianos por Jesús, sabía muy bien a quién buscaba. Al leer la historia me surgen dos dudas. Primero, ¿Por qué los ancianos rogaron a Jesús que no se negara a ir a casa del centurión, si ellos eran quienes querían matarlo? Segundo, ¿Desde cuándo un romano construye una sinagoga al Dios de los esclavos? Seguramente si el César se hubiera enterado, lo hubiera castigado severamente.

Así que, ante estas cuestiones, tenemos dos posibles respuestas: el centurión realmente creía en el Dios de los judíos o administraba tan bien a dicho pueblo sometido que se congraciaba con ellos como una estrategia para ganarse su voluntad. Como fuera, su fe superó a la fe de muchos judíos y su influencia funcionó para salvar la vida de su siervo, a quien seguramente amaba muchísimo.

Ese centurión romano se atrevió a hacer con Jesús lo que tú no te atreves a hacer, prácticamente le ordenó que obrara a su favor. Su fe en el Señor era tan grande que no dudó en plantearle la situación desde su perspectiva. Sabía que el poder de Jesús era grande y estaba convencido de que tenía autoridad sobre Él. No hay nada mejor que tener fe y autoridad sobre alguien con poder.

Todos queremos tener amigos influyentes, ¿qué más influencia que la del Hijo de Dios? ¿Cómo es posible que un romano que se creía indigno por sus pecados se atreviera a mostrar tanta fe a Jesús, mientras nosotros, hijos y coherederos de Dios, no lo hacemos? Si al romano no lo detuvo ni siquiera su culpa, porque dijo que no era digno, nada debe detenernos, ya que sabemos que somos salvos por la misericordia de nuestro Señor.

Este hombre ejerció su derecho «sobre» Jesús, pero nosotros podemos ejercer nuestro derecho «bajo» Él. Nuestra autoridad se respalda en la de Jesús y eso es poderoso. El romano en ese momento, en cierto sentido, se sentía con derecho sobre Jesús. Pero en nuestro caso, Jesús está sobre nosotros, estamos bajo esa línea de autoridad divina, Él es quien tiene gran influencia y está de nuestra parte. Así que llevamos ventaja, ¡no la desperdiciemos!

¿Por qué sentimos tanta pena de pedir hacia arriba, a la autoridad de Dios que nos respalda, si el centurión no sintió pena de pedir hacia abajo, a alguien que supuestamente debía obedecerle en su condición de esclavo? ¡Tenemos más derechos que el centurión romano de pedir a Jesús, porque no lo vemos como un súbdito, sino como nuestro Señor Todopoderoso!

Nuestro Señor sabía de autoridad, por eso no se molestó con las palabras del centurión y tampoco se ofenderá si te acercas convencido de tu posición como hijo y le dices: «Soy heredero de estas promesas y te pido que se cumplan». Entonces, Él dirá: «¡Wow! Qué fe la que tiene». Nosotros no tenemos autoridad sobre Jesús. Reconocemos Su autoridad, que es mucho mejor, además, reconocemos que tenemos los derechos de herederos que Él compró en la cruz del Calvario. Esto me hace pensar que fue ese mismo centurión quien le pidió a Simón de Cirene que ayudara a Jesús a cargar la cruz. Así que este romano nos enseña a usar nuestra autoridad como hijos de Dios y a obtener bendición, utilizando la fe que hemos recibido. Debes tomar ese ejemplo para alcanzar un nuevo nivel de fe.

Fe con liderazgo

El centurión era un líder, y esto es algo que no se puede negar aunque perteneciera a un régimen opresor. Hay líderes de todo tipo, pero ¿qué nos convierte en uno? Una idea puesta en marcha con excelencia y determinación. Los líderes de la humanidad han tenido ideas y las han hecho realidad. Por ejemplo, los hermanos Wright imaginaron que el hombre podía volar y así fue, porque se arriesgaron para lograrlo. Newton, Galileo, Cristóbal Colón y muchos otros hombres tuvieron una idea y se convirtieron en líderes. Pídele a Dios que inspire tu propia idea para ponerla en práctica. Queremos Sus ideas, pero a veces no mantenemos la mente abierta para recibirlas. Nos apegamos a ciertos parámetros y cerramos las puertas a lo que Él quiere decirnos.

Dios solo le da ideas a quien tiene la disposición para recibirlas. La mente es como un panel de circuitos que pueden estar apagados o encendidos, por tanto, procura que tu mente esté siempre conectada con el Señor, para que tus circuitos se mantengan encendidos. A veces queremos encontrar la forma de hacer algo, pero no tenemos confianza y pensamos que es imposible. La fe es el principal ingrediente para recibir ideas del Señor y hacerlas realidad. Para recibir buena asesoría debes confiar en la capacidad del asesor. ¿Has tomado tiempo para escuchar de Dios una idea que te permita ser un líder productivo, sin consumirte por la ansiedad?

Además de pedirle ideas a Dios es importante ajustarnos al cambio y evitar que nuestra profesión y estudios universitarios nos limiten. Lo que un día te motivó a graduarte puede ser tu mayor obstáculo si no pones todo en la perspectiva correcta; por eso, lo que has aprendido debe ampliar tus horizontes, no condicionarte a un nivel racional que cierre la puerta a lo sobrenatural.

Otra vez la fe juega un papel determinante porque nos permite mantenernos abiertos a las posibilidades. Al activar nuestra fe en el Señor, pasamos de las limitaciones de la tierra a las infinitas opciones del reino de los cielos. Con nuestra fe puesta en Dios ya no somos de este mundo y nuestros resultados se vuelven extraordinarios. Yo puedo dar testimonio de esta afirmación. Mientras más diestros y capaces nos

> *Al activar nuestra fe en el Señor, pasamos de las limitaciones de la tierra a las infinitas opciones del reino de los cielos.*

volvemos, más tentados estamos a sacar a la fe de nuestro campo de acción, pero esto es un error. Como líderes que hemos renovado nuestro entendimiento y confiamos en el poder del Señor, debemos prepararnos, además de abrir el espacio para que la fe nos sustente.

Por último, no olvides enfrentar los desafíos sin temor. Recuerdo cuando una persona me llamó para pedirme consejo. Me contó que su empresa no estaba produciendo lo suficiente, y para salir adelante de sus compromisos fiscales, le habían ofrecido unas facturas que le reducirían el pago de impuestos. Obviamente le respondí que no debía hacer eso y que pensara si tal vez esa situación en la empresa era una señal de alerta de Dios para que se moviera a buscar algo más. Quizá algunas veces el mensaje sea que cambies de dirección, por tanto, ¡atrévete a creer en las ideas que Dios te dará! Porque la fe no se reduce a reglas y legalismos religiosos, sino a superar nuestras limitaciones al confiar en quien no tiene limitación alguna.

Aún me cuesta comprender por qué, durante siglos, nos hemos dedicado a construir religiones con la Palabra de Dios cuando lo que debemos hacer es tomar Sus enseñanzas para construir vidas. Sabemos que la Biblia es Su Palabra y que nos habla a través de Su relación con alguien más, que es el libro que reúne las historias de hombres y mujeres con quienes se relacionó, le creyeron y a quienes se reveló para llevarlos a un nuevo nivel.

Espero que hayas agotado tus fuerzas y que retomes tu fe, porque así verás crecer y emerger tu vida como nunca antes. Dile al Señor que un romano no superará tu fe y que creerás en Él. Sé un líder que supera su nivel de fe y enfrenta los retos con autoridad.

THE EAGLE

Un niño de cinco años se despide una noche mientras se acomoda una mochila en la espalda: «Adiós, mamá, me voy a competir a los Juegos Olímpicos». Muy seguro y convencido, con una expresión grave que le gana a los ojitos traviesos, Eddie abre la puerta, sale y camina hacia la estación de bus en el pequeño pueblo inglés donde nació. Parece que no es la primera vez que lo hace porque a los tres minutos se acerca el papá, en la pequeña camionetilla familiar, con cara de «lo hiciste de nuevo, Eddie». Lo lleva de vuelta a casa, pero el niño no pierde el entusiasmo a pesar de que los años pasan y sigue sin encontrar ese deporte que lo cubrirá de gloria.

Eddie no solo era obstinado, su espíritu resiliente le permitía superar las burlas y palabras de desánimo durante toda su vida. De verdad no he visto a nadie más firme en esa santa terquedad de lograr algo. Esa necedad provocó que lograra el sueño de representar a su país en una competición olímpica. Esta es la impresionante y divertida historia que narra la película *Eddie, The Eagle*.

Nada ni nadie lo detuvo, ni siquiera sus limitaciones físicas. Sus rodillas eran débiles y durante algunos años de su niñez tuvo que usar varillas correctoras en las piernas, por lo que caminaba como un robot al que no le habían aceitado los engranajes. ¡Realmente no era atlético! No era un Rocky Balboa que se levantaba a las tres de la mañana para correr infinidad de millas y construir sus músculos de acero, tampoco un Michael Jordan nacido con la altura y habilidad para encestar la pelota; Eddie era miope, con una estatura promedio y una estructura ósea poco adaptada al esfuerzo físico.

En verdad era ilógico que pensara dedicarse a algún deporte olímpico, pero su fe era igual de ilógica, loca y soñadora. En su niñez lo intentó todo: salto alto, carreras con obstáculos, lanzamiento de bala, lanzamiento de garrocha... Nada se le daba bien, y la caja que su mamá le había dado para coleccionar sus medallas le sirvió para guardar los pares de lentes que rompía. Pero la providencia o la suerte, como quieras verlo, de nuevo jugó a su favor una vez que acompañó a su padre a una construcción, porque era pintor y yesero de profesión. Eddie tuvo una revelación al ver el paisaje blanco salpicado de personas con esquís. Fue allí, admirando a quienes bajaban a toda velocidad, que decidió practicar el descenso en esquí e intentar integrarse al equipo nacional de deportes de invierno, pero esto fue un nuevo fracaso. No calificó y una vez más escuchó la sentencia: «Nunca serás un deportista olímpico». ¿Eso lo detuvo? Por supuesto que no.

Su nueva opción fue el salto con esquís, un deporte extremo que solo 0.001% de los ingleses practicaba, y Eddie vio en esa estadística una oportunidad cuando todos veían una limitación y una señal de advertencia. Hizo lo que debe hacer un joven apasionado que tiene fe en algo más que sobrevivir: buscó a los expertos para imitarlos. Se arriesgó al extremo, venció todos los obstáculos incluyendo el milagro de desafiar de frente a la muerte y sobrevivir en su empírico entrenamiento al lanzarse por la pendiente una y otra vez.

Él cuenta que viajaba a su suerte, dormía donde podía. Hasta durmió en un manicomio donde le dieron posada a cambio de que realizara algunos trabajos de pintura. Por supuesto que no tenía dinero para comprar equipo, así que pedía prestadas las botas y otros implementos. Se ponía hasta seis pares de calcetines, también prestados, para usar las botas de esquiadores con tallas más grandes. Era tan persistente, que no dejó de entrenar ni siquiera cuando estaba recuperándose de alguna lesión. Llegó a saltar con una almohadita ajustada a su cuello que le sostenía su mandíbula dislocada. Entre los esquiadores que se dedicaban al salto, se veía como un pingüino en medio de estilizadas garzas.

Siguió de esa forma hasta que convenció —o más bien chantajeó— al exdeportista Brandon Peary para que lo ayudara a lograr la marca que le permitiera clasificar a las Olimpiadas de Invierno de Calgari, 1988. Fue un milagro, pero lo logró.

Fue en esas Olimpiadas donde se ganó el sobrenombre «The Eagle» y el corazón de los aficionados. ¿Por su impresionante desempeño en las rampas? ¡No! Se convirtió en el atleta más famoso y querido de esos Juegos Olímpicos por su carisma, producto de esa fe que le decía «Es tu destino, es lógico que logres lo que anhelas». Cuando logró caer de pie en el salto de setenta metros, todos los aplaudieron porque el pronóstico era que saldría en camilla de la pista. Al aterrizar de pie, de inmediato celebró extendiendo los brazos como si volara.

Este éxito lo envalentonó tanto que desafió a su suerte anunciando que haría el salto de noventa metros, una hazaña reservada solo para los expertos y arriesgados; pero nada podía contra la determinación de Eddie, a quien la fe le alcanzó para lograr el sueño de representar a su país y para mucho más, ya que llegaría a establecer varios récords nacionales.

Es cierto que alcanzó esos récords porque en realidad no tuvo competencia: nadie más en Inglaterra se ha atrevido a practicar ese deporte casi acrobático y suicida, ¡así que es doble o triple mérito para Eddie! También tú y yo somos águilas, la Palabra lo dice: podemos desafiar lo que parece ilógico, incluso saltar y volar si tenemos fe.

15 LÓGICO E ILÓGICO

La vida es un proceso y la fe debe acompañarte siempre. Confía en el Señor que ya está obrando a tu favor.

«¡Mamá! Me duele la cabeza», decía una pequeña niña de seis años antes de que los médicos descubrieran que tenía un tumor en la base del cerebro. «Querida, no tengo buenas noticias, me han despedido», le contaba un padre de dos hijos a su esposa embarazada. «Hoy inicio con la maestría», compartía feliz a su novia un joven empresario con la vida por delante. ¿Qué podrían tener en común estas vidas tan diferentes, algunas enfrentando terribles dificultades y otras más bien en la plenitud de sus logros? Fe, porque la fe es necesaria para todas las situaciones y problemas. Debe ser el principal ingrediente en algo tan inmediato como la sanidad que necesitas para sobrevivir un cáncer terminal y también debe serlo en el proceso de levantar una empresa que será la herencia de tus hijos. Hay que tener fe para comer hoy como para conseguir el trabajo que nos proveerá el sustento a partir de este momento. No es lo mismo tener fe para predicar un mensaje en media hora que para graduarse de la universidad. Necesitamos fe para lo inmediato y eventual, pero es más importante tenerla para continuar un proceso y verlo terminado.

Un empresario necesita que la fe le ayude a sacar su negocio adelante todos los días, que le ayude a vender, pagar gastos y tener utilidades. Necesitamos fe para enfrentar procesos. Los milagros suceden en un momento, pero si la fe no es constante, ese milagro puede irse tan rápido como llegó. El Señor puede bendecirte con un buen negocio que sea el inicio de tu prosperidad futura, así como también puede romper con una maldición generacional, pero quizá los resultados no se vean inmediatamente y tu fe debe sostenerte hasta que el proceso culmine, aunque sean tus hijos o nietos quienes finalmente se beneficien con tu constancia. La fe obra en situaciones que nos parecen lógicas y naturales, así como en las que se nos figuran ilógicas, extraordinarias y sobrenaturales.

De acuerdo con lo que crees

Jesús dijo: «Conforme a tu fe te sea hecho».[83] Aunque nos cueste creerlo porque lo sentimos superfluo, el Señor también habla de la fe para comer y para vestirte, porque todo, desde lo más elemental hasta lo más sobrenatural, requiere confianza en Él; por esa razón me gusta hablar de la fe lógica y la fe ilógica. Podríamos decir que hay una fe ilógica que obra grandes milagros, como abrir el mar y multiplicar panes, pero también hay una fe lógica que debe obrar en asuntos tan cotidianos como obtener el sustento. O ¿acaso tienes suficiente fe para creer que Dios te dio la vida, pero no te alcanza para creer que también te dará

---

[83] Mateo 9.29

con qué sustentar esa vida que te dio? ¿Cómo es posible que creamos en milagros como convertir el agua en vino y la multiplicación de panes, pero no creamos en que Dios puede darnos agua y alimento?

$$FE$$

LÓGICA	ILÓGICA
$1+1=2$	$1+1=\infty$

Nuestro Señor, que nos dio un cuerpo tan valioso, nos dará con qué vestirlo. Al comprender esta verdad que parece simple, pero que es muy poderosa, nos damos cuenta de que los hijos de Dios no podemos andar por la vida en fachas. Puede sonarte irrelevante, pero la presentación personal siempre debe reflejar lo valiosos que somos. Mi madre me decía: «Remendado, pero limpio», lo que significa que no necesitamos ropa de gran valor económico o de diseñador para vernos bien; sin embargo, siempre debemos vestirnos dignamente y demostrar nuestra autoestima.

En la última década hemos visto surgir muchos programas de televisión que se enfocan en la imagen personal. Especialmente me gusta uno que en español se llama «No te lo pongas», cuyo objetivo es someter a una persona a un cambio radical de imagen. Me sorprende el argumento de todas las personas para andar por el mundo mal arregladas: «Que me acepten como soy, no me interesa la moda, no soy superficial, lo importante es mi interior, no la apariencia».

En el programa, el principal trabajo de los especialistas es cambiar esa actitud y forma de pensar. Les graban un video secreto y hacen alguna actividad para demostrar-

No se trata de algo superficial o de apariencia, sino de dignidad y respeto hacia nosotros mismos.

les que el cuidado que tenemos por nuestra imagen y cómo nos presentamos ante las personas es lo único que tenemos para que alguien se anime a tomarse el tiempo de conocernos. No se trata de algo superficial o de apariencia, sino de dignidad y respeto hacia nosotros mismos. De hecho, está comprobado que cuidar de nuestra presentación mejora nuestra actitud; vernos bien nos ayuda a sentirnos bien, no al revés. En fin, valga esta reflexión en medio de un argumento sobre la fe porque hasta de ese pequeño detalle de nuestra vida tiene cuidado el Señor.

En 2010, uno de los miembros de Casa de Dios resultó afectado por la tormenta Ágata y, literalmente, la tierra se tragó su fábrica. Cuando lo llamé para alentarlo me sorprendió escucharlo tan optimista. Le pedí que nos reuniéramos y se presentó en mi oficina bien vestido, arreglado y hablando de cómo estaba empezando de nuevo porque el Señor ya le había demostrado que con fe todo se puede lograr. Me dijo: «Hace diez años vine a la iglesia, entré a un seminario para empresarios y Dios me ayudó, por eso abrí mi fábrica. Ahora tengo sesenta familias que dependen de mí, por lo que sé que me levantaré para salir adelante. Acabo de ir al hoyo donde se hundió mi fábrica a despedirme del pasado, llamé a mi esposa y le dije que no llegara porque no había nada de nada. Lo único que pude rescatar fueron mis tarjetas de presentación, pero sé que es suficiente para empezar de nuevo porque el Señor no me abandonará», y así fue.

Poco a poco se fueron abriendo nuevas puertas y unos meses después Dios le había proveído otras máquinas y otro lugar para reiniciar su negocio. Su fe «lógica» capaz de enfrentar procesos era evidente desde que lo vi parado en la puerta de mi oficina, ya que no vino quejoso o angustiado a pesar de que seguramente lo estaba.

¿Cuál sería tu actitud? ¿Te enojarías y deprimirías? ¿Te conformarías diciendo: «Gracias a Dios estamos vivos, perdí todo, ya veré cómo salgo adelante»? A muchos se nos enseñó equivocadamente que al Señor le interesa nuestra vida, pero no nuestro bienestar material, por lo que podemos creer por enormes milagros como una sanidad, pero no por milagros «pequeños» como la provisión diaria o la bendición para cumplir un sueño. Recordemos que nuestra dimensión de lo grande o pequeño no es la misma para Dios. Él anhela bendecirnos en todas las áreas. Así de lógico o ilógico es Su amor, depende de cómo quieras verlo.

Difícil o imposible

Me gusta mucho una historia de la Biblia que habla sobre un poderoso general llamado Naamán.[84] Este hombre de hierro era líder nada más y nada menos que del ejército sirio. ¿Puedes imaginarlo? No era oficial de un pequeño pelotón de soldados, sino un hombre en eminencia, con un puesto importante, respetado, amado por el rey y temido por las naciones. Desgraciadamente, estaba enfermo y su padecimiento era tan fuerte como su influencia: ¡lepra! Puedo visualizar la agonía que vivía, ya que, al dedicarse a una profesión donde la fortaleza física es tan importante, seguramente esa enfermedad afectaba con creces su vida y desempeño.

Cuando le ofrecieron una posibilidad de cura, no dudó en tomarla y no le importó que significara ir a pedir ayuda a una nación bajo su dominio. Lleno de esperanza y expectativa, fue hasta donde era posible encontrar sanidad, pero lo que vivió no era precisamente lo que esperaba. El profeta Eliseo, quien le daría instrucciones para recibir sanación, ni siquiera lo recibió personalmente, sino que envió a un mensajero, sin tanto protocolo, a decirle lo que tenía que hacer: que fuera a bañarse a un río cercano. Naamán se enojó porque su expectativa era diferente a lo que recibió.[85] Las expectativas incorrectas podrían generar amargura, resentimiento o enojo, por eso las percepciones no deben determinarnos. A Naamán esa expectativa y percepción sobre la instrucción del profeta lo hubiera limitado al punto de no recibir su sanidad y quedar leproso el resto de su vida.

Obviamente, la clave no estaba en el río Jordán —pues no estaba demostrado que sus aguas fueran sanadoras— sino en la palabra del profeta, pero Naamán se enojó al sentirse menospreciado. Sus sirvientes lo hicieron entrar en razón: «Eres un hombre con agallas, si te pide

---

[84] 2 Reyes 5.1-7; [85] 2 Reyes 5.9-14

algo de gran esfuerzo, lo hubieras hecho, ¿por qué no hacer esto tan sencillo? Por favor, sumérgete en el río, ya no queremos verte sufrir con esa lepra debajo de la armadura». ¡Qué bueno que lo convencieron! Qué bien por los amigos que, en medio del enojo, nos hacen reflexionar. Siempre debemos tener alguien que nos ayude a manejar nuestras emociones para evitar que nos jueguen una mala pasada que incluso provoque la pérdida de un milagro.

Entonces Naamán, tal vez a regañadientes, obedeció. Se metió en el agua una, dos, tres veces... y no sucedía nada. Imagino que los demás estaban nerviosos esperando que sucediera la sanidad que su amo esperaba instantáneamente pero que requirió del proceso ilógico de sumergirse siete veces. Quizá para nosotros eso puede ser poco; sin embargo, para él pudo ser demasiado si lo que esperaba era un milagro al sonido del chasquido de sus dedos. Por eso todo depende de nuestra perspectiva, que no siempre es la correcta. ¿Cuál debe ser la perspectiva de nuestra fe? «¡Para Dios no hay nada imposible y haré lo que me pida!».[86] Creo que desde la perspectiva del profeta Eliseo, ese proceso era lógico porque nada más natural que sumergirse en un río para quedar limpio, ¿o no? Aprendamos a vivir procesos por fe, sean lógicos o ilógicos. Dejemos de complicarnos buscando racionalidad frente al poder de Dios.

Por supuesto que para nuestra mente humana es ilógico comprender una sanidad sobrenatural sin tratamientos médicos, por lo que la duda resulta lógica y obvia, así que el reto es creer en el poder que tiene nuestro Señor y Su deseo por vernos bien. ¿Por qué Dios nos crearía como seres racionales si no esperara que usáramos nuestra mente? Él se complace en lo que analizamos, razonamos y concluimos, pero más se complace en que superemos todo límite de nuestra mente para creer en Él. Quiere que nos decidamos por Él y que desafiemos todo con tal de decirle: «Sé que es lógico cuestionar, pero para mí es ilógico tan siquiera pensar que no tienes cuidado de mí, que no anhelas verme realizado y pleno con la vida que me has regalado».

---

[86] Jeremías 32.27

Bobby

Durante nuestros primeros años de matrimonio, en la colonia donde vivíamos había un perrito callejero al que llamamos Bobby. No tenía dueño oficial, pero le iba muy bien: comía tres veces al día porque le dábamos en nuestra casa, también le daban en la casa de enfrente y en la de al lado. Cuando había frío se metía debajo del carro que llegara de último a una de las casas para dormir con calefacción y cuando llegó el tiempo de vacunación lo vacunamos nosotros, los de enfrente y los de al lado. ¡Solo le faltaba seguro médico! Un día que yo salí un poco afanado por la provisión, al ver a Bobby tan cariñoso y feliz moviendo su colita, el Señor me dijo: «Mira a este perrito que vive en la calle, no ha dejado de recibir cuidado, no ha dejado de comer y de dormir cómodo, ¿acaso piensas que Yo no cuidaré mejor de ti?». Lloré agradecido por ese razonamiento tan lógico que echaba por tierra mi duda totalmente ilógica a la luz del infinito amor de Dios.

Es clásico que, en las familias con muchos hermanos, los menores hereden la ropa de los mayores. Por eso los padres procuramos comprar prendas de calidad y mamá se preocupa por lavarlas con cuidado, para que duren varias generaciones. Claro que esto no siempre es posible, funciona con camisas, chumpas y suéteres, pero es casi imposible con los pantalones de los varones, que siempre terminan con agujeros en las rodillas. Si perteneces a una familia numerosa sabes a qué me refiero. Sin embargo, con nuestro Padre no funciona así. Él nos da abundantemente y sin reciclar. Por eso Jesús llamó «de poca fe» a las personas que se afanan por la provisión.[87] Y se refiere a una fe lógica, no habla de abrir el mar ni derribar muros, sino de comer y vestir. Cuando Dios hace las flores que en una semana se pueden marchitar, no piensa en desperdicio porque para Él es natural crear esa belleza. Con ese amor, autoridad y poder de creación te ama y desea bendecirte.

Una fe lógica provoca que digamos: «Mi provisión está asegurada». La vida es más que la comida y el cuerpo es más que el vestido, así

---

[87] Mateo 6.25-32

que no te afanes por lo que vestirás ni te preocupes por la marca de tu ropa, ¡eso es superficial! Preocúpate más bien por tu cuerpo, por tu piel, la que te acompañará hasta la sepultura, la que te cubre. Toca la piel de tu mano, siéntela, pellízcate, ¡es perfecta! No hay tela fabricada por el hombre que se le compare y es «marca Jehová». La ropa se rompe, se desgasta y cuesta repararla, pero la piel es tan maravillosa creación de Dios que al lastimarse ocurre un milagro de sanidad sin que lo pidamos.

La lepra le enseñó a Naamán a valorar más la piel que la armadura. Vale la pena repetirlo: «Si Dios me dio la vida, me dará la comida; si Dios me dio el cuerpo, me dará el vestido; si Dios me dio a Su Hijo Jesús para salvarme, ¿cómo no me dará todas las demás cosas?».[88] Hay una relación directa entre la vida de fe y el valor que creemos tener. Con esta pregunta que Jesús nos hace respecto a las flores del campo: «¿No valéis más que ellas?» en realidad nos dice: «¿No son más dignos ustedes que ellas?». Dignidad, valor y estima son palabras clave para nosotros. Jesús derramó Su sangre para perdonarnos y ese fue el precio que se pagó por nuestra salvación, así que somos muy valiosos porque merecimos ser comprados por la preciosa sangre sin mancha del Hijo de Dios. En economía se dice que el precio refleja el valor, así que debes convencerte de que eres lo más valioso que existe porque la paga por ti fue la vida más valiosa que haya existido.

No creas que Dios se ofende cuando se te presenta un reto ilógico como una enfermedad grave y te surge una duda lógica, pero creo que realmente le duele que ilógicamente dudemos de Su lógico deseo de proveernos. ¡No te afanes, pues no te está enviando a separar las aguas del mar o derribar los muros de una ciudad! Solo te pide que le creas por tu sustento, por tu vida, tus proyectos y tus sueños, porque Su promesa es nunca desampararte sin importar el momento o el proceso que enfrentes.

Por supuesto que tampoco se trata de quedarte sentado esperando que todo caiga del cielo, sino de levantarte todos los días creyendo

---

[88] Romanos 8.31-32

porque Él bendecirá tu trabajo y te proveerá en abundancia, porque estás convencido de Sus promesas y vives de acuerdo con Su sabiduría. Cuando yo me preocupaba por mi familia porque Él me llamaba a viajar llevando Su Palabra y Su unción, me decía: «Si Yo te di a tus hijos, ¿no te voy a respaldar para que los cuides?». Recuerdo que cuando le presenté a mi familia ese reto de viajar, mi hijo mayor tenía más o menos ocho años. Los ojos se me llenan de lágrimas cuando lo recuerdo escuchándome decirles que Dios me llamaba a llevar Su mensaje y organizar las cruzadas de milagros fuera de Guatemala. Entonces él avanzó hacia mí, me abrazó y me dijo: «Papi, estamos contigo, si Dios lo pide, nosotros te apoyamos». ¡No había mejor confirmación que esa! Dios me estaba diciendo que todo estaría bien, que no tuviera miedo. A través de mi pequeño Él fortalecía mi fe. Ahora no me canso de agradecerle porque efectivamente cuidó de mi familia. Por supuesto que enfrentamos dificultades y superamos retos. No somos una familia perfecta, pero nuestra fe nos ha sostenido. Mis tres hijos crecieron viéndonos entregados a Su servicio y cada uno, a su tiempo, aceptó el llamado del Señor para dedicarse al ministerio.

¡Seamos un poco más lógicos para creer en Dios! La incredulidad ilógica, ante lo lógico de Su amor, es la peor de las incredulidades. A nuestro Padre le entristece que dudemos de Su amor. Dice la Biblia que Lázaro, a quien Jesús amaba, estaba enfermo y murió, así que no es correcto pensar que Dios no te ama porque estás enfermo o te sucede algo malo. Si enfrentas un momento de incredulidad, si dudas del Señor en las cosas más sencillas de la vida, hoy te doy palabra de aliento. ¡Cree en Su amor!

> *La incredulidad ilógica, ante lo lógico de Su amor, es la peor de las incredulidades.*

Desecha esa duda tan ilógica, porque lo más lógico es creer en lo que está escrito, ya que Él no miente y Su Palabra es eterna. Dile convencido: «Señor, Tú y yo somos mayoría, Tú acampas a mi lado, eres mi defensa, mi sustento, eres mi proveedor, mi sanador, eres mi justicia. Gracias por amarme».

16 EN EL PROCESO

La fe nos sostiene en todo momento.

No me canso de referirme a Pedro caminando sobre el agua porque es evidente que ejerció su fe, pero lo hizo para lo inmediato y no fue suficiente. Fue una fe lógica que debió convertirse en ilógica. Si tu fe es de momentos y no de procesos, podrías perder el milagro que recibiste tan rápido como vino. Muchas personas que reciben sanidad y luego vuelven a enfermar se decepcionan, pero lo que realmente les falló fue la fe para ver más allá del momento. La duda puede llevarse aquello que el Señor te ha dado.

Deja de afanarte por lo que no tienes. Refuerza tu confianza para sentirte tranquilo ya que, en medio de la peor escasez, aún tienes la fe que te sostendrá y te motivará para buscar soluciones en los momentos difíciles. Comprende que la fe es un estilo de vida, no un momento de milagros. Pedro necesitó fe para vivir el milagro de caminar sobre el agua y también la necesitó para continuar y no lo logró. Puedes dar un paso de fe y sorprenderte, pero perderlo en menos de veinticuatro horas.

Conozco una familia que pasó más de año y medio sin recursos económicos porque ambos, papá y mamá, se quedaron sin trabajo en una de las crisis financieras más difíciles que ha vivido Guatemala. Durante el primer mes ellos fueron optimistas y siempre decían que esa situación no duraría mucho, pero no fue así. Pasaban las semanas, los meses y ¡no encontraban trabajo! ¿Crees que se alejaron del Señor enojados porque «no respondía a sus oraciones»? ¡No! Incluso cuando les cortaron la energía eléctrica y el agua, incluso cuando no fue posible inscribir a su hija mayor en el colegio porque no tenían ni para el sustento diario, ellos se tomaron fuertemente de la mano de Dios, convencidos de que ese tiempo era pasajero.

¿Qué sucedió? Pues Dios tuvo cuidado de ellos. Siempre hubo una mano amiga para apoyarlos; por ejemplo, el dueño de la casa donde vivían los esperó con el pago de la renta durante ocho meses y cuando menos lo esperaban, alguien tocaba a su puerta para llevarles víveres. Fueron perseverantes en su fe, buscaban cómo ir a la iglesia cada domingo sin importar si era en la palangana del *pickup* de unos familiares: con frío o calor, lluvia o un sol que quemaba, ellos no faltaban. Se alimentaban de Su Palabra, estudiaron más que nunca las Escrituras, se unieron a un grupo de la iglesia, fortalecieron su relación familiar y superaron el proceso.

No fue un milagro instantáneo, pero sucedió. La hija mayor lavaba su mochila para que estuviera limpia cuando ya fuera el momento de que sus padres tuvieran dinero para pagar sus estudios. Para ellos era conmovedor verla hacerlo y le preguntaban: «Mi amor, ¿por qué la lavas? Aún no tenemos el dinero para pagar el colegio». Y ella respondía: «Porque sé que pronto la usaré». Hicieron de todo, vendieron comida en la puerta de su casa, pintaron rótulos, a pesar de que ambos tenían un grado universitario, enfrentaron la adversidad como pudieron, y su fe tuvo recompensa.

Luego de dos años de escasez, obtuvieron un trabajo cada uno. Lograron salir adelante, pero no fue fácil. ¡Todo parecía en contra! ¿Sabes? De verdad lloro de emoción al escribirlo porque no es uno sino muchísimos los testimonios que podría relatar sobre la fidelidad del Señor. Casa de Dios, el ministerio que nuestro Señor nos ha dado la gracia de levantar para Su honra y gloria, es una casa de fe donde abundan las historias de restauración, provisión y sanidad. No te hablo de teorías abstractas, mi deseo no es apologético, ni quiero convencerte de que es razonable creer en Dios. Anhelo contagiarte esa pasión que muchos hemos sentido al vivir por fe, convencidos de que nada ni nadie podrá amarnos como nuestro Padre lo hace.

> *Nada ni nadie podrá amarnos como nuestro Padre lo hace.*

Este y muchos otros testimonios me recuerdan la historia bíblica de José, uno de los doce hijos de Jacob a quien le fue mal durante más o menos quince años. ¡Así, como lo lees! Años y años de frustración a pesar de tener una promesa de eminencia y liderazgo. Él era el favorito de su padre y tenía el don de los sueños, pero eso despertó la envidia de sus hermanos, que pensaron en matarlo, aunque mejor decidieron venderlo como esclavo. De esa cuenta caminó por el desierto con los mercaderes, padeció hambre, sed, cansancio y frío además del terrible dolor de la traición y el rechazo. En Egipto lo vendieron a un hombre importante, quien luego de un tiempo notó su educación y lo ascendió como administrador. ¿Comenzó a mejorar su situación? Pues más o menos, porque llamó la atención de la esposa de su jefe. Ya sabes, un hombre joven, con músculos, esculpido por el trabajo físico, educado... ¡wow! Pero ella, al verse rechazada, lo acusó de abuso y fue a parar a la cárcel injustamente. ¡Vaya complicación! Cualquiera sucumbe ante la tentación de una mujer hermosa y con un buen puesto, ¿no? Pero José sacó fuerza de su flaqueza y resistió.

Así que el proceso continuó. Potifar, el jefe y esposo ofendido, lo envió a prisión. En la cárcel, interpretó el sueño de otro prisionero, lo que le valió el pasaporte delante del faraón. Ahí fue cuando realmente inició su ascenso hasta que llegó a convertirse en el hombre más importante del imperio, pero dice la Biblia que eso sucedió solo cuando ya tenía treinta años, así que haz tus cuentas: su fe tuvo que perseverar durante un buen tiempo.

No vivas de instantes o momentos fugaces como Pedro sobre el agua. Esa no es la fe que se aplica a los extensos procesos de la vida. Puedes recibir el milagro de que tu esposo vuelva a casa, pero sin un verdadero cambio seguramente los problemas continuarán, así que debes demostrar tu fe con un comportamiento diferente, paciente, apasionado y amoroso, lleno de estima y valor. Una mujer estéril puede recibir el milagro de concebir y tener un hijo, pero su fe debe ser constante porque la necesitará también para educarlo y hacerlo un hombre de bien. Tu fe no puede ser fugaz, créele al Señor siempre.

Abraham, el patriarca de la nación de Israel, demostró tener fe en ese difícil proceso de engendrar un hijo casi al final de su vida. Creyó a pesar de la duda de todos. Su milagro era realmente difícil de imaginar, no había antecedente de algo parecido y nada podía asegurarle que sería posible, pero su fe lo sostuvo hasta el final.[89] Tal vez nuestro problema actual es que podemos leer los testimonios en la Biblia y sentir que no somos dignos como esos hombres, pero el Señor nos dice que sí es posible. Abraham no tenía audios con prédicas y no podía escuchar Palabra en un programa de televisión, solamente estaba conectado con el Señor y creyó. No des por perdida tu esperanza.

Esperanza contra todo obstáculo

El caso de Abraham es sin igual porque Dios le estaba pidiendo que creyera por algo que era naturalmente imposible. Debía ejercer fe para un proceso ilógico, más aún conforme los años pasaban. Es decir, que su fe debía ser cada vez más fuerte porque la situación no

---

[89] Romanos 4.17-22

mejoraba, al contrario: empeoraba. El reto no era ganar una guerra o conquistar una ciudad, pues quizá lograr algo así hubiera sido más fácil, pero lo que el Señor le mandaba era confiar en su propio cuerpo de más de noventa años. Sin embargo, siendo un anciano impotente, creyó que podía engendrar en Sara, su esposa estéril. ¡Eso no es una fe ilógica sino loca en un proceso aún más loco todavía! Y de esa confianza nació Isaac, y con él, todo el pueblo de Israel. Yo me gozo tanto de este milagro, que incluso imagino a Sara escuchando la promesa de Dios y viendo pícara a su esposo, entusiasmada con la idea de concebir un hijo a pesar de su edad porque dijo: «De nuevo tendré placer con mi señor».[90] Ellos son mis héroes... con razón Dios llama «Mi amigo» a este hombre.

La fe de Abraham se fortaleció incluso al pensar que, si lograba procrear, seguramente no tendría las fuerzas para ver crecer a su hijo y educarlo. Nadie, ni su propio cuerpo, estaba listo para ver el milagro, sin embargo, fue fiel y creyó. De igual manera debes comportarte, tu fe debe ser inquebrantable incluso cuando otras personas, las circunstancias y hasta tu propia carne te digan que es imposible.

Convertirse en una persona de fe, que va más allá de los instantes milagrosos, requiere afrontar un proceso difícil donde incluso estaremos solos, sin nada más que nuestra esperanza que luchará contra otra esperanza adversa. Todo con tal de ser merecedores de ver realizado el sueño de Dios en nuestra vida. No te desilusiones o amargues si estás solo y piensas que no tienes apoyo de nadie. Yo pasé por lo mismo. Al inicio, cuando el Señor ya me había llamado, iba a predicar donde pudiera, incluso en los buses, aunque nadie me escuchara, pero era necesario persistir. Luché contra toda esperanza ajena a la mía y salí vencedor, con un nuevo carácter, listo para ser un

> *No te conformes con tener momentos de fe y enfrenta el proceso para convertirte en un hombre de fe listo para recibir y mantener las bendiciones.*

---

[90] Génesis 18.12

hombre de fe capaz de ver las maravillas del Señor. No te conformes con tener momentos de fe y enfrenta el proceso para convertirte en un hombre de fe listo para recibir y mantener las bendiciones.

Los problemas deben fortalecernos, no debilitarnos. Demuestra que estás hecho de la materia prima que Dios ha creado y afronta los obstáculos con fe porque todo depende de ti y de la confianza que tengas en Él. No te dejes vencer por el primer problema, sino lucha para levantar tu empresa, obtener tu título universitario y lograr tus sueños. En los deportes sucede. Por ejemplo, en un mundial de fútbol podemos ver lo que pasa cuando el pánico se apodera de la voluntad. Muchos equipos no saben manejar la presión de un empate o de un marcador desfavorable, por lo que pierden la cabeza y con ello la posibilidad de avanzar hacia la meta, que es ganar la copa del mundo. Abraham se enfocó en lo que debía hacer para recibir su milagro, no contaba con medicamentos que le dieran vigor, solo tenía fe en el Señor.

No tengas miedo de contemplar las circunstancias, así como Abraham contempló su propio cuerpo y no dejó de creer. Si vas al médico y el resultado de un examen dice que tienes un tumor maligno, di con fe: «No importa, Jesús me asegura que por Su herida fui curado[91] y le creo». Contempla la crisis sin debilitarte. Si te llaman a la oficina del jefe y existe una alta probabilidad de que te despidan por la crisis económica, dale la cara al problema y di: «No importa, cuando Dios cierra una puerta, siempre abre otra, así que saldré adelante».

Abraham no se dejó atemorizar porque sabía que la nación que el Señor había prometido continuaría con su hijo. Se daba cuenta del problema que significaba tener un hijo a esa edad, pero pensó en las posibilidades, no en las dificultades. Tú también debes hablar de soluciones y no ahogarte en los problemas. Échale leña al fuego de la fe, no al fuego de la desesperación.

---

[91] Isaías 53.5

FE   DESESPERACIÓN

Hay personas que vienen a contarme varias veces el mismo problema y nunca proponen soluciones. Esa actitud no es de mucha ayuda y debilita incluso a quienes tienen el ánimo para salir adelante. No te dejes manipular por creencias contrarias a la tuya, sino cree al Señor y enfrenta el problema. Imitemos a Abraham y seamos hombres y mujeres con una fe robusta, sana y dispuesta a enfrentar los procesos difíciles que nos ayudarán a crecer y ver muchos milagros. Nuestra fe debe ser lógica para lo que consideramos pequeño y cotidiano como el alimento diario, así como también ilógica para creer por grandes milagros como la sanidad sobrenatural.

La obra ya está hecha

Cuando Dios le habló a Abraham de su promesa, lo primero que el Señor hizo fue cambiarle de nombre por uno que significa «padre de multitudes»,[92] aunque faltaban muchos años para que naciera su hijo. Reflexionemos en los verbos que nos revelan algo muy poderoso. Dios no dijo: «*Te pondré* por padre de muchedumbre», sino: «*Te he puesto*». El verbo está en progresivo porque para Él la promesa ya estaba cumplida.

Cuando Él promete debemos tener la seguridad de que ya obró, aunque todavía no lo veamos realizado. En otras palabras, Dios habla del futuro en pasado porque ya todo fue hecho. Para declararle a Abraham su futuro, le habló en pasado. Es como tener un *déjà vú*, aquella sensación de estar viviendo algo que ya había sucedido antes. Por esa razón el profeta Isaías estaba tan seguro del futuro que lo profetiza

---

[92] Génesis 17.5-6

en pasado, dice: «por Su llaga *fuimos curados*», no dice: «*Seremos curados*».

El libro de Apocalipsis dice: «Y el Cordero de Dios que fue inmolado antes de la fundación del mundo». Esto quiere decir que cuando Jesús llegó a la cruz, para Dios esto ya había ocurrido. Fe es tener la convicción de que Dios ya vio tu futuro de bien y lo verás cumplido. Tiempo antes de que inauguráramos el nuevo templo yo podía ver a la congregación allí, adorando al Señor, trabajando en Su obra, y compartiendo Su Palabra. Eso es hablar en fe. Lo que Dios hará contigo ya pasó y es grandioso. El Señor ya te bendijo más allá de lo que puedes pensar y sentir. Dale gracias por lo que hizo en tu vida y créele con todo el corazón que serás capaz de alcanzar ese futuro de paz y prosperidad que ya te dio. Nuestro Señor primero ejecuta y luego revela. Su plan perfecto en tu vida ya fue ejecutado y será revelado cuando lo creas.

17 HAY MOMENTOS... Y MOMENTOS

Si confías en el Señor podrás superar cualquier situación difícil.

Danilo Montero, un amigo y compositor, escribió una canción que dice: «Hay momentos que no deberían terminar, hay segundos que tendrían que ser eternidad». Todos hemos vivido momentos agradables que quisiéramos perpetuar. Seguramente cada uno podría enumerar bellos momentos de su vida y es agradable recordar el día que nos enamoramos, por ejemplo; esas mariposas en el estómago, el primer beso y la luna de miel, pero nadie quiere pensar en la separación o en la muerte. Hay momentos de tristeza, de enfermedad y de malas noticias que no podemos evadir. En esos casos, lo recomendable es aprender a vivirlos y superarlos con la ayuda y fortaleza que Dios puede darnos. De nuevo, la vida converge en momentos y procesos de fe.

Todo tiene su tiempo. La Palabra del Señor lo dice claramente: hay tiempo para nacer y para morir, y para todo lo demás que se puede hacer durante la existencia.[93] Vale la pena orar y pedir porque los tiempos difíciles pasen pronto para disfrutar de los buenos momentos. Aprende a vivir tu tiempo, no importa si el momento es de risa o de llanto, hay que vivirlo intensamente. Nos pasa con la muerte. Evitamos enfrentarla porque no la vemos como parte de la vida, pero también tiene su tiempo.

En la Biblia leemos sobre Noemí, una viuda que pasaba por un terrible momento: la muerte de su esposo y sus hijos. Le quedaron sus dos nueras; una era Orfa, quien aceptó su consejo de irse a buscar nuevo esposo; la otra era Rut, quien decidió quedarse a su lado y apoyarla. Cuando Noemí declaró su situación, lo hizo basándose en lo que sentía. Su aflicción era tan grande que incluso quería cambiarse de nombre; pedía que le llamaran «Amarga», aunque su nombre significara «placentera».[94]

Podemos contrastar la situación de Noemí con la de otro famoso personaje bíblico: Job, quien también pasó por un terrible y sombrío tiempo. ¡Se quedó sin nada! A su desgracia se añadió la enfermedad y unos amigos necios, Sin embargo, no declaró contra el Señor.[95] Observa la diferencia: Noemí se sintió despojada y afligida por Dios; Job, en cambio, reconoció con humildad su origen desnudo y bendijo al Señor, aunque en su buena intención se equivocó porque no fue Dios sino el diablo quien le quitó cuanto tenía. Y esto debemos tenerlo muy claro, ya que en la voluntad de nuestro Padre no hay despropósito ni maldad. Las situaciones suceden a consecuencia de lo que provocamos nosotros, lo que provocan otras personas o simplemente porque es tiempo de que sucedan. Por ejemplo, todos moriremos, pero no es Dios quien nos mata, simplemente llega la hora de ir delante de Su presencia.

---

[93] Eclesiastés 3.1-8; [94] Rut 1.20-21; [95] Job 1.20-22

Lo cierto es que Noemí se dejó dominar por la tristeza, pero Rut fue valiente y se quedó con ella a pesar de la desgracia que enfrentaban. Si no lo hubiera hecho, no habría conocido a Booz y ¡no hubiera continuado la línea de descendencia de Jesús! Así que debemos aprender a ver más allá del momento. Aunque no

> *Aunque no lo comprendamos, nuestra confianza en el Señor debe ser más fuerte que el dolor.*

lo comprendamos, nuestra confianza en el Señor debe ser más fuerte que el dolor. No permitas que tus sentimientos te traicionen. Si un mal momento te hace sentir triste, confundido y enojado, vive tus emociones, pero guarda tu boca y úsala solo para hablar bendición.

Declara lo que sabes: «Todo ayuda a bien a quienes aman al Señor».[96] Proclama tu futuro sin temor, da gracias por lo que vives y adora a tu Padre porque todo obra a bien si confías en Él. Por el contrario, si dejas de amarlo y servirlo, si no perseverarás en tu comunión con Él, esa promesa queda inválida porque solo quienes aman al Señor verán que todo lo que sucede obrará para bendición.

Cuando debo enfrentar situaciones difíciles, primero vivo el momento; lloro y me desahogo sin afectar a nadie. Luego medito, busco calma y pido sabiduría para tomar buenas decisiones. Después, hago una correcta declaración de fe y, finalmente, hablo con Dios para escuchar consejo. Por supuesto que no es fácil olvidar y superar el dolor, pero es posible recordar con el corazón sano, sin resentimiento o tristeza. Si perdiste a un ser querido, lo lamentarás el resto de tu vida, sin embargo, conforme pasa el tiempo y al declarar lo correcto tu corazón sanará y podrás extenderte a lo que está adelante.[97] Recuerda que para abrir un nuevo capítulo primero debes cerrar el anterior. Deja atrás el pasado y muévete hacia lo que viene.

---

[96] Romanos 8.28; [97] Filipenses 3.12-13

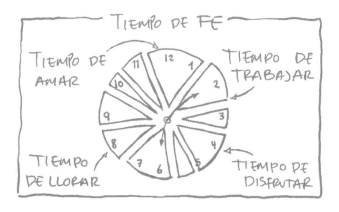

El hijo pródigo, ese joven que pidió su herencia y la malgastó, tuvo que reaccionar para acercarse a su padre con arrepentimiento.[98] Hay momentos difíciles que no podemos evitar y hay otros que nosotros provocamos. Si sufres de alguna adicción, si vives problemas conyugales por tener una vida desordenada, estás enfrentando las consecuencias de tus decisiones y debes reaccionar para iniciar el proceso de restauración. No esperes a tocar fondo, sino abre los ojos y sal de esos momentos amargos que provocaste. Nuestro Padre es misericordioso y nos perdona, pero debemos tomar la decisión. Imita la actitud y declaración del hijo pródigo, levántate y toma dirección hacia tu Padre porque Él siempre te mostrará caminos de bendición y de justicia. Todo lo que viviste ya pasó. Ahora debes ver con optimismo lo que inicias y aprender a vivir el tiempo que corresponde con fe. Dios te ayudará a vivir momentos y procesos si se lo pides, te levantará para que avances confiado en Sus promesas.

Administra tu fe

Los eventos suceden o dejan de suceder de acuerdo a lo que tú creas. Superarás esa tormenta según la confianza que tengas y proyectes en cada momento específico de ese proceso. Jesús obró

---

[98] Lucas 15.17-18

milagros en instantes. Sanó al leproso, al ciego, al paralítico cuando los tocó, multiplicó los panes y peces, convirtió el agua en vino y calmó la tormenta en segundos. El centurión romano que sabía de autoridad no solo recibió el milagro de sanidad para su siervo, sino que también tuvo el honor de ser halagado por su fe todo en un momento. A veces queremos aplicar la misma fe para lo inmediato y para afrontar procesos, pero no es posible.

Hay diferencia entre la fe para alcanzar algo lógico como una oportunidad de empleo y la fe para alcanzar algo ilógico como la sobrenatural multiplicación de la provisión. La fe para casarnos no es la misma que para mantenernos unidos a nuestro cónyuge toda la vida, así como hay una fe para inscribirnos en la universidad y otra diferente para terminar la carrera y graduarnos. Lo mismo para comprar una casa; la confianza que nos hace pagar el enganche no es la misma que nos mantendrá durante el tiempo necesario para terminar de pagarla. ¿La diferencia? El carácter y la fortaleza que desarrollamos al profundizar nuestra relación con Dios. Sabemos que lo que podemos lograr con una persona depende de nuestra relación con ella. Por mucho que un maestro ame a sus alumnos, sin duda no le dará lo mismo a uno de ellos que a sus hijos. Una mujer tiene más confianza de pedirle algo a su esposo que a su jefe, sin duda. Así que la clave para madurar en la fe es buscar intensamente a nuestro Padre y disfrutar de nuestra relación con Él.

> *La clave para madurar en la fe es buscar intensamente a nuestro Padre y disfrutar de nuestra relación con Él.*

Yo tuve fe para iniciar el ministerio, pero debo ejercer una fe más profunda y madura para mantenerme en la obra y luchar a pesar de las dificultades. Claro que la duda me visita, pero no le doy la bienvenida. No me acomodo a su lado ni le sirvo el café; al contrario, la saco fuera rápidamente porque en mi casa y en mi familia creemos en el Señor y en Sus promesas. Yo me casé con Sonia porque la amo, pero hemos logrado un matrimonio estable porque tuvimos fe para creer que saldríamos adelante en el proceso de la vida juntos.

Créele a Dios por milagros que se obtienen en un instante y también ejerce fe para ser capaz de mantenerlos y no perder lo que te dio. Además, cree por las promesas que toman tiempo en cumplirse. Abraham tuvo fe durante años y la mujer cirofenicia la tuvo durante su breve encuentro de sanidad con Jesús. Son dos casos diferentes, aunque ambos poderosos. Demuestra que tienes carácter para ver cumplidas Sus promesas y mantenerlas vivas porque has alcanzado el nivel de fe que se requiere para trascender.

THE
PERFECT GAME

Qué buenísimo sería que nuestra vida fuera como lo que llaman en béisbol: un juego perfecto. En uno de estos, el *pitcher* abridor es quien cierra los nueve *innings*, y se desempeña tan bien que el equipo contrario no tiene posibilidad de anotar ni siquiera una sola carrera. Quisiéramos ser los únicos en batear *hits, homeruns* y anotar carreras.

Justo eso fue lo que logró el equipo infantil de béisbol de Monterrey, México, en 1957. Y *The Perfect Game* es la película que relata esta conmovedora historia. Ellos ganaron la Serie Mundial de la liga infantil de los Estados Unidos, aunque tenían todo en contra, incluyendo la discriminación racial y la falta de recursos. Sin embargo, les sobraba fe y pasión; y cuando te digo que les sobraba, de verdad que no exagero. En su pequeño y caluroso pueblo con polvorientas calles cuyo corazón era la industria metalúrgica, los niños soñaban con jugar béisbol, especialmente Ángel, que se veía como el mejor *pitcher* de todos los tiempos.

Por las tardes se reunían en el patio trasero de la pequeña iglesia, alrededor de la radio del padre Esteban, a escuchar los juegos de los famosos equipos estadounidenses: Yankees, Dodgers, Medias Rojas, Cardenales... Y de este último equipo fue despedido César, un joven que tras ser despedido regresó a su ciudad, o sea, a la misma donde viven los niños.

Ángel y César se encuentran, o más bien, Ángel entra ruidosamente a la vida de César cuando comienza a practicar su pitcheo con una hermosa pelota de béisbol que encuentra entre unos arbustos. Al verla, él la toma con delicadeza, como si hubiera encontrado el tesoro más valioso, y la verdad que sí lo era. ¿Qué hacía una bola así en un pueblito en medio de la nada?

Sin perder tiempo, Ángel busca un lugar para practicar. Decide hacerlo donde cree que no molestará a nadie: entre las galeras donde viven los jornaleros de la fábrica de metal. La bola pega insistentemente contra las láminas del cuartito donde César duerme la siesta. El primer encuentro es rudo, pero así inicia la amistad que se convierte en relación entrenador-alumno. No fue fácil convencer a César de que le enseñara a jugar, ¡menos cuando le propone la idea de formar un equipo con sus amigos! Los niños hacen todo lo que él les pone como condición porque realmente se niega a involucrarse con un grupo de ingenuos que nunca han tocado un guante o un bate de béisbol.

Ellos se las ingenian para acondicionar el sucio patio trasero de la iglesia como un campo y reúnen a más niños para completar al equipo. «Está bien, entrenemos», acepta César a regañadientes. La pasión y obediencia de los chicos lo persuaden, además, del apoyo del sacerdote del pueblo, que se convierte en cómplice de la aventura. Si César les dice que den diez vueltas al campo, ellos lo hacen; si les pide que estén temprano por la mañana, ahí los tiene. Los niños lo admiran y obedecen incluso después de descubrir que les había mentido, pues no fue entrenador de los Cardenales, sino un simple auxiliar de vestidores.

Por medio de César el equipo logra patrocinio y se inscriben en el campeonato, pero ahí comienzan los verdaderos desafíos. Sin muchos recursos, al inicio el grupo pasa hambre y frío, además de sufrir el rechazo de quienes los veían mal por ser mexicanos. Sin embargo, poco a poco, y conforme se van haciendo notar —pues avanzan rápidamente en las tablas de posiciones— encuentran aliados que los bendicen con refugio y alimento.

La fe ciega de los niños es el impulso que mueve todo el engranaje porque en realidad nadie creía en ellos; sin embargo, durante los entrenos, cada uno va descubriendo su potencial. Especialmente Ángel, quien en el último partido, o sea, en la final por el título, logra un desempeño perfecto, con lo que gana la aprobación y el respeto de su padre además de la admiración de dos países: Estados Unidos y México.

Y es que cuando tenemos fe y somos obedientes a las instrucciones de nuestro entrenador, con seguridad lograremos un juego perfecto.

18 TAN FÁCIL PARA SER CIERTO

La fe en que Dios puede hacer lo imposible debe motivarte a obedecer Sus sencillas instrucciones.

Madre e hijo vieron cómo se cerraba la puerta y escucharon los pasos que se alejaban. Era momento de dar la vuelta la página y avanzar, pero ¿cómo hacerlo? Tristemente, la familia se había separado y ella hubiese deseado que alguien le diera instrucciones. Su esposo, el padre de su hijo, no volvería; parecía mentira, pero así era. ¿Cómo se le explicaba a un niño de cinco años que su superhéroe, el hombre a quien veía como un gigante fuerte y bueno, ahora tenía solo la mitad de su custodia y que de ese momento en adelante solo lo vería solo fines de semana? Es verdad que en un momento así era difícil decir: «Tengo fe». Era difícil pensar que todo estaría bien porque había dolor, vidas que se derrumban, corazones partidos en pedazos e incertidumbre sobre el futuro.

¿Qué piensas que diría esa madre que repentinamente se veía sola si la única instrucción que recibiera en ese momento fuera «confía en mí y no serás burlada»? Creo que ella preferiría escuchar algo más específico, quizá se sentiría mejor si alguien le dijera, paso a paso, cómo salir de ese pozo en el que había caído y donde lo único que se le ocurría era llorar. Nuestro Señor sabe que anhelamos que alguien nos tome de la mano y que nos dirija cuando no sabemos qué hacer. ¡Y Él lo hace! Solo necesita que tengamos nuestro oído atento a Sus instrucciones, que le creamos y nos preparemos para obedecerlo porque, sin duda, lo que nos pedirá que hagamos no será para nada complicado.

Ya conocimos a Naamán, general del ejército sirio que se decepcionó porque la instrucción que el profeta le envió a decir era poco digna de su categoría como persona importante. Quizá pensó que el profeta invocaría solemnemente a Dios y habría algo como fuegos artificiales o una manifestación llamativa, pero Eliseo simplemente lo envió a bañarse al río, y a uno que a lo mejor el general sirio encontraba insignificante. De igual modo, muchas veces nuestra estructura mental limitada nos cierra las puertas a lo que Dios quiere hacer. Su respuesta nos desconcierta porque nos da una instrucción demasiado sencilla para lo que esperábamos.

Es bastante común pensar que tenemos mejores opciones que obedecer las instrucciones de Dios. Nos creemos diestros y autosuficientes, pero somos arrogantes al concluir que podemos salir adelante sin Él.

Prueba de fe

Curiosamente, a Naamán lo convencieron sus criados diciéndole que lo intentara, ya que, si estaba dispuesto a hacer algo más difícil, nada perdía con obedecer una instrucción tan sencilla. Él los escuchó y los sanó. Es increíble que a veces no somos capaces de obedecer una instrucción porque es muy fácil de realizar. Al contrario, si te mandan hacer algo difícil, lo crees y lo haces. No tienes fe en que realizar algo fácil puede resolver una situación difícil. Somos capaces de hacer lo difícil, pero no de creer lo fácil. Cuando nos dicen que para sanar solo deben imponernos manos, creemos que es charlatanería porque tener fe implica morir a nosotros mismos y confiar en el poder de Dios. Cuando los israelitas entraron a la Tierra Prometida, la instrucción que recibieron de Dios para derribar las murallas de Jericó, la primera ciudad a conquistar, era marchar alrededor durante siete días. Seguramente el ejército enemigo se burlaba, pero al final de la séptima vuelta del séptimo día, ¡los muros cayeron!

David derrotó a Goliat con una simple piedra porque tenía fe. Una mujer con flujo de sangre sanó con solo tocar el manto de Jesús. Gedeón venció a los madianitas con trompetas y antorchas encendidas entre cántaros, gritando: «Por Jehová y por Gedeón». Siempre lo más sencillo, lo que el Señor mandaba, era la opción que obró las maravillas. Obedecer la instrucción que pensamos demasiado fácil es nuestra prueba de fe.

Naamán quería que el profeta tuviera autoridad sobre la lepra, pero no sobre él. Sin embargo, para ver poderosas obras en tu vida, debes tener la humildad para obedecer las órdenes más sencillas, aun cuando te parezcan ilógicas. ¿Cómo se logra esto? Volviendo a ser como niños, con ese corazón que confía y vive intensamente sus sueños. ¡Es fácil ver milagros si creemos que pueden suceder!

> *El Señor nunca ofreció métodos difíciles porque espera que creamos en lo sencillo y poderoso.*

El Señor nunca ofreció métodos difíciles porque espera que creamos en lo sencillo y poderoso. Nuestro Padre nos dejó la mente para pensar y el corazón para creer. El milagro estará cerca cuando creas que es fácil lograrlo.

Dios es especialista en lo imposible, no en lo difícil.[99] Para quien cree, pide y obedece, todo será posible. ¿Por qué quieres volver complejo

---

[99] Jeremías 32.27

lo que Él vino a simplificar? Alcanzamos la salvación y la vida eterna con solo aceptar a Jesús como nuestro Señor, pero nos cuesta tanto creerlo que insistimos en la arrogancia de pensar que son nuestras obras las que nos salvarán. Creer en el amor y la misericordia de Dios es todo lo que necesitamos para cambiar nuestra forma de pensar y de vivir.

Tercera opción

Cuando Moisés finalmente logró convencer a faraón de que dejara libres a los israelitas, todo parecía ir bastante bien. Bueno, sabemos que no fue exactamente Moisés, sino esas terribles plagas que Dios envió a Egipto, lo que provocó que el faraón rindiera su voluntad, pero también sabemos que cuando se recuperó del dolor de la pérdida de su primogénito, el corazón del rey volvió a llenarse de amargura y mandó a su ejército a perseguir a los recién liberados. Entonces, vemos a millones de personas frente a una encrucijada, la primera de muchas que deberían superar durante su viaje.

Moisés iba a la cabeza y finalmente estaban frente al Mar Rojo. Era buen momento para un descanso y tomar decisiones, pero no hubo tiempo para sentarse y dejar que la brisa marina despejara las ideas. Como pólvora se corrió la voz de que el ejército egipcio se acercaba y no precisamente con la intención de desearles un buen viaje. ¡Iban con la espada desenvainada, listos para cortar cabezas! Y ahí estaban todos, acorralados. Era cuestión de minutos para que comenzara la carnicería. Claro que había hombres armados y darían batalla, pero con mentalidad de esclavos, era poco lo que lograrían.

Casi puedo imaginar a Moisés frente al mar con cara de «¡Oh cielos! ¿Y ahora qué?» Parece que él tenía dos opciones: pedirle a más de dos millones de personas que nadaran hasta la otra orilla o buscar armas para luchar contra sus perseguidores. Pero clamó a Dios, quien le dio una tercera opción: levantar las manos y ordenar al mar que se abriera para darles paso.[100] Sus primeras dos opciones prácticamente

---

[100] Éxodo 14.15-16

los hubiesen llevado a la muerte, sin embargo, la tercera, la que le dio el Señor, era más sencilla de ejecutar pero también más difícil de creer.

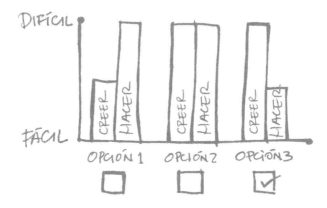

Si crees tener las fuerzas para lo difícil, demuestra que tienes fe para obedecer lo fácil. El Señor te pide: «Tráeme lo imposible porque no hay nada difícil para mí». A veces optas por la solución más difícil porque si lo que debes hacer es fácil, crees que te verás ridículo. Además, buscas el reconocimiento a tus esfuerzos cuando debes dejar que Dios obre para que la gloria sea Suya. Ante las situaciones de la vida podrías tener tres opciones: dos serán caminos que puedes seguir con tus propias fuerzas y la tercera será creer y obedecer a Dios. Suena fácil y lo es, pero requiere tener fe para ver hecho lo imposible.

¡Cree, cree, cree! No te canses de creer porque tenemos de nuestro lado a Dios, quien todo lo puede cuando le demostramos que somos capaces de obedecer lo que nos pide que hagamos. Ten fe en que te prosperará, que te sanará, restaurará tu hogar, ¡toma el riesgo! No veas la circunstancia que parece difícil, sino escucha Su voz que te dice: «Es fácil, porque no hay nada imposible para quien me cree». No te dejes llevar por tus sentidos, tu Padre te hizo partícipe de la naturaleza divina para que uses el poder de tu fe.

Déjate llevar a un nuevo nivel de obediencia. Haz a un lado la «estructura mental de Naamán» con la que piensas que es irracional hacer algo tan sencillo como sumergirte en un río para sanar de una terrible enfermedad. Escoge siempre la mejor opción, la de creer en el Señor con los ojos cerrados y obedecer Sus instrucciones por sencillas que parezcan.

Ante las situaciones que enfrentamos, debemos clamar como Moisés lo hizo y decirle al Señor: «Reconozco que hay soluciones que ignoro, pero dime qué debo hacer y lo haré». La Palabra nos dice que si le clamamos Él nos enseñará lo que no conocemos.[101] Si la respuesta es que no es tiempo de clamar, sino de actuar, ya sabremos qué hacer. Notemos que en ese tiempo no había ningún antecedente de que el mar podía abrirse, así que no esperes un antecedente frente a la instrucción que recibes de Dios, ya que Él puede darte una nueva fórmula para resolver cualquier situación.

En el caso de Moisés, ¿qué era más fácil? ¿Cruzar el mar nadando o levantar las manos y confiar? Claro que levantar las manos, pero ¿qué opción era más difícil de creer? ¡También levantar las manos! Entonces, podemos ver que las soluciones que Dios da son fáciles de ejecutar, pero difíciles de creer porque necesitamos fe para vencer nuestra razón y pensar que todo es posible por sencillo o ridículo que parezca.

En la vida todos debemos prepararnos y educarnos; sin embargo, no pretendas que tu razón sustituya tu fe. Si tu situación está complicada, es momento de simplificarla con fe en que lo imposible puede suceder.

La mujer que padecía de flujo de sangre nos enseña que para tener fe debemos oír, porque cuando ella escuchó sobre Jesús lo buscó para que la sanara. En este caso, tampoco había antecedentes de que al tocar la ropa de Jesús alguien podía sanar, pero ella no pensó en eso, sino que, cansada de haber intentado todo, se dejó convencer por la fe en lo imposible. Escucha la Palabra el Señor, especialmente la que motiva tu fe, porque es la única forma de avanzar. Esta mujer ya había superado la parte difícil: buscar sanidad durante doce años, así que solo le quedaba hacer lo más fácil: tocar el manto de Jesús.

---

[101] Jeremías 33.3

Claro que eso requería fe y creer no es fácil, pero lo hizo y se sanó.[102] Tal vez te darás cuenta de que la solución a tu problema ha pasado frente a tus ojos y no la has visto porque es tan fácil que ¡no la crees! Jesús nunca le complicó nada a nadie. Para recibir bendición, las personas solo debían creer que lo sencillo o ridículo era efectivo.

Otro ejemplo es el del padre que se acercó a Jesús para pedir que liberara a su hijo del demonio que lo torturaba y que le ayudara a creer.[103] Proclama ahora que ningún demonio, ninguna adicción o pecado esclavizará a tus hijos. Si crees que es imposible, tu nivel de fe debe incrementarse y eso solamente puede lograrse si te acercas más al Señor, lees Su Palabra y lo buscas intencionalmente en oración. Al nacer de nuevo en esa vida de fe, te garantizo que recibirás fuerzas para lograr lo que anhelas. ¡Te harás especialista en la santa terquedad de insistir por tu milagro hasta que sea hecho!

Si leemos el antecedente de esta historia, vemos que el padre del joven afligido por fuerzas sobrenaturales fue primero con los discípulos de Jesús, pero como ellos no pudieron ayudarlo, se acercó al Señor.[104] Jesús nos dice ahora: «Puedo hacerlo todo si tú puedes creer que al seguir mis sencillas instrucciones obtendrás grandes logros». Este padre se acercó a Jesús preguntando si podía hacer «algo», pero Él podía hacerlo «todo». No tengas fe para algo, sino para todo. No creas solo en tu sanidad, sino en tu prosperidad, en la restauración de tu hogar, ¡en la felicidad de tus generaciones! Ese es el nivel de fe que Dios quiere ver en nosotros. Entonces, vemos dos casos, el de la mujer que dijo: «Si tan solo toco su manto...» y el del padre que dijo: «Si Tú puedes hacer algo...». Ella confesó que era posible; él confesó que esperaba que fuera posible. ¿Ves la diferencia? Está en ti que Dios haga algo. Él quiere hacerlo, pero eres tú quien desata la bendición al creer y confesar que lo imposible será hecho.

En la vida pueden fallarte tus padres, tus hermanos, tu esposo, tu socio, tus amigos o compañeros, pero Jesús no falla. Olvídate de los fracasos porque el Señor puede hacerlo todo si le demuestras que crees con el

---

[102] Marcos 5.24-29; [103] Marcos 9.21-24; [104] Marcos 9.17-18

corazón. ¡No te des por vencido, date por vencedor! Dile: «Yo sé que Tú puedes obrar maravillas en mi vida». No lo dudes, Él siempre te dará la mejor opción.

19 IMITA LA FE

Aprender de otros es obedecer, reconocer con humildad que alguien sabe más.

Como pastor, oro y me preparo continuamente. Siempre estoy anotando ideas puntales que el Señor desea transmitir, aunque mi preparación no se origine en el proceso de leer rápidamente dos o tres libros, sino en mi constante atención para escuchar Su voz. El mensaje que nuestro Señor desea transmitir se busca delante de Su presencia.

Sin duda es necesario saber a quién vale la pena escuchar, imitar y obedecer. Hay personas de quienes podemos tomar ejemplo de fe,[105] lo que además implica una enorme responsabilidad. La Palabra

---

[105] Hebreos 13.7-8

de Dios que pueden compartirte aquellos a quienes decidas imitar y obedecer es como una semilla que produce abundante fruto si se cuida y abona. Sería imposible hablar de fe sin resultados que la hagan evidente, ya que el mensaje del Señor no es un bonito empaque para una caja vacía, sino un regalo con mucho contenido que se refleja en obras. Sigue e imita a quienes puedan respaldar su discurso con resultados visibles. En este caso, tu confianza sí debe fundamentarse en lo que podemos ver y comprobar, de lo contrario solo serían palabras vacías.

Sigue e imita a quienes puedan respaldar su discurso con resultados visibles.

De hecho, al Señor le puedes creer con toda confianza porque Sus resultados saltan a la vista desde el inicio de los tiempos. Al decir que vivamos por fe y no por vista, la Escritura se refiera a nuestro futuro, no a la falta de antecedentes confiables, porque si alguien puede decirte: «A las pruebas me remito», ese es Dios. O ¿te parece que todo lo creado, el universo, tu vida y cuanto existe, no es suficiente prueba de Su poder? Por tanto, dale el beneficio de tu fe y de tu obediencia.

Por experiencia puedo decirte que obedecer no es fácil, ya que se requiere humildad para reconocer que hay alguien que sabe más y tiene el control de la situación, y ceder ese control es muy complicado. He visto personas que no lo han logrado, tal vez no por arrogancia sino porque están acostumbradas a tomar decisiones y salir adelante como mejor puedan. Por eso me encanta ver en la iglesia empresarios cristianos que han logrado proezas por fe que demuestran su cambio de carácter al ceder el control a quien todo lo puede.

Ellos han ejercido dos tipos de obediencia: una vertical y otra horizontal. Te voy a explicar a qué me refiero. Yo suelo decir a mi equipo que tienen al jefe más obediente que podrían tener, ya que tengo la costumbre de rodearme de los mejores profesionales en su área, así que escucho y obedezco sus consejos porque son especialistas. Y estoy convencido de que mi obediencia a Dios y a las buenas ideas de mi equipo es el secreto del éxito de lo que Casa de Dios ha alcanzado.

Soy como un «talent collector» o coleccionista de talentos guiado por la mente maestra de mi Padre. Entonces yo también practico los dos tipos de obediencia: la vertical, porque escucho y me someto a mi autoridad suprema; y la horizontal, porque escucho y tomo muy en cuenta la sabiduría de mis pares, mis colaboradores que no son precisamente mi autoridad, pero tienen más conocimiento y experiencia que yo en su área. Hemos sido tan creativos y emprendedores que hemos diseñado y construido nuestros propios edificios, fabricamos nuestro concreto para bajar costos. Son ideas que han venido de Dios, quien siempre provee a las personas y los recursos.

Te aseguro que no hay consejo más acertado que el de Dios, así que obedezcamos Sus instrucciones incluso cuando estamos en medio de un proceso difícil que no comprendamos, como un fraude o estafa, la rebeldía de un hijo, el engaño de un socio o la separación de un matrimonio. Yo emprendo proyectos para el ministerio de acuerdo a las instrucciones que recibo del Señor y estoy convencido de que podremos verlos funcionando porque han sido dictados por Él. Yo solo me encargo de buscar al mejor equipo y ejecutar Sus planes. Alinearme a los deseos del corazón de Dios es mi garantía de éxito. Como dirían mis hijos: «Ahí no hay pierde».

Nadie imita a quien no admira, y yo admiro a mi Padre, y por eso lo imito. Así sucede con los hijos de menos de doce años, ¿cierto? ¡Quieren ser como sus padres porque son su modelo! Por eso es tan cierta aquella frase: «Las palabras convencen, pero el ejemplo arrastra». Qué mejor ejemplo que el del Creador del universo. Aquí es donde el asunto de la fe se vuelve una cadena de valor cuando comenzamos a verla más allá de nuestras circunstancias y buscamos compartirla a través de nuestros resultados. Las obras que hacemos en obediencia inspiran a otros a creer y esa proyección es la que finalmente provoca que la fe mueva montañas, porque se contagia y obra en beneficio de muchos, de miles, de todos.

Porque ya no solo se trata de que tengas fe, sino de que tu vida sea un testimonio que otros deseen imitar. Busca líderes a quienes admirar para aprender de ellos e imitarlos en su fe, entonces tú mismo te convertirás en un líder que otros admiren y quieran imitar. Una señora que fielmente llega a la iglesia desde hace más de veinte años se me acercó un día a darme un abrazo tan emotivo y cariñoso que me hizo llorar. Nunca habíamos tenido la oportunidad de hablar, aunque siempre la veía muy atenta en nuestras reuniones dominicales, en los congresos que organizábamos y en toda actividad que proponíamos.

Ese día me dijo: «Pastor, le doy infinitas gracias por todo lo que me ha enseñado. Quienes me conocen saben que vine a la iglesia sin familia, sin recursos, sin amigos, sin nada, pero en estos años he obedecido al pie de la letra todas sus instrucciones y no me arrepiento. Si usted dice que es tiempo de llamar a una persona a quien debemos pedirle perdón, lo hago; si usted dice que es tiempo de ser generosos, sin dudarlo, busco a quien ayudar; si dice que debemos prepararnos y estudiar, me inscribo en algún curso; si nos reta a salir a las calles a orar por nuestro país, me sumo a uno de los grupos, aunque me digan que no por mi edad, pero insisto y lo hago. Mi cosecha ha sido grande, pastor. Cuando me preguntan cómo he logrado salir delante de esta forma, les digo que ser obediente es la clave». ¡Ella realmente había desentrañado el misterio de la fe!

Replica los modelos valiosos que demuestran fortaleza y convicción en el Señor. Yo no he imitado a quienes se rinden frente a la adversidad de una crisis económica, ni frente a una decepción afectiva. Claro que soy humano y como todos vivo enormes retos, pero los enfrento con una actitud positiva y llena de fe. La Biblia testifica que los hombres de Dios vivían en un contexto difícil y que la fe era lo que tenían en común. Encontraron el respaldo divino cuando le creyeron y nos demostraron que podemos imitarlos actuando de la misma forma.

Bendición para muchos

Tus proyectos tienen altas probabilidades de realizarse cuando se alinean con los de Dios y significan bendición para muchos. Incluso un milagro de sanidad, que es algo muy personal, tiene un objetivo multiplicador porque esa vida restaurada será un poderoso testimonio del amor de Dios, sin contar con que la persona que ha recibido el milagro, sin duda, tendrá un nuevo corazón con anhelo de ayudar a otros. ¡Ese es el poder de Dios obrando a través de nuestra vida!

No se vale tener una fe egocéntrica y ver solo el beneficio personal. Ciertamente nuestro Padre desea bendecirnos, nos creó por amor y ese es nuestro fundamento, pero vivir por fe no se trata de buscar con una actitud egoísta lo que yo deseo porque el fin último soy yo y solamente yo. ¡No! ¿Quién es el centro del universo? Si crees que eres tú, es necesario revisar tus fundamentos. Fuimos creados para mantener, por voluntad propia, una íntima relación con Dios. Esa es nuestra razón de ser y el resultado de gozarnos en ello será una vida plena, con todo lo que eso implica.

Enfoquémonos en perfeccionar nuestra relación con Dios; busquemos a la persona y lo que esa persona quiere darnos, sin duda vendrá. Ese es el significado del consejo que Jesús dio: «Buscad primeramente el reino de Dios y su justicia, entonces, todo lo demás será añadido». Por supuesto que Dios desea vernos prosperados en todo, pero esto será resultado de nuestra íntima relación con Él.

Yo amo a mi esposa, creo en ella, la busco, la consiento, le brindo atención y escucho sus consejos, obedezco las instrucciones que pueda darme porque respeto su opinión, soy feliz con el tiempo que pasamos juntos y además disfruto todo lo que ella me brinda y que es consecuencia lógica de nuestra íntima relación. Eso es diferente a buscarla con un fin utilitario y egoísta, simplemente esperando lo que pueda darme. ¡Dios espera que lo busques y ames a Él, más allá de lo que pueda darte!

¡Dios espera que lo busques y ames a Él, más allá de lo que pueda darte!

Vivir por y para la fe

Para ser obedientes a las instrucciones de nuestro Padre, debemos remitirnos a Su instructivo, Su Palabra que nos revela todo lo que debemos saber y hacer. El Evangelio se revela por y para fe, es decir que por fe lo aceptamos y para que sea testimonio de fe lo vivimos.[106] Nuestra convicción en el amor de Dios debe ser creída y demostrada, de lo contrario, solo sería un concepto abstracto y sin impacto, pero la fe es concreta y efectiva para cambiar radicalmente nuestra circunstancia si somos como niños que aman, admiran, creen y obedecen.

Cuando le enseñé a nadar a mis hijos, lo primero que hice fue tirarme al agua con un clavado de bomba. Esa acción rompía la incertidumbre y abría las puertas a la diversión. Verme con esa actitud de completo control de la situación les generaba confianza y casi que no me daba tiempo de salir a la superficie para agarrarlos porque ellos ya se estaban tirando detrás de mí. No hubiera sido lo mismo si yo entro a la piscina con precaución, por las gradas, poco a poco, permitiendo que el contacto con el agua me sacara suspiros de *shock*. Así es la vida de fe, una inmersión total a un ambiente nuevo que requiere audacia porque obedecemos ciegamente, con la certeza de que las instrucciones vienen de quien realmente sabe lo que hace y lo que quiere para nosotros.

La palabra *fe*, en hebreo, significa fidelidad. Tener fe en Dios es expresarle fidelidad, lo que nos convierte en personas justas, es decir, correctas; por eso, en más de una ocasión, la Palabra dice que el justo por su fe vivirá.[107] ¿Por qué es importante estar convencidos de que vivir por fe nos hace justos? Porque aceptarlo implica humildad al reconocer que no son nuestras obras, sino nuestra actitud de total confianza lo que nos dará salvación y vida en abundancia. Por tanto, seamos fieles al Señor y no dudemos en obedecer Sus sencillas instrucciones, porque lo que Él ha escrito aplica para nuestra vida y no es Palabra lejana o ajena. ¡Aprópiate de esas promesas! Si en las Escrituras dice que hay larga vida y futuro de bien para quienes honran a sus padres, toma esa

---

[106] Romanos 1.17; [107] Habacuc 2.4

promesa para ti y obedece la instrucción.[108] Si dice que riqueza, honra y vida son el pago para los humildes y quienes respetan a Dios, ¡así es![109] Es una instrucción clara y sencilla, ¿cierto? Por supuesto que no es fácil cumplirla, por eso vivir por fe requiere fuerza y decisión, es para quienes desean lograr proezas.

El segundo significado de la palabra *fe* es firmeza. Las personas que creen se mantienen firmes y estables, sin fluctuar. En inglés, esa palabra se traduce como *steady*, que me hace recordar las *steady cam* que utilizamos para grabar los programas de televisión. Estas son capaces de seguir una acción y grabar la imagen con estabilidad, sin importar cuánto sea el movimiento. Son las cámaras que utilizamos en las Noches de Gloria, cruzadas de milagros donde las personas corren, saltan y bailan de alegría al recibir su sanidad. Cuando alguien tiene fe, se mantiene firme sin importar la fuerza de la tormenta porque su mirada permanece fija en el Señor. Esa estabilidad es la que le faltó a Pedro cuando caminó sobre las aguas y ya no vio al Señor en medio de las olas. No permitas que el *steady* te falle en medio de las dificultades. Confía en el Señor por encima de tus capacidades. Todos los hombres de los que nos habla la Biblia lograron sus hazañas por fe y

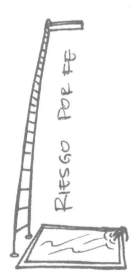

---

[108] Efesios 6.2-3; [109] Proverbios 22.4

para fe. Para levantar una nación, Abraham salió de su tierra obedeciendo la instrucción de Dios. David llegó a ser rey obedeciendo lo que Dios le indicaba que hiciera. Cada uno de los hombres de fe acudió a Dios para recibir instrucción y consejo. Él fue su recurso y refugio.

Que Su obra sea hecha depende de nuestra confianza y obediencia. A Él no le agrada ver que retrocedamos, al contrario: desea ver que crecemos. Cree siempre y ante cualquier situación, por difícil que parezca, porque eso te dará vida, ánimo y energía para luchar. La fe nos ayuda a pensar mejor, nos levanta e impide que nos acomodemos. Por el contrario, cuando dejamos de creer, nos sentimos tristes, enojados y frustrados. Dios necesita nuestra constancia porque debemos recordar que la fe es certeza de lo que se espera.[110] Un matrimonio necesita más fe que aprendizaje en cursos especializados; superar las circunstancias requiere más fe que conocimientos y las enfermedades incurables requieren más fe que ciencia.

Abraham, Josué, Isaac, Noé, Sara, Jacob, Esaú, Moisés, David, Jefté, Sansón, Barak y los profetas de los que nos habla la Biblia son héroes. Si los reuniéramos en una conferencia, si los invitáramos a dictar cátedra en la universidad, todos dirían que no tenían nada más que confianza en el Señor que los levantó e hizo vencedores, igual que tú y yo.

---

[110] Hebreos 10.35-39

20 ¿CÓMO SERÁ ESTO?

La fe nos guía
a creer en lo
que haremos y
nuestro Padre
nos enseña cómo
hacerlo.

Una jovencita arriesgó su vida al aceptar el reto de ser instrumento del Señor. Su nombre es María, la madre de Jesús, quien al recibir la noticia de su concepción nos enseñó que para hallar favor delante de Dios debemos ser humildes.[111] La gracia del Señor es la que nos permite concebir nuestro propósito, lo que Él desea que hagamos, así como sucedió con María. Recordemos que Él rechaza a los soberbios y da gracia a los humildes,[112] entonces el ego no debe apoderarse de nuestro corazón porque echaría a perder los proyectos que podríamos concebir y hacer realidad.

---

[111] Lucas 1.30-36; [112] Santiago 4.6

Cuando decidí que quería ser predicador dispuse un plan completo, pero el Espíritu Santo me cambió todo y me dijo: «No quiero que te veas predicando a las multitudes. Quiero que veas a las multitudes caminando a Mis pies». En ese momento me postré. Recuerdo que estaba sobre un piso de granito y le dije: «Como esos pequeños e infinitos puntos que veo en la piedra de granito, así será la cantidad de personas que vendrán a ti». Ese giro en mi vida y esa nueva forma de ver el ministerio provocaron un cambio dramático que se materializó en lo que ahora es Casa de Dios, así que no desprecies los pequeños cambios que pueden generar mejores resultados.

«¿Cómo será esto?», preguntó María, porque no comprendía de qué forma podría tener un hijo si no había «conocido varón». Su duda era válida, más aún si consideramos su situación, pero su actitud al preguntar fue correcta, mas no arrogante. Es muy difícil hacer algo si nuestra mente dice que no se puede; sin embargo, en el momento que dices: «Se puede», el Señor te da ideas para que así sea. Es como si encendiera nuestra mente y pusiera soluciones en ella. Así es como opera la fe: primero creemos y luego buscamos la forma de lograrlo, contrario a como opera la razón humana, que primero analiza si es posible lograr algo para luego creerlo.

María primero recibió la noticia de lo que sucedería para luego tener la explicación de cómo sucedería. Y la respuesta que recibió fue sencilla. No había que hacer mayor cosa más que disponerse con valentía a lo que habría de suceder, porque el Señor es así: nos da instrucciones simples.

¡Así de fácil!

Si revisamos las Escrituras, vemos que Dios casi nunca llama a Su pueblo a hacer algo difícil. Al contrario: Sus obras nos conducen a lo fácil o casi ridículo. El milagro de la concepción de Jesús ocurriría simplemente con la llegada del Espíritu Santo. ¡Así de fácil! La creación entera surgió simplemente con Sus palabras, eso fue todo. Moisés dividió el Mar Rojo solamente con levantar las manos y creer. Dios realizará grandes obras con quienes le creemos con ingenuidad. Yo prefiero creer que el mar se puede abrir a pensar que Él miente.

Así podemos enumerar muchos otros casos en la Biblia. Naamán, para sanar de la lepra, solo debía bañarse siete veces en el río. El ciego solo debía lavarse en el estanque, los leprosos nada más debía caminar para presentarse delante del sacerdote. Las instrucciones del Señor son tan sencillas, que nos retan a creer y arriesgamos a hacer el ridículo, pero realmente la fe es para mentes superiores.

Las instrucciones del Señor son tan sencillas, que nos retan a creer y arriesgamos a hacer el ridículo, pero realmente la fe es para mentes superiores.

A veces nos dicen tontos por creer en los milagros, pero somos inteligentes porque obedecemos al más inteligente, al Rey que todo lo puede y que planea cada paso para que nosotros solamente obedezcamos. ¡Usa tu inteligencia para obedecerlo!

En otro pasaje de la Biblia vemos que Zacarías, esposo de Elizabet, prima de María, también recibió la visita del ángel con la noticia de que su esposa concebiría un hijo a pesar de su edad y de ser estéril.[113] Ese hijo se llamaría Juan, sería grande delante de Dios y prepararía el corazón del pueblo. Pero en su caso, la incredulidad fue evidente porque siendo sacerdote y hombre experimentado, conocedor de la voluntad de Dios, preguntó cómo sería eso posible en sus circunstancias. Esa duda le valió quedar sin habla hasta que las palabras del ángel se cumplieran. Nuestra boca debe proclamar con fe que se cumplirá lo que Dios nos ha prometido.

A María la llamaron bienaventurada y a Zacarías lo dejaron mudo. ¿Qué te impide usar tu fe? ¿El miedo a equivocarte? ¡Pues equivócate y vuelve a comenzar! Que no te limite la duda de los que te rodean o el miedo de quedar mal frente a ellos. Actúa de acuerdo con la fe que

---

[113] Lucas 1.5-20

proclamas porque Zacarías ministraba lindo, pero falló cuando le tocó demostrar su fe.

Sabemos que Abraham es otro ejemplo de alguien que recibió promesa de descendencia. En los tres casos se recibió el mismo mensaje, pero cada uno lo recibió de diferente forma. Uno se quedó mudo, otro fue padre de un pueblo y ella fue madre del Salvador. Nuestra fe determina lo que recibimos, ¡no dudemos!

Fe para aguantar, fe para salir

El caso de Zacarías es digno de apreciar y analizar un poco más a fondo. Él y su esposa eran justos, intachables siervos del Señor. Una pareja así pensamos que seguramente no pasaba penas ni angustias, pero ella no podía tener hijos. Frente a eso nos cuestionamos: «Sirven al Señor y son buenos, ¿por qué no pueden recibir la bendición de un hijo?». Sin embargo, en una situación así, cuando tenemos fe debemos saber que Dios hará el milagro cuando sea el tiempo correcto.

Cierta vez un amigo me llamó porque su sobrino había sufrido un derrame cerebral y estaba en el intensivo de un hospital. Llegué lo más rápido que pude, pero no me permitieron entrar, así que me quedé con la familia en la sala de espera, dándoles fortaleza y compartiendo sobre fe. Ellos estaban muy contrariados y tristes. Creo que no interpretaron bien mis palabras porque asumieron una actitud defensiva: «¿Crees que no tenemos fe después de todo lo que hemos pasado?». Entonces, el Espíritu Santo me dijo: «Aquí hay fe para aguantar los problemas, pero no para salir de ellos». Regresé al día siguiente, la familia no estaba y me permitieron entrar al intensivo. En esa habitación oscura y en silencio me acerqué a la cama, me incliné para hablar al oído del joven según las palabras que el Espíritu Santo me mandó: «Hola, soy tu amigo Cash. No vas a morir, vine a levantarte en el nombre de Jesús». Él despertó unas horas más tarde y comenzó su recuperación.

Ya sabemos que tenemos una medida de fe,[114] ¿para qué usas la tuya? ¿Para soportar el dolor o para enfrentarlo y superarlo? Es como el juego del tiro al blanco en las ferias: tú debes apuntar para ver a qué le pegas y qué premio recibirás. Así es la fe. Tú decides a qué le apuntas, si a aguantar el problema, a salir de él o incluso lograr un sueño. También es como un carro que avanza, pero no decide la ruta. La fe se dirige hacia donde la guíes, ¿a dónde quieres que llegue?

Si has tenido fe para soportar el problema, apúntale a la solución, a lograr lo que has deseado. No te acomodes a sufrir. Es cierto que en medio de una situación difícil atraes a las personas que te quieren y te dan consuelo, pero ser la víctima no es una buena forma de recibir atención porque sirve por un tiempo, pero tarde o temprano las personas se cansan de eso. Déjate desafiar, no seas conformista y mucho menos critiques a quienes sí logran salir adelante con fe en el éxito que alcanzarán. Sana tus heridas y libérate del resentimiento para ser quien verdaderamente puedes ser.

Tierra fértil

Conozco personas que escuchan mucha Palabra de Dios pero que no son tierra fértil porque no la hacen vida. Las promesas del Señor se cumplen y son poderosas, pero sin la fe necesaria y sin obediencia mueren víctimas de tus problemas y complejos. Imagina mi caso. Si yo

---

[114] Romanos 12.3

me hubiera conformado con escuchar la Palabra, pero no la aplico y busco mis promesas, no existiría Casa de Dios ni podríamos bendecir a tantas personas. Siendo de un país pequeño, de baja estatura y con una voz que definitivamente no es de predicador, me hubiera desarrollado como empresario, no como pastor. Así que ¡nada de conformismo! Levántate, confía en la Palabra de Dios y lucha por salir adelante.

En el caso de Elizabet y Zacarías, justos, irreprensibles y virtuosos, vemos que no habían recibido su milagro de descendencia porque aún no era el tiempo, pero Dios lo haría, ya que Su plan era que ellos ¡fueran los padres del hombre que prepararía el camino para el Mesías! ¿Cómo iba a quedar ella embarazada antes del momento justo para anunciar a María que sería la madre de Jesús? Todo encajó en el tiempo perfecto. Claro que ellos no lo comprendían, pero Dios sabía lo que hacía. Es como si les dijera: «No puedo darte a tu hijo porque aún no es tiempo de que nazca el mío».

No dudes que las cosas tienen un tiempo y los tiempos de unos determinan el tiempo de otros, por eso no hay que afanarse, sino confiar. Padres, enseñen esto a sus hijos. Los jóvenes se desesperan por encontrar pareja cuando lo mejor es decirles, como bien decimos en Guatemala: «Machete, estate en tu vaina», lo que significa: «Tranquilo, que todo llega a su tiempo». El ángel aseguró que Juan sería grande delante de Dios. No le tengas miedo a la grandeza cuando viene de Sus manos, al contrario: aprovéchala para bendecir a quienes te rodean.

Recuerda lo que ya hablamos sobre la cadena de fe que se recibe y se comparte. Lo digo porque hay que aplacar el morbo «evangelicoide» de algunos que afirman que ser humildes consiste en no hacer grandes obras, cuando es Dios quien nos manda a ensancharnos para la extensión de Su reino. Eso sería como pedirle a nuestro equipo de fútbol que no intente meter la mayor cantidad de goles posibles. Si van ganando 5-0 y se relajan, tal vez los empatan o hasta les ganan. Sal de tu zona de confort y no busques la seguridad que brinda el fracaso; insiste hasta triunfar porque Dios quiere levantarte.

Virtud y fe

Este pasaje sobre Zacarías también nos enseña a descubrir la diferencia entre la virtud y la fe. Sabemos que él era irreprensible y virtuoso; sin embargo, quedó mudo por no creer en las palabras del ángel, así que es posible ser justo e irreprensible, y aun así carecer de la fe necesaria para recibir milagros. Son dos áreas en las que debemos aplicar la obediencia para ver cumplidas nuestras promesas.

Los problemas morales se resuelven siendo justos e irreprensibles, pero los problemas de fe solo se resuelven con fe. Zacarías era sacerdote, su trabajo estaba íntimamente relacionado con el habla y se quedó mudo. No pudo ejercer su sacerdocio durante ese tiempo. Esa fue una severa lección a su falta de fe.

Entonces, ¿Dios hará milagros si soy justo e irreprensible? No. Los hará solo si demuestras que confías en Su amor y misericordia. La fe no sustituye a la vida virtuosa y en gracia, así como ser justo y virtuoso no sustituye a la fe. Claro que es necesario esforzarse por ser más justos, pero sin fe no vendrá el milagro que necesitas. Tu personalidad podría atrofiarse por falta de fe, como la boca de Zacarías. ¿Acaso quieres quedarte sin tu capacidad de obrar por falta de fe?

Una señora es la mujer más virtuosa que conozco. Es cristiana, va a su iglesia todos los días, ora puntualmente y hace muchas obras de caridad. Su vida es irreprensible, pero no se explica por qué el Señor no ha obrado el milagro de sanarla de sus rodillas. ¿Será que le falta fe? Ella vive muy deprimida, se siente sola y rechazada, no ha logrado perdonar a las personas que le hicieron daño, entre ellos su exesposo. Su oración es: «Dios mío, estoy cansada, ya no quiero vivir, llévame contigo». Pienso que en realidad podría usar mejor su fe.

En situaciones así es donde vemos que para algunos no es tan sencillo vivir conforme a su fe porque eso significa tener paz y gozo en cualquier circunstancia. Ninguna persona que realmente confíe en el Señor vivirá amargada. La instrucción es sencilla, pero obedecerla podría no serlo tanto cuando va en contra de nuestro estilo de vida. Esta amable señora se ha acostumbrado a verse como víctima y de cierta forma manipula con su enfermedad. La situación de ella es delicada y luego de mucha oración y consejo he llegado a la conclusión de que solo el Señor puede tratar y sanar su corazón para que sane su cuerpo, pero realmente es necesario que ella cambie de actitud. De lo contrario, Dios no puede completar Su obra por mucho que desee verla sana.

Ayúdate y déjate ayudar. A veces parece irónico que vivamos preocupados por el futuro y ni siquiera sabemos si existe. No sabemos si mañana o pasado mañana abriremos nuestros ojos, así que usemos nuestra fe ahora. Pide tu milagro, obedece al Señor y esfuérzate por alcanzarlo. No permitas que las heridas de tu pasado bloqueen tu capacidad de creer. Ese fue el problema de Zacarías: estaba bloqueado por su pasado, por una juventud infértil, y no confiaba en que tendría un hijo a pesar de que Dios se lo estaba asegurando. ¡Confía y no te desanimes!

La sierva del Señor

Como ya vimos, María demostró más fe que Zacarías porque, a pesar de ser casi una niña —lo que justifica su pregunta sobre cómo podría tener un hijo siendo virgen—, ella creyó y se confesó dispuesta a hacer lo que Dios le mandaba, aunque esa obediencia tuviera terribles consecuencias, incluso la muerte si José, su prometido, la rechazaba por estar embarazada. ¿Ves la diferencia?

Zacarías incluso tenía el antecedente de Abraham y Sara —quienes también concibieron fuera del tiempo según el mundo—, aun así, conocedor de la ley y siendo sacerdote, dudó. ¿Quieres quedarte «mudo», limitar tus capacidades por no creer a pesar de saber lo que el Señor en capaz de hacer? O ¿quieres quedar «embarazado» de una promesa de Dios y ser bienaventurado por aceptar Su voluntad, aunque implique retos en tu vida?

Creer nos hace bienaventurados, es decir, doblemente dichosos.[115] Todos somos dichosos por tener al Señor, pero cuando le creemos, recibimos doble porción de gloria y se cumple lo que Él ha dicho que sucederá. María creyó y dijo lo que Zacarías no pudo porque quedó mudo; ella alabó el nombre del Señor y lo honró con su obediencia que plasmó en esta hermosa declaración: «Engrandece mi alma al Señor; y mi espíritu se regocija en Dios mi Salvador. Porque ha mirado la bajeza de su sierva; pues he aquí, desde ahora me dirán bienaventurada todas las generaciones. Porque me ha hecho grandes cosas el Poderoso; Santo es su nombre».

¿Estarías dispuesto a decir lo mismo incluso sabiendo que esa promesa cumplida pone en riesgo tu vida? Busca ser bienaventurado, no mudo. Cada vez que no le creemos, algo se atrofia en nuestro ser. Si crees, podrás cantar un salmo, pero si no, tu mente y corazón se atrofiarán.

Fe para compartir

También recordemos que convidar a quienes no pueden recompensarnos es otra forma de ser bienaventurados, porque de esa forma demostramos fe en que el Señor será quien nos dará recompensa.[116] Al final, ejercer nuestra fe para salir adelante y más aún, ejercerla para compartir nuestros recursos con quienes lo necesitan, nos garantiza ser doblemente dichosos.

Busquemos ser justos e irreprensibles, pero también esforcémonos por demostrar que somos obedientes, que tenemos fe para superarnos y compartir la bendición. Seamos bienaventurados por creer, no atrofiados por dudar. Al descubrir esta revelación no puedo más que exclamar: «¡Gracias, Padre, porque Tus promesas se cumplirán al obedecerte!».

En Casa de Dios, la misión ha sido llevar multitudes a los pies de Jesús y la construcción de un templo más grande era una de las respuestas para lograrlo, ya que la multiplicación nos mueve a buscar un

---

[115] Lucas 1.45-49; [116] Lucas 14.12-14

lugar apto donde recibir a las personas que se ganan para el reino.[117] Muchas veces le decimos a Dios que nos acompañe a donde vayamos, pero en cuestión de retos de fe somos nosotros quienes debemos avanzar, seguros de que Él nos acompaña.

Yo lo veo con el caso del pueblo a quien el Señor sacó de Egipto, pero luego, era el pueblo con su fe y determinación quien debía armarse de valor y conquistar la Tierra Prometida, porque Dios le dijo a Josué: «Donde tú vayas, Yo iré». El Señor espera tu iniciativa y tu fe para avanzar hacia las conquistas que te ha otorgado. Ahora la pregunta es: ¿cuándo te decidirás a caminar en fe y llevarlo al lugar donde Él desea que estés? De nuevo vemos esa obediencia vertical y horizontal en acción. Casi podríamos decir que Él «te obedece», es decir, que te sigue, te tiene paciencia hasta que quieras avanzar. Si tú avanzas, Él avanza. Jesús dijo: «Estaré contigo hasta el fin del mundo». ¡No lo hagas esperar más!

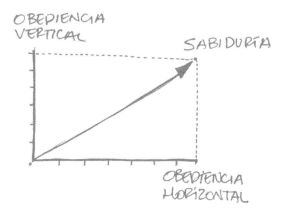

Deja de hacer tantas preguntas y busca el valor de iniciar y hacer crecer los proyectos que ha puesto en tu corazón. Él va donde tú vayas. ¡Acepta nuevos retos! Los hijos de Dios fuimos creados para desafiar, para avanzar y marcar la diferencia. Abraham y Moisés salieron de esa zona de comodidad a edad avanzada. No hay excusa: ni la edad ni los recursos, porque somos líderes que buscan el crecimiento y la multiplicación.

---

[117] Isaías 54.2-3

Claro que también habrá momentos de tensión. Nosotros los enfrentamos al construir el nuevo templo. Cierta vez, durante un viaje, yo lloraba y el Señor me recordó que había sido Él quien me había embarcado en ese proyecto porque necesitaba un hombre con valor para llegar al siguiente nivel de liderazgo que vendría, así que le agradecí y renové mi fe. Luego, cuando alguien me dijo: «¿Has visto que hay grandes templos vacíos?», le pregunté al Señor sobre ello y me dijo: «Tienen razón, pero también hay grandes templos que no son suficiente para la cantidad de personas que se congregan, ¿qué tipo de ministerio será el tuyo? ¿Dónde estás aprendiendo a hablar así? Yo no te enseñé a hablar con desánimo o pesimismo». Por supuesto que comencé a proclamar victoria porque Dios me recordó que Él no me había enseñado a dudar sino a creer. Habla de fe aunque no sepas cómo sucederá. Tu confianza en el Señor te dará valor para obedecer Sus sencillas aunque poderosas instrucciones.

VIII

THE HUNDRED-FOOT JOURNEY

«No soy chef, soy cocinero», asegura el joven Hassan Kadam al oficial de migración que lo interroga antes de dejarlo entrar a Francia. Él viaja con su padre, su hermano mayor, su hermana adolescente y dos hermanos más: niña y niño. ¡Numerosa familia de amantes de la cocina! Todos acomodados lo mejor que pueden en una pequeña y destartalada camionetilla.

Vivieron en Inglaterra, donde «los vegetales no tienen vida». Salieron de Mumbay, India, su tierra natal, luego de la trágica muerte de la madre en un incendio provocado por gente furiosa que protestaba por algo y que destruyó su restaurante. ¡Vaya travesía! Ella era el corazón de la familia, la heredera de la tradición culinaria y quien transmitía ese valioso regalo a sus hijos.

Esta familia viajera es la protagonista de la película *The Hundred-Foot Juourney*, excelente opción si, como yo, disfrutas de la buena comida y de las actuaciones de la genial Helen Mirren. La verdad es que si estas opciones no aplican para ti, también te la recomiendo porque es una bella producción que habla sobre optimismo, tenacidad y paciencia en medio de luminosos paisajes del sur de Francia.

Pues resulta que ellos por poco se matan cuando a la camionetilla en la que viajan se le van los frenos en medio de la campiña francesa. Así conocen a Marguerite, hermosa joven que los ayuda a remolcarla y les brinda un delicado festín de vegetales, quesos y pan frescos, en su casa. Claro, ya sabemos que ella y Hassan se enamoran, pero la historia de amor se deja llevar por la historia de pasión culinaria que también los une.

La joven es *sous chef* en *Le Saule Pleureur*, el restaurante de madame Mallory, quien no reacciona muy bien cuando la familia Kadam decide quedarse en la villa y abrir un restaurante de comida hindú ¡justo frente al suyo! Así que de esa distancia de cien pasos es que nace el título de la película, porque es lo que separa a ambos restaurantes entre los que, inevitablemente, surge rivalidad.

¿Paciencia? ¡Sí! ¿Fe? ¡Muchísima! Hassan es casi como un monje para enfrentar las situaciones, siempre bien dispuesto y sereno incluso cuando madame Mallory tira a la basura su delicioso platillo de pichones con salsa de trufas y lo avergüenza frente a todos en la súper equipada cocina de su elegante restaurante. Con paciencia ayuda a su padre y hermanos a montar el restaurante y lee el libro de recetas de cocina francesa que Marguerite le obsequia. En un hermoso día, a orillas del río, con el sol acariciando cada milímetro de espacio, Hassan le asegura: «Cuando lo leo, solo escucho tu voz».

Con toda la paciencia del mundo él experimenta con las recetas, las prepara e incluso las mejora con su sazón personal. ¡Cómo se antoja ese *omelette* que prepara y que le vale el respeto de la dama que una vez lo humilló! Da gusto ver su forma de mezclar los ingredientes que trata con tanta delicadeza y respeto, sin prisa, disfrutando el momento. Esa dedicación logra su pasaporte a la fama y una segunda estrella Michelin al restaurante de madame Mallory. Su fe, sazonada con paciencia para exaltar el buen gusto de sus habilidades y su pasión en la cocina, le abrieron las puertas.

Nuestro viaje de cien, mil, diez o diez mil pasos hacia las bendiciones que Dios tiene para nosotros requiere de la fe sazonada con paciencia para darle sabor a la vida que estamos destinados a disfrutar.

21 EL MEJOR SAZONADOR

Si Dios no te ha sacado del pozo es porque la situación es peor afuera. ¡Confía en Su sabiduría y amor por ti! Él te sacará cuando sea el momento correcto.

Ahí estaba ella, la joven más hermosa que él recordaba haber visto a sus tiernos diecisiete años. Suave en sus movimientos, ella entró a la sala junto con otras amigas; con su mirada juguetona y radiante parecía eclipsar el lugar. Puede sonar cursi, pero así lo sentía él. Si algo así no te ha sucedido, amigo, te anticipo que cuando suceda, tu vida nunca más será la misma.

¿Cómo no enamorarse instantáneamente? ¿Cómo no arriesgarse a sonreírle y acercarse para conversar? Pues lo hizo, se tiró al agua aunque le temblaran las piernas, y si de verdad hubiera tenido que nadar se hubiera ahogado. Extrañamente, ella giró su cabeza hacia él y sonrió cuando escuchó una voz, casi un susurro: «Hola». La reunión de amigos en casa de una prima se simplificó para ellos al convertirse en un diálogo entre dos jóvenes que se gustaban. Así nada más, con la naturalidad de las hormonas jugándoles una mala pasada, inició una historia de amor única y a la vez como millones que se abren paso a cada segundo alrededor de este mundo colorido y diverso. ¡Ah, el amor! Indescifrable y elemental, impetuoso, desesperado. ¿Cuál es tu historia de amor?

¡Así es! ¿Habrá alguien más impaciente que una persona esperando ver al amor de su vida? Quizá una mujer con treinta y siete semanas de embarazo o unos padres primerizos con su hijo ardiendo en fiebre en el consultorio del pediatra sufren más impaciencia, pero un enamorado que no ve el momento de estar con su amada es de verdad alguien enfrentando una tortura china.

Esto me recuerda la particular historia de Jacob, uno de los nietos de Abraham —el otro se llamaba Esaú—. Jacob fue quien engendró la genealogía del pueblo de Israel. Resulta que, precisamente por pleitos familiares, este joven tuvo que huir de casa y llegó a la región donde vivía su tío Labán. Allí conoció a su prima Raquel y se enamoró locamente de ella. Tanto la amó desde que la vio, que no perdió el tiempo y la pidió en matrimonio. Para que se la dieran como esposa cumplió la condición que le impusieron: ¡trabajó siete años! Luego de este tiempo, efectivamente, Labán le dio a su hija, pero no Raquel sino Lea, la hermana mayor. ¡Eso fue un golpe bajo! La justificación fue que no podía darle a la hija menor si la mayor aún estaba soltera. Así que hicieron un segundo trato. Le daría también a Raquel a cambio de siete años más de trabajo.[118]

Sí, sí, lo sé, suena algo abusivo, pero esas eran las costumbres de la época y de la cultura de la región. ¡No quiero imaginar la desesperación de Jacob durante el segundo periodo de siete años! Efectivamente los trabajó, pero ya le habían dado a Raquel así que fue menos el

---

[118] Génesis 29.16-30

martirio. Muchos piensan que le dieron a Raquel hasta cumplidos los catorce años de trabajo, pero realmente ya los disfrutaba. Este hombre enamorado fue paciente porque estaba convencido de que la recompensa era de gran valor y también sabía que se estaba esforzando por merecerla. ¡Ese es amor del bueno!

Desesperadamente paciente

Jacob sabía que si se desesperaba solo se desgastaría porque incluso sentiría que el tiempo pasaba más lento. ¿De qué nos sirve la ansiedad? ¡De nada! Solo nos estorba y boicotea nuestros planes. Una persona ansiosa no toma buenas decisiones, lo que incrementa la posibilidad de cometer errores. Por eso, la Palabra dice que la impaciencia enaltece la necedad.[119] Por impacientes, muchos jóvenes derriban sus sueños y proyectos al tener relaciones sexuales antes del matrimonio y se ven obligados a asumir responsabilidades que todavía no saben enfrentar, como traer hijos al mundo cuando ellos mismos son unos niños. Por ansiosos, impacientes y precipitados nos metemos en terribles problemas. Entonces, ¿cómo sanar la ansiedad?

¡Con humildad! Justamente la actitud que se necesita para vivir por fe, ya que es necesario reconocer que las respuestas no están en nuestras manos, sino en las manos de Dios. Él nos exaltará cuando sea el tiempo porque tiene cuidado de nosotros.[120] ¡Pero cómo cuesta ser humildes! Seamos sinceros y reconozcámoslo. Es más «fácil» andar por la vida con una actitud altanera y arrogante porque incluso esa apariencia dura nos protege de las decepciones, pero no del dolor, y aparte de todo, tampoco es lo correcto. Quien se cree autosuficiente está cavando el pozo donde caerá. ¿Qué necesidad hay de eso cuando es tan sabroso saberse protegido por nuestro Señor?

¿Qué más queremos si Dios nos dice que echemos la ansiedad sobre Él, que confiemos en Su sabiduría y en Sus tiempos? Yo prefiero ser humilde para acercarme a Dios y estar protegido que ser arrogante y verme lejos de Él, a merced de la vida. Sin duda, vale la pena

---

[119] Proverbios 14.29; [120] 1 Pedro 5.6-7

aprender humildad y hacer a un lado la ansiedad, que es un estado mental caracterizado por gran inquietud, intensa excitación y extrema inseguridad. Cualquiera puede decir que suena más fácil de lo que es, y efectivamente, hacer a un lado la ansiedad cuesta muchísimo, más aún si la situación es desesperada, si hace falta comida en la mesa o la enfermedad nos debilita. Por lo tanto, se requiere una intensa relación con Dios para obtener paz en medio de cualquier circunstancia. Como pastor, una de mis atribuciones es apacentar a las ovejas, es decir, dar paz a las personas, pero yo le digo en broma al Señor que ¡cómo desesperan los desesperados!

Si a pesar de todo nos gana la actitud arrogante de intentar salir adelante solos, sin Dios, y nuestros pasos nos llevan a caer en un pozo donde nos desesperamos, nunca es tarde para pedir ayuda, pero en esa situación es cuando más paciencia debemos tener.[121] Cuando me llamaron de una empresa de *software* para aplicar al puesto de líder de un importante proyecto, me emocioné porque los candidatos eran solo eminencias, mentes brillantes. Y me emocioné más cuando me notificaron que ¡yo era el escogido! En ese tiempo, también estaba decidiendo sobre mi llamado a servir en la iglesia y me encontré frente a una encrucijada.

Si aceptaba la responsabilidad del proyecto, sería difícil dedicarme al Señor. Cuando lo platicaba con mi esposa, una noche, con mi cabeza sobre su regazo, ella me dijo: «Ten paciencia. Decide sin afán que, si Dios te llama a servirlo, Él te abrirá camino y te sacará de donde sea que estés trabajando». Esas sabias palabras me tranquilizaron y me ayudaron a decidir con fe. Agradecí y rechacé la propuesta porque sabía había otros planes para mí.

Él está contigo

En medio de los retos es fácil caer en el pozo de la desesperación y preguntarnos hasta cuándo estaremos allí. Cuando fui delante del Señor para preguntarle por qué era tan difícil que nos sacara si

---

[121] Salmos 40.1-2

le pedíamos ayuda, me respondió: «Deben confiar. Si cayeron en el pozo y no los saco es porque afuera está peor». ¡Wow! Su contundente respuesta me desarmó. Por supuesto, aunque nos parezca terrible estar allí, seguramente si buscamos salir antes de lo que conviene, los enemigos que están afuera esperándonos pueden hacernos más daño.

Debemos confiar en que el Señor nos sacará del pozo cuando el exterior sea seguro. Por eso nos pide humildad para ser pacientes y reconocer que Él sabe qué sucede afuera y en qué tiempo será mejor que salgamos. No sabemos cuándo, pero te aseguro que está con nosotros adentro. Quedémonos con Él, aprovechemos ese tiempo para conocerlo más. Cuando enfrentamos adversidad parece que nos sentimos más dispuestos a buscarlo porque nos encontramos sensibles y anhelamos consuelo. Erróneamente, algunos dicen: «Dios te mandó esta prueba para que medites y lo busques», pero no es así. Él jamás nos enviará problemas. Simplemente enfrentamos circunstancias difíciles o son consecuencia de nuestras malas decisiones. Lo cierto es que esos momentos de vulnerabilidad nos hacen más sensibles a la voz de Dios.

Por experiencia puedo decirte que el mejor antídoto en contra de la ansiedad y la desesperación es pasar tiempo con nuestro Señor en alabanza y adoración. Te lo aseguro porque me ha sucedido. Mi tiempo diario a solas con Él no es negociable, pero en momentos difíciles lo busco más aún en oración para darle gracias porque siempre ha cuidado de mí. Además, le pido que me ayude a ser paciente, a que la angustia no me consuma. Clamo con el Salmo 42.5: «¿Por qué te abates, oh alma mía, y te turbas dentro de mí? Espera en Dios; porque aún he de alabarle, salvación mía y Dios mío». El alma abatida cae en desgracia y la cura para la ansiedad es la Palabra de Dios; escúchala, léela, medítala y apréndela para que sea el fundamento de tu vida en todo momento.

La cura para la ansiedad es la Palabra de Dios; escúchala, léela, medítala y apréndela para que sea el fundamento de tu vida en todo momento.

Si sabemos esperar, sin duda veremos los beneficios. Sin precipitarnos debemos descansar bajo la poderosa mano de Dios, ya que cuando sea tiempo Él nos levantará. Claro que no es fácil, pero ese tiempo es valioso para formar nuestro carácter y si oras con fe te aseguro que saldrás aprobado del pozo.

Que no te domine la desesperación y la aflicción. Adora al Señor con un corazón humilde, confía en Su sabiduría, protección y amor. Desarrollemos una vida de tanta confianza que realmente pocas cosas nos desesperen. Suena bonito escuchar y decir que no hay justo desamparado, ni se ha visto que su familia mendigue pan[122] hasta que vemos la refrigeradora vacía, pero comprendamos que los triunfos y los fracasos vienen en el mismo paquete y debemos aprender a vivir bien en ambas situaciones. Te motivo a que escribas en una hoja aquello que te mata de la desesperación, dobla la hoja, métela en un sobre y guárdalo; verás que cuando tiempo después encuentres y leas el papel, sonreirás al darte cuenta de que lo que te angustiaba ya es prueba superada.

Un día me encontraba muy triste por una situación que viví con una persona dentro del ministerio. Me sentía decepcionado y frustrado, tanto que hasta enfermé. Pensaba: *¿Cómo puedo hablar de fe cuando ahora dudo de las personas en quienes debería confiar?*. Entonces vino a mi mente el pasaje que dice que Jesucristo es el mismo ayer, hoy y siempre,[123] y tuve que reconocer que Él no cambia, que las personas pueden decepcionarnos, pero Él no, así que nuestra fe en lo que el Señor nos asegura no debe menguar. Además, Él nos ha enviado al Consolador, el Espíritu Santo,[124] porque sabía que tarde o temprano necesitaremos consuelo en medio de situaciones difíciles. ¡Busca tus fuerzas en Su Palabra, nunca afuera!

Cada uno con sus retos

Necesitamos valor y paciencia para usar la fe. Con frecuencia escucho a las personas lamentarse por lo que no emprendieron porque les faltó valor para hacerlo. ¡Anímate! Solo tenemos una vida para

---

[122] Salmos 37.25; [123] Hebreos 13.8; [124] Juan 15.26

esforzarnos y creer por alcanzar nuestros sueños. Puede ser que tengamos fe, pero nos falta paciencia y valor para usarla. Recuerda que una cosa es creer y otra actuar; como una cosa es tener piernas y otra diferente es usarlas para caminar, así como tener mente es diferente a pensar. Siempre debemos hablar y proclamar, pero también hacer y poner en práctica. ¿Te pasarás la vida viendo cómo otros hacen algo o serás de los que hacen cosas que otros pueden ver? Tú decides si eres espectador o protagonista de las proezas que Dios ha prometido que lograremos.

A veces, nos desesperamos porque menospreciamos nuestra fe, esa medida personal que Dios nos ha dado y que debemos desarrollar porque es justo la que necesitaremos para salir del pozo en el que podríamos haber caído. Cuando Jesús estaba a punto de iniciar el proceso de pasión y muerte, le habló a Simón, uno de Sus discípulos, sobre la tentación que enfrentaría. Le dijo que sería zarandeado porque, de hecho, el nombre Simón significa «junquillo llevado por el viento».[125] Esto nos revela que Satanás puede presentarnos tentación si le damos la materia prima. Simón era inestable, por eso, el diablo pudo zarandearlo, pero Jesús lo sabía y por eso le dijo que rogaba para que su fe no faltara, ya que era esa medida de fe la que lo haría superar el reto de volver, convertirse en el gran apóstol que conocemos y confirmar a sus hermanos. Incluso le cambió el nombre a Pedro,[126] que significa «piedra», así que le profetizó su transformación.

Cuando tenemos fe, ni el pecado puede detenernos. ¡Sigamos adelante! Confiemos en Jesús, quien no nos condena sino al contrario: nos ofrece ayuda e intercede por nosotros para que nuestra fe no falte. No somos perfectos y enfrentamos tentaciones, pero si caemos en pecado, no tiremos la toalla porque Él reforzará nuestra fe para que superemos la prueba. No desesperes, porque tienes la medida de fe y las capacidades necesarias para la medida de los retos, desafíos y problemas que enfrentarás.

Todos los hombres y mujeres de los que habla la Biblia tuvieron la medida de fe para superar sus propios desafíos. Noé tuvo fe para construir

---

[125] Lucas 22.31-32; [126] Mateo 16.17-18

un arca, no para tener un hijo como sucedió con Abraham. Solamente David necesitó la fe para vencer a Goliat. Nadie más que Nehemías requería de la fe para reconstruir los muros de Jerusalén. Tú necesitas tu propia fe para ese desafío personal. Actívala para encontrar cómo resolver cada situación.

La mente es como un panal, con pequeñas divisiones hexagonales, cada celdilla está encendida o apagada. Cuando dices: «Creo que se puede» se encienden las celdillas y comienzas a buscar la solución para que se logre aquello que ves posible. Recuerda que si ya definimos el «qué», encontraremos el «cómo». Cuando Thomas Alva Edison dijo que se podía crear un bombillo eléctrico, su mente comenzó a trabajar hasta que lo logró. No solo tú, sino mucha gente será bendecida cuando confíes que se puede lograr lo que te propones. Quienes tienen fe son más creativos y exitosos porque piensan de forma distinta, retan a la razón y se enfocan en encontrar soluciones para lograr lo que visualizan. ¡La fe es la energía pura que debemos usar para alcanzar nuestras metas!

¡La fe es la energía pura que debemos usar para alcanzar nuestras metas!

Paciencia que sazona la fe

Cada persona de las que habla la Biblia tuvo fe, pero también paciencia para esforzarse por alcanzar una meta que nunca fue instantánea.[127] Sabemos que la paciencia es la capacidad de esperar hasta obtener lo que hemos creído. Noé creyó y también tuvo paciencia para construir un arca durante muchos años y fueron tiempos en los que tuvo que soportar burlas; no creas que tuvo el apoyo de su comunidad. Abraham también tuvo paciencia durante años para intentar engendrar el hijo que sería la semilla de su descendencia, y se convirtió en padre de multitudes, varón de esforzada esperanza (siempre he dicho que seguramente el cielo debió saltar de alegría y admiración cuando este

---

[127] Hebreos 6.11-12

anciano de cien años decidió creer). José fue paciente y enfrentó la esclavitud, la cárcel y la deshonra hasta que llegó a ser el hombre más influyente en Egipto. Las promesas se obtienen con fe y paciencia. La fe se sazona con paciencia que genera esperanza que no avergüenza.

A veces tenemos fe, creemos que se puede y nos ponemos los pantalones, pero luego no tenemos la paciencia suficiente para que el sueño se logre. Queremos resultados inmediatos porque nos ahogamos en los problemas. La paciencia es para la fe como los condimentos de la comida típica de cada país. En Guatemala tenemos una cantidad impresionante de platillos regionales y lo mismo sucede en cada país: todos estamos orgullosos de ello. Yo disfruto de verdad lo que llamamos «chiles rellenos» que literalmente son chiles pimientos rellenos de carne sazonada y envueltos en huevo batido. ¿Otra delicia que me encanta? Las hilachas con arroz blanco, el Pepián... ¡Ahora que lo pienso son muchos! Como hijos de Dios, nuestra fe tiene su sazón: la paciencia. Creemos que si oramos los enfermos sanan, creemos en sembrar para cosechar, creemos en la nueva vida que Jesús nos da. Las pruebas que enfrentamos nos mueven a la paciencia que, sumada a la fe, nos hacen herederos de las promesas de nuestro Padre.

La vergüenza es el riesgo de la fe

La Biblia dice que la esperanza no avergüenza.[128] La sazón de la fe es la paciencia y el riesgo es la vergüenza. A veces no te arriesgas a tener fe por evitar la vergüenza, pero las Escrituras nos demuestran que hubo mucha gente que creyó y se arriesgó para alcanzar bendición.

---

[128] Romanos 5.2-5

¿Qué hubiera pasado si al terminarse de construir el arca no llueve? ¿Qué hubiera hecho Josué si luego de darle la vuelta a Jericó durante siete días los muros no caen? ¿Qué hubiera pasado con Abraham si después de anunciarlo tanto no llega el hijo que esperaba? Seguramente hubieran hecho el ridículo, sin embargo, se arriesgaron por fe. Moisés prefirió la vergüenza y el rechazo antes que vivir en Egipto, Jesús sufrió el oprobio y sufrió en la cruz para salvarnos, pero al tercer día se acabó la vergüenza y vino la gloria. Por esa razón se le conoce como el autor y consumador de la fe.

$$PROEZA = (FE + PACIENCIA)^2 - (VERGÜENZA + RIESGO)$$

Cuando usamos nuestra fe y paciencia nos arriesgamos a pasar vergüenza, pero debemos intentarlo. La vida es un riesgo, incluso al nacer te arriesgaste porque no sabías quiénes eran tus padres, pero sobreviviste porque tienes un propósito que cumplir. Ten paciencia y no te avergüences de tu fe. Cuando organizamos las cruzadas de sanidad tenemos fe y paciencia. Yo no pienso en la vergüenza que pasaré si los milagros no suceden porque confío en la promesa del Señor. La Biblia dice que Dios no dejará avergonzados a aquellos que en Él confían. ¡Asume tus riesgos! Dios no te dejará solo, porque siempre estará contigo. Nuestro Padre quiso contar la historia de las personas que creyeron en Él para que nosotros tomáramos su ejemplo y confiáramos de la misma forma. Cree y ten paciencia porque tu historia se contará como ejemplo de una fe que logra proezas.

22 SE ABRE TEMPORADA

Atiende y obedece Su Palabra. Lo demás sucederá en el tiempo correcto.

Cuando estamos por entrar a la temporada de invierno nos preparamos para la lluvia; cuando entramos a la temporada de vacaciones nos preparamos para descansar, y así cada época avanza. Al hablar de paciencia, inevitablemente nos referimos al tiempo: horas, días, semanas, meses y años que debemos esperar y también esforzarnos. La vida es eso: tiempo y temporadas.

A veces vienen épocas malas, como cuando decimos que llueve sobre mojado, pero al descubrir tanto sobre la fe te garantizo que desde ahora se abre una época de bendición para tu vida. ¡Habrá tanta puerta abierta que no sabrás por cuál entrar! El problema no será que te falte algo, sino que no sabrás qué hacer con todo lo que tendrás. Al abrir tu mente y corazón a la fe en el Señor debes prepararte con sabiduría para administrar todo lo bueno que vendrá.

Temporadas, días y horas. Los seres humanos hablamos de tiempo, nos preocupamos por el tiempo y buscamos aceleración, pero no olvidemos que todo tiene su momento.[129] Estar en una temporada no es lo mismo que saber que te llegó la hora de la buena cosecha, de la bendición. Llega el día y la hora para renacer,[130] has estado gestando proyectos, empresas y sueños, y el Señor te dice que llegó la hora de que nazcan. Llegó la hora de que algunas situaciones mueran y que otras nazcan o resuciten. Debes estar atento para cosechar.

Sabemos que Dios no mide el tiempo de forma lineal,[131] ni lo ve como lo vemos nosotros. Necesitamos respuestas en nuestro tiempo, pero Él se mueve en dimensiones diferentes. Un año puede ser un día y viceversa. El tiempo habita en Dios, no al revés. Es importante comprenderlo porque nos ayuda a dimensionar esta temporada que se está abriendo. Busquemos entender la percepción del tiempo de Dios para manejar nuestra ansiedad y desarrollar nuestra paciencia. De

Busquemos entender la percepción del tiempo de Dios para manejar nuestra ansiedad y desarrollar nuestra paciencia.

acuerdo con nuestra percepción limitada pensamos que Dios está tardando, pero no es así porque para Él mil años son como un día; así que espera, aunque no comprendas, ¡todo sucederá! No es fácil esperar, pero persevera porque lo que esperamos podría estar muy cerca justo cuando decides dar el portazo y darte por vencido.

---

[129] Eclesiastés 3.1-2; [130] Mateo 24.22; [131] 2 Pedro 3.8-9

No es tiempo de muerte

La resurrección de Lázaro es buen ejemplo de la dimensión del tiempo de Dios. En la tercera parte de este libro hablamos de este milagro enfatizando la actitud de Marta. Ella y María, su hermana, esperaban un milagro de sanidad, pero Jesús sabía que el plan era una resurrección, para que la gloria a Dios fuera indiscutible. Marta no lo comprendía, pensó que Él se había retrasado y cuestionó, pero ese suceso fue ideal para demostrar que Él era la resurrección y la vida. El plan de cosecha del Señor siempre será mejor que el nuestro, ¡no lo dudes!

Veamos algunos detalles. Cuando Lázaro enfermó, las hermanas le enviaron un mensaje a Jesús. Casi se puede decir que lo presionaron con la frase: «El que amas», que realmente quería decir: «Sal corriendo, tu amigo puede morir». Y Su reacción fue quedarse dos días más donde estaba.[132] Cuando Jesús llegó a casa de Lázaro, Marta no salió a saludarlo y bendecirlo, sino a confrontarlo y culparlo de la muerte de su hermano porque no había llegado a tiempo.[133] Esos dos días que Jesús se tomó antes de llegar fueron determinantes. Ahora también lo son porque ese tiempo que parece «retrasar» el cumplimiento de algo es fundamental para que puedas ver la gloria de Dios en tu circunstancia. Jesús cambiará tus planes para bien, porque Él sabe manejar la presión y desea enseñarnos a controlar nuestra impaciencia.

Jesús dijo que la enfermedad de Lázaro no era de muerte, pero murió, por tanto, llegó a resucitarlo y no se resucita lo que no ha muerto.[134] Puede resultar confuso, pero es parte de la vida recuperarnos de las confusiones y perseverar en la fe. Yo también me he sentido confundido. Ya te conté lo que sucedió cuando Dios me mostró el terreno para construir el nuevo templo, hicimos la negociación y luego no se logró concretar la compra. Luego Él me guio a comprender que tenía un mejor plan y estamos agradecidos porque nos respaldó para obtener un lugar excelente y construir una buena obra para Su gloria. Él resucitó el proyecto que yo daba por muerto, para Él aún tenía mucha vida. Así

---

[132] Juan 11.3-6; [133] Juan 11.20-21; [134] Juan 11.43-44

también el Señor está a punto de levantar aquello que para ti parece muerto; solo espera en Él y gózate de esa victoria.

El tiempo es un misterio. No intentemos resolverlo.[135] Cuando le creemos al Señor, las cosas pueden suceder en un abrir y cerrar de ojos. La fe en el tiempo de Dios va en contra de la inteligencia natural que busca glorificar nuestro ego. Usemos nuestra mente espiritual para discernir los tiempos de Dios. Entreguémonos a Su servicio sin condiciones, sin contratos, sin límites de tiempo y sin ninguna duda; solo entonces comprenderemos Su dimensión de las épocas de cosecha. Él es justo para darnos mucho más de lo que comprendemos y pedimos.

Épocas y temporadas

La Biblia nos relata un milagro de pesca que nos ofrece valiosos detalles.[136] Jesús predicaba; sin embargo, Pedro y los otros pescadores se habían dedicado a su trabajo, no a escuchar la Palabra. ¿Te suena familiar? ¿Tu ansiedad por dar frutos financieros y provisión te han alejado de buscar al Señor? Entonces, Jesús dio instrucciones que Simón cuestionaba porque era pescador y había estado esforzándose toda la noche. Seguramente no iba muy bien la economía y tenía que producir para la familia, pero su esfuerzo no dio fruto. Si tu afán por trabajar se roba tu tiempo a solas con Dios, te aseguro que se te irá la preocupación y vendrá la provisión cuando des al Señor el primer lugar.

Dios te bendecirá, pero debes darle prioridad. Ellos estaban en temporada de pesca, sin embargo, no había llegado su hora. ¡Espera tu hora porque pescarás en abundancia! Llega la hora de que se rompan esas redes a causa de tantos peces. Te llegó la hora como le llegó a Moisés, a Josué y a todos. Busca primero Su reino y Su justicia, entonces todo será añadido. Pedro logró en un minuto lo que no había logrado en toda la noche con sus propias fuerzas.

---

[135] 1 Corintios 15.51-53; [136] Lucas 5.1-7

Cuando hablamos de tiempo también nos referimos a épocas y temporadas. Sansón, por ejemplo —ese hombre con fuerza sobrenatural que Dios había destinado para ser líder en Israel— terminó en prisión al descubrir el secreto de su unción a Dalila. Era el hombre más fuerte del mundo, pero en su mejor temporada no logró hacer para Dios lo que hizo en su peor época, cuando humanamente estaba derrotado.[137] La temporada es una cosa, pero el día es algo diferente. Sansón tuvo su mejor día en su peor temporada, cuando estaba a merced del enemigo y era el hazmerreír del rey luego de haber sido admirado, un campeón que hacía lo que quería y como quería.

En esa mala temporada vivió el mejor día para el Señor, ya que clamó porque su fuerza volviera y pudo cumplir su propósito de destruir a los enemigos del pueblo de Dios. ¡En tu peor temporada, el Señor puede darte el mejor día de tu vida! En tu época más escasa o de mayor preocupación, en tu tiempo de enfermedad, podrás ver obrar al Señor a tu favor. En el Nuevo Testamento

> *¡En tu peor temporada, el Señor puede darte el mejor día de tu vida!*

podemos ver que Pedro, en su peor temporada, tuvo su mejor día de pesca y que Jesús vivió con la crucifixión Su peor temporada, cómo no, la más dolorosa: fue traicionado, lastimado, humillado y martirizado, pero también vivió Su mejor día cuando cumplió Su misión y dio el paso definitivo para alcanzar Su victoria. Que un mal día no arruine tu temporada y que una mala temporada no evite que te prepares para tu mejor día.

Siempre espera el buen día de tu temporada, sea esta buena o mala. Siempre busca primero Su Palabra, luego lo demás. Sin Palabra de Dios lo demás no funciona; sin Palabra no hay pesca. ¡Este es el año de las agradables sorpresas! Es el mejor año para tu vida, tu familia y tus sueños. Se va la angustia por las malas temporadas y viene el gozo por la expectativa del mejor día. ¡Es temporada de cosecha y el mejor día viene para ti!

---

[137] Jueces 16.30

EN LA PEOR TEMPORADA,
TU MEJOR DÍA ☺

El tiempo correcto

Cumplir los tiempos es algo que todos buscamos. Somos hijos de un Padre que tiene el control del espacio y del tiempo. La Palabra dice que Dios envió a Su Hijo cuando vino el cumplimiento del tiempo y fue el cambio más grande en la historia de la humanidad. Jesús nos trajo perdón y salvación por medio de la gracia.[138] Para que eso sucediera, hubo que esperar, pero sucedió, y esa gracia de Dios es también la que nos habilita para realizar todo en la vida. Cuando la gracia del Señor obra, las puertas se abren y quienes detenían las bendiciones se apartan. Comprenderás que lo que la gracia abre nadie lo puede cerrar. Te bendecirán incluso quienes no te aceptaban.

¿Qué detonará toda esa gracia y favor? La fe y paciencia que hayamos demostrado incluso en medio de las dificultades, porque el Señor nos pide que tengamos mucho gozo cuando enfrentamos diversas pruebas.[139] ¿Quién es feliz en medio de los problemas? ¡Nadie! Uno dice: «Cómo me gozaré si estoy bien complicado con todo». Es una locura, pero mantener el gozo en todo momento es una muestra de fe porque demostramos seguridad en que la obra será hecha. Muchas veces abortamos proyectos por impaciencia y por ansiedad de ver resultados rápidos, pero actuar de esta forma no es la decisión correcta ya que más bien los tiempos podrían extenderse.

---

[138] Gálatas 4.4-7; [139] Santiago 1.2-4

Vivimos en una sociedad que nos presiona para ser impacientes. Las personas suelen enojarse porque no les respondemos un chat al instante. Podríamos decir que esta es la época de la constante interrupción y la prisa. Ya no se saluda con un «Buenos días» o «Buenas tardes», sino que se va directo al grano y se exige una respuesta inmediata. Si nos dejamos capturar por la impaciencia solamente nos angustiamos y no resolvemos nada. Dios continúa igual. Él no se apresura por nuestra impaciencia. Sus promesas se cumplirán en Su tiempo.

Debemos ser inteligentes, sabios y entendidos en el *timing*, como la Biblia dice que eran los hijos de Isacar, uno de los doce hijos de Jacob, de quienes descendieron las tribus de Israel.[140] Claro que no es fácil. Yo era desesperado; como decía mi mamá, era «siete oficios catorce necesidades», emprendía mucho pero no tenía paciencia para perseverar. Me encantaba iniciar cosas y me tocó formar carácter para terminarlas. Dime si no es cierto que enero es el mes de los comienzos; todos inician algo, hacen planes, especialmente la dieta, pero pocos llegan a febrero con la misma convicción. Para perseverar nuestra emoción debe estar al nivel de nuestra fe, no al contrario.

Cuando el Señor me llamó al ministerio, me dio un sueño. Me veía en una colinita; abajo, en la hondonada, una pequeña casa blanca llamó mi atención. La madera de las paredes estaba desgastada, con la pintura descascarada. La ventana próxima a la puerta tenía uno de los marcos a punto de caer, solo agarrado por una de las bisagras. Se notaba que nadie vivía allí. Era una cabañita abandonada en medio de un bosque de aromáticos cipreses.

Yo quería llegar allí y caminé muy rápido buscando la mejor forma de lograrlo. Me abría paso entre los pequeños arbustos, avanzando con cuidado en el terreno empinado e irregular. Había escogido la ruta más accidentada, pero también la más directa, en línea recta. Entonces escuché que me decían: «Ese no es el camino». Era una voz poco audible, casi hablando en secreto. A pesar de la instrucción, continué el descenso. Conforme me acercaba, mi corazón se aceleraba al

---

[140] 1 Crónicas 12.32

punto que, cuando llegué frente a la puerta de madera húmeda y fría, sentía como si hubiera corrido varios kilómetros.

Con cuidado, como intentando no molestar a nadie, empujé la puerta entreabierta. La duela del piso cedió y se quebró cuando mi pie derecho la presionó, así que al dar el primer paso dentro de la casa mi pie quedó atorado. Estaba intentando sacarlo del agujero cuando sentí la presencia de alguien. Levanté la mirada y, justo a mi lado, una persona vestida de blanco me hablaba con mucha naturalidad: «¿Te gustaría esto para la iglesia que te encomendaré?». Al asegurarle que no, me respondió: «Entonces, aprende a caminar el sendero extendido porque el camino de tu ministerio será largo. Estoy buscando siervos con fruto, personas que dediquen su vida a demostrar que la fe produce resultados y eso solo se logra con tiempo y paciencia». Cuando desperté, mi corazón seguía latiendo con fuerza, como si dormido hubiera descendido la colina.

Tiempo después, una empresa avícola me contrató para desarrollar *software*. Las oficinas quedaban en la misma granja de producción, así que era un ambiente campestre muy agradable. Al almuerzo salíamos prácticamente de pícnic a comer en las mesas dispuestas para empleados bajo la sombra de los árboles. Un día que no almorcé porque estaba en ayuno —acostumbraba a ayunar una vez a la semana— decidí caminar un poco. Cuando encontré un espacio bonito me tiré en el césped boca arriba. Era agradable sentir el sol sobre mis ojos y mejillas. Acomodé mis manos detrás de la cabeza y comencé a orar. No sé explicar exactamente qué sucedió, pero sentí una presencia a mi lado. Pensé que alguno de mis compañeros de oficina se había acercado, pero al abrir los ojos no encontré a nadie.

Me incorporé y, para mi sorpresa, más o menos a unos cien metros colina abajo ¡estaba la casita blanca que había soñado! Tal vez no tan desvencijada, pero la reconocí de inmediato: madera blanca, descuidada, marco de ventana a punto de caer y puerta entreabierta. Sin dudarlo comencé a evaluar por dónde era conveniente bajar. Podía ir directo a través del campo o caminar por un pequeño sendero que rodeaba la pendiente. Recordé la instrucción que había recibido en el sueño, así que decidí tomar el camino bordeado por árboles de durazno. Conforme avanzaba, otra vez mi corazón latía a mil por hora. Cuando llegué frente a la puerta la empujé y tuve más cuidado para dar el primer paso. Busqué caminar donde veía la madera más sólida. En medio del pequeño espacio vacío donde seguramente se acomodaría una mesa y sillas me rendí en oración con mis brazos extendidos. En ese momento mi mente se despejó como si el sol que había sentido en mi rostro unos minutos antes inundara cada una de mis neuronas.

Tenía clarísimas las ideas, llegué a muchas conclusiones y tomé decisiones sobre mi futuro. Sonreí, reí mucho, ¡me sentía gozoso!, tranquilo y confiado ante la idea de ser paciente, de enfocarme en que mi fe produjera abundante fruto porque de lo demás se encargaría mi Padre. El proyecto que desarrollé en la avícola duró solamente dos meses. Fue como si solo me hubieran contratado para que viviera ese momento espectacular que determinó mi actitud hacia el futuro.

No hay peor cosa que adelantarse al favor de Dios. La historia de Saúl, el primer rey de Israel, no tuvo un final feliz. Perdió el trono, no por adúltero o asesino sino por impaciente. El profeta no llegaba y él, desesperado, hizo lo que no le correspondía: presentar la ofrenda a Dios para avanzar en la conquista. Pidamos al Señor que nos

No hay peor cosa que adelantarse al favor de Dios.

dé paciencia así como Él tiene paciencia con nosotros. ¡La impaciencia arruina tantas cosas! Incluso en la peor circunstancia, Jesús está sereno y en total control. No te dejará solo.

En 1984 vino el evangelista Luis Palau a Guatemala. Al terminar de predicar en el Estadio Nacional yo me quedé un rato más y pregunté: «Señor, cuándo usarás a un guatemalteco de esa forma». En 1999, dieciséis años después, yo estaba en la primera cruzada de milagros. Tuve que esperar, pero sucedió.

Lo mismo fue con mi proceso como predicador. Yo era muy impaciente, ¡quería hacerlo ya!, así que decidí ir a predicar al zoológico La Aurora en la ciudad de Guatemala. Sonia preparó unos folletos y nos pusimos de acuerdo con un amigo que cantaba. Al llegar al zoológico, buscamos un lugar amplio y concurrido. Sonia entregaba folletos a quienes pasaban y mi amigo, Arturo, comenzó a tocar acordes en su guitarra acústica para acompañar una hermosa canción que hablaba sobre la resurrección de Lázaro. ¡Nadie se detenía a escuchar!

Cuando terminó, yo me preparé para que nos retiráramos, pero al ver mis intenciones, él preguntó: «¿A dónde vas?». Cuando yo le dije que nos fuéramos porque no había nadie, me respondió: «Ah, no, no, nada de eso. ¡Yo hice mi parte, ya canté, ahora tú debes hacer tu parte y predicar!». Entre asombrado y de verdad asustado, me armé de valor y comencé a predicar sobre esa parábola que compara el reino de Dios con un tesoro que alguien encuentra, por lo que vende todo lo que tiene con tal de comprar el terreno donde está enterrado el tesoro. En ese momento, en serio, comprendí lo que Moisés sintió cuando tuvo que superar sus temores y limitaciones para hablar frente a faraón.

Tuve que predicar al aire porque solo llegaron «Nadie González» y «Nadie Pérez». Desesperado por compartir el mensaje del Señor, me fui donde estaban los juegos mecánicos y allí sí me escucharon las personas que, sentados por aquí y por allá, esperaban a que sus hijos subieran y bajaran de los juegos. Con vehemencia, yo los motivaba a recibir a Jesús en su corazón. Recuerdo que un hermano misericordioso me dijo: «Va bien, siga con esa pasión».

Todos los proyectos que he desarrollado han requerido paciencia. Con mi primer libro, *En honor al Espíritu Santo*, así sucedió. Comencé a escribir el primer capítulo diez años antes de que se publicara. En aquel tiempo, en muchos predicadores se desató una especie de fiebre por convertirse en escritores. Muchos de ellos ya estaban distribuyendo sus libros y las editoriales se me acercaban para preguntarme cuándo sería el momento en que yo publicaría uno, pero yo esperé con una idea en mente: «Debo confirmar que la unción me acompañará». Cuando finalmente salió el libro fue premiado durante cinco años consecutivos como el mejor libro cristiano escrito por un hispano. De la misma forma sucedió con el programa de televisión, la construcción del templo, las redes sociales y la radio. Aprendí a tener paciencia, a servir con amor, a identificar los tiempos correctos y Dios ha sido bueno al respaldarme.

Declaremos que la época de bendición ya no se hará esperar más.[141] El tiempo se acelera para el que espera, pero se alarga para el que desespera y quiere arreglar todo con sus propias fuerzas, pero no te preocupes, porque cosas que parecían perdidas se van a recuperar, situaciones positivas que parecían hundidas saldrán a flote, bendiciones que parecían muertas resucitarán, pero te aconsejo serenidad usando un refrán que mi mamá me decía cuando me veía desesperado: «Paciencia, piojo, que la noche es larga». Recuerda que la desesperación no es buena consejera.

El rey David se preguntaba: «¿Por qué te abates, oh alma mía, te turbas dentro de mí? Espera en Dios».[142] Si pasas por momentos de desesperación, si sientes la ansiedad hasta en el cuerpo porque tienes los músculos tensos, pide al Señor que te ayude y acelere Sus tiempos. Estar desesperado no arregla nada. Cuando te estás ahogando, un salvavidas te dice que dejes de patalear a lo loco porque se ahogarán los dos.

Las emociones son engañosas. ¿Acaso Jesús no dijo a los discípulos que se calmaran en medio de la tormenta? Solo Él puede darnos esa paz que sobrepasa todo entendimiento en medio de la lluvia y el viento fuerte. Si puedes ser paciente, recibirás muchas bendiciones.

A toda prueba

Una persona tiene paciencia cuando, sin importar cuánto tiempo pase, sigue esperando, pero también se pone en acción, no asume la paciencia como una actitud pasiva. La paciencia es uno de los factores que más contribuye al éxito.[143] En la psicología del deporte se aplica. Los entrenadores enseñan a sus jugadores a pensar y a jugar. Les muestran cómo tener paciencia y control para no frustrarse ante

---

[141] Amós 9.13; [142] Salmos 42.5; [143] Hebreos 6.12

una posible derrota. Un basquetbolista no hace berrinche y sale de la cancha al ver que no logra encestar tanto como quisiera; al contrario, busca concentrarse más y perseverar hasta lograr la victoria.

La paciencia cobre sentido cuando algo no se da en el momento y tienes que esperar. Por algo dice la Palabra que «pacientemente se espera en el pozo de la desesperación». Cuando leí este salmo por primera vez me confundí un poco porque me parecía contradictorio eso de «pacientemente en la desesperación», pero luego comprendí que así es. Justo al esperar estamos impacientes y necesitamos ejercer la paciencia. El claro ejemplo es cuando llevamos a nuestros hijos enfermos al pediatra. Tenemos que esperar con paciencia a que el doctor llegue y nos toque el turno de entrar a consulta. Esperamos pacientemente en medio de la desesperación en una sala con muchos niños llorones y madres afanadas, pero no nos vamos hasta que atiendan a nuestro hijo. Así es en cualquier situación que requiere paciencia.

La gente que hereda una promesa es aquella que no deja de esperar por muy desesperada que esté, porque sabe que Dios no le fallará. Él a veces tarda, pero siempre llega a tiempo. Con fe y paciencia podrás afrontar cualquier dificultad. El Señor te dará paciencia si te mantienes creyendo. No seas como los que oran: «Dios, ¡dame paciencia, pero ya!». Todo lo alcanzaremos con paciencia y perseverancia.

No me cansaré de repetirlo porque es en las pruebas cuando demostramos de qué estamos hechos: no te rindas en las circunstancias adversas, y no creas al mundo sino al Señor. Siempre existirán obstáculos, pero piensa que no hay fe sin una fuerza contraria que la ponga a prueba.

23 FE CORPORATIVA

Unidos adoremos a nuestro Padre, agradezcamos Sus bendiciones y pidamos por las necesidades de todos.

Cuando en Casa de Dios iniciamos un nuevo proyecto, siempre busco consenso porque creerlo y desarrollarlo es un trabajo en equipo. Es cierto que Dios nos ha dado una medida de fe a cada uno, pero también es posible sumar la fe de todos para alcanzar una bendición (claro, si es que tenemos la paciencia para ponernos de acuerdo).

Así sucedió cuando iniciamos la implementación de «El modelo de Jesús», un sistema de evangelización y discipulado que el Señor me mostró a través de las Escrituras y que busca ganar, cuidar y consolidar a las personas tal como Él lo hizo. Cuando hice el planteamiento al equipo, por supuesto que hubo dudas y fue necesario que todos analizáramos, leyéramos, concluyéramos y aportáramos para que el modelo se hiciera realidad. Fueron sesiones de trabajo maratónicas, esfuerzo en conjunto que ha dado abundante fruto de bendición, ya que hemos alcanzado a miles de personas que se convierten en multiplicadores del amor de Dios. Es más: ahora enseñamos ese modelo de discipulado a iglesias y ministerios que desean replicarlo en diferentes países. Todo ha sido resultado de la paciencia, la decisión y la acción en unidad.

En la Biblia leemos el milagro de sanidad de un paralítico que se logró gracias a la ayuda de cuatro amigos, que abrieron un orificio en el techo de la casa donde estaba Jesús y lo bajaron por ahí para que Él pudiera sanarlo.[144] Todos necesitamos ayuda para creer, amigos que estén dispuestos a tener la paciencia de cargarnos y acompañarnos en el proceso que vivimos. Ofrece tu fe para que sume a la de otros y sin duda recibirás lo mismo. ¡Pongámonos de acuerdo con amigos y familiares para creer y apoyarnos! La fe se fortalece y multiplica sus resultados cuando dos o más se unen para alcanzar el mismo sueño. Dios se agrada cuando nos ve creyendo y esforzándonos juntos.

Tal vez para el paralítico no fue fácil permitir que lo llevaran en la camilla. Tal vez tuvieron que convencerlo porque los argumentos siempre se presentan: «¿Qué pasa si me botan? ¡Vieron, ni siquiera se puede entrar!» Pero si de verdad eres amigo, dirás: «¿Qué más te puede pasar?

---

144 Marcos 2.3-12

Peor no puedes estar». ¡Tú puedes ser el instrumento para que alguien más reciba su milagro! Y otras personas, sin duda, son el instrumento que Dios utilizará para bendecirte.

En unidad

Jesús vio la fe de los amigos del paralítico y lo sanó. Unámonos para pedir por las necesidades de todos. Ora a solas y también ora junto con otros para lograr más en la empresa, en la familia, en la sociedad. ¡Activemos nuestra fe corporativa! Estos cuatro amigos no eran sacerdotes, profetas o líderes en eminencia, sino personas sencillas, seguramente trabajadores como muchos del pueblo, pero tenían una fe poderosa que los movía con esa «hambre» por obtener un milagro de sanidad, aunque eso significara hacer algo fuera de lo común. Se pusieron de acuerdo, planearon una estrategia y actuaron en favor de un amigo.

Los imagino esperando con paciencia el momento oportuno para caminar entre la multitud, subir al amigo al techo, abrir el agujero e ingeniárselas para bajarlo y que quedara justo donde llamara la atención de Jesús. ¿Acaso hay algo más poderoso que eso? Tal vez obrar de la misma forma en favor de un enemigo. De cualquier forma, esta fe corporativa requiere de mucha más paciencia y enfoque por-

Sacrificarte por beneficiar a otros es realmente una forma de buscar el reino de Dios y poner nuestras convicciones en acción.

que es un reto coordinar esfuerzos. Sacrificarte por beneficiar a otros es realmente una forma de buscar el reino de Dios y poner nuestras convicciones en acción.

Esta historia de fe nos muestra un Evangelio urbano que se manifiesta en la calle, en las casas, en la comunidad; un Evangelio que no necesita hablarse de forma extraña, con traje o corbata, para que Jesús se manifieste con poder. Es la fe que se comparte con naturalidad, sin aspavientos, y que logra milagros, señales y prodigios. ¡Ponte de acuerdo con alguien más para creer y te garantizo que verán a Dios obrar maravillas!

Perdonemos y mantengamos la convivencia pacífica porque es determinante vivir en armonía, sin contiendas y con humildad; de lo contrario, será imposible unirnos para fortalecer nuestra fe y pedir con autoridad lo que deseamos. Jesús aseguró que estaría donde dos o más se congregaran en Su nombre,[145] así que el problema no es que Dios esté donde nos reunamos, sino que lo hagamos con el corazón correcto, sin rencores y con buena disposición.

Un 24 de diciembre, justo para vísperas de Navidad, una amiga me llamó para pedirme que fuera al hospital a orar por su papá. Llegué al hospital que me indicó, pero ya no estaba ahí. Me dijeron que lo habían trasladado a otro porque era seguro que moriría.

Cuando llegué, no me querían dejar entrar y le dije a la enfermera: «Si su estado es tan grave, ¿qué podemos perder? Por favor, permítame orar por él». Finalmente me dejaron entrar. Oré y reprendí a la muerte. Al salir del intensivo, encontré a los familiares. Mi amiga se me acercó para agradecerme: «¡Qué bueno que pudiste entrar! Hemos estado orando para que Dios recoja ya a mi papá». Me incomodé un poco porque si lo que estaban esperando era que muriera, ¡mejor me hubiera quedado en casa con mi familia! Les expliqué que nuestra fe debe ser siempre para vida: «No debemos orar pidiendo por aquello que tiene más posibilidades de suceder. Debemos orar por sanidad. Si él muere, será creyendo y escuchando palabras de vida. No me puedo poner de acuerdo con ustedes para que muera. No se preocupen si no sucede, ¡crean! No le debemos explicaciones a nadie». Entonces oramos juntos, dando gracias a Dios por la vida que daría en ese momento. Cuando el papá de mi amiga sanó, su familia le puso Lázaro como sobrenombre, porque los médicos decían que había resucitado.

---

[145] Mateo 18.18-22

Me uno a ti para decir: «Gracias, Padre, por esta fe corporativa, porque juntos lograremos proezas en Tu nombre. Escúchanos, somos uno para pedirte, nos ponemos de acuerdo para que Tú hagas la obra. Declaramos sanidad, unidad familiar y desechamos la división que nos aleja de Tus planes».

La Palabra dice que somos hermanos y debemos ayudarnos. Doy gracias a Jesús, porque a pesar de nuestras debilidades, no se avergüenza de llamarnos hermanos.[146] ¡Yo también te llamo hermano! Somos parte de la misma familia con Jesús, quien nos ama tal como somos y se congrega con nosotros para unirse a la alabanza, la adoración y las peticiones a nuestro Padre.

Por último, recordemos que las costumbres se convierten en hábitos, así que hagamos de la paciencia, la oración en unidad y del trabajo en equipo un hábito que marque positivamente nuestros resultados. ¡Necesitamos una fe urbana, corporativa y de limpio corazón que agrade a Dios y lo motive a obrar con poder!

---

[146] Hebreos 2.11-12

HOOK

«¡Piensa en algo que te haga feliz, Peter, así podrás volar!» Ese es el sabio consejo de Campanita a Peter Pan, el niño que se negó a crecer y que vive en el País de Nunca Jamás con los niños perdidos, las sirenas, la tribu de indios y en eterna guerra con los piratas; pero resulta que Peter Pan creció porque al director cinematográfico Steven Spielberg así se le ocurrió en su película *Hook*. Esta es una versión original que toma prestados a los personajes de la historia original para relatar lo que sucedería si Peter Pan creciera.

En la película vemos al eterno niño convertido en un banquero frío y afanado que está casado con la nieta de Wendy y tiene dos hijos a los que no presta demasiada atención. La vida le robó su identidad, ¡perdió el corazón de niño! Sumergido en sus responsabilidades como adulto regresa a donde todo comenzó: a la casa de Wendy, donde una noche llega su archienemigo, el capitán Garfio, y secuestra a sus hijos. Pareciera que Peter ha perdido la memoria porque ni siquiera reconoce a Campanita, quien tiene que envolverlo en una sábana para llevarlo cargado al País de Nunca Jamás. La película muestra todo el proceso de rescate de sus hijos, pero lo primero que debe hacer es recordar quién es para recuperar sus habilidades como Peter Pan.

En 1991, cuando estrenaron la película, yo enfrentaba una crisis de confianza que me hacía dudar de mi llamado. Alguien incluso me dijo: «Por ti no se da un centavo como pastor. Tal vez sí como predicador, pero no como pastor». Peter Pan ha sido uno de mis personajes favoritos desde niño —de hecho, me disfracé de él en la escuela primaria— y siempre me gustó la idea de volar, así que un jueves por la tarde que me sentía bastante desanimado, uno de esos días cuando crees que hubiera sido mejor quedarte en la cama, llamé a casa y dije: «Mi amor, necesito un tiempo a solas, llegaré más tarde a casa... Estoy bien, así que no te preocupes. Te amo». Sin mucha idea de qué hacer, decidí ir a un cine que me quedaba cerca. Para mi sorpresa, exhibían esa película en la que Robin Williams personifica a Peter Pan, Dustin Hoffman da vida a Capitán Garfio y Julia Roberts a Campanita. ¡Nunca pensé que esas dos horas y un poco más serían tan significativas para mí!

Cada escena me hablaba. Me impactaba ver a Peter dudoso, desorientado y asustado, invadido por el afán de la vida y el engaño de la riqueza, con el anhelo de salvar a sus hijos, quienes eran mal influenciados por Garfio. El niño que se había convertido en padre se veía derrotado y sin esperanza porque, a pesar de que tenía la habilidad para volar y que podría luchar y rescatar a su familia, había perdido la confianza. También me hablaba poderosamente la figura de Campanita, intercediendo por él, pidiendo más tiempo para que se preparara, que recordara quién era y que recobrara su ánimo, fe y poder. De verdad sentía que Dios me hablaba en cada escena. No era casualidad que estuviera viendo esa película.

El momento crucial, el que realmente me desarmó —al punto de que las pocas personas a mi alrededor en la sala de cine podían escuchar mis sollozos— fue cuando Peter descubre dentro del tronco de un enorme y húmedo árbol el aposento donde, en otra época, dormían Wendy, John y Michael. En ese momento comienza a recobrar su capacidad para volar y lo logra al conversar con Campanita y abrir su mente a pensamientos felices. De hecho, al despejar su corazón de las dudas y abrir paso a la fe, sin darse cuenta, ¡ya estaba suspendido en el aire, listo para practicar sus anteriores acrobacias! Justo en esa escena Dios me dijo: «Si no te vuelves como un niño, no podrás ver el reino. Si no tienes la fe de un niño que puede imaginar incluso mundos fantásticos, no podrás visualizar los planes que tengo preparados para que tú los realices. De nada sirve que todos crean en ti si tú dudas; y tampoco importa que nadie crea en ti cuando tú estás convencido de lo que te he preparado. ¿Por fin me creerás y volarás?».

Mi respuesta fue: «Sí, Señor, ahora cierro el capítulo de mis dudas y me entrego por completo a la visión que tienes para mí. Sabes que soy como un niño que te cree. Tengo mil defectos, pero te creo. Las dudas de los demás y el afán no se robarán mi fe. Sé que te mueves sobre mi ilusión, no sobre mi preocupación, y sonrío al imaginar lo que lograré para tu honra y gloria. He decidido y ahora decido ser feliz. ¡Úsame, aquí estoy dispuesto a todo!»

De esa forma se fue por la cañería mi preocupación por lo que otros pensaran acerca de mi llamado. En ese momento mis ojos espirituales fueron abiertos y lo demás es historia. Luego de años de intenso servicio en Fraternidad Cristiana, la iglesia donde nacimos en la vida de fe, mi esposa y yo tomamos la decisión de seguir el camino que Dios nos mostraba. Acepté la invitación de unos amigos que no se congregaban en ninguna iglesia para compartirles la Palabra, y lo que en 1994 era la reunión de unas cuantas familias en la sala del hogar de uno de ellos, llegaría a convertirse en lo que ahora es Casa de Dios.

24 VALE LA PENA

La fe vence a la duda, el temor, el afán y el miedo.

¡Yo también vencí a Hook! ¿Dime si no valió la pena luchar contra ese pirata que pretendía robarme la identidad, la visión, la capacidad de volar alto y el futuro de mis generaciones? Todo dependía de mi fe en lo que Dios había puesto en mí y de que escuchara al Espíritu Santo que siempre me dijo: «Yo creo en ti, sé que puedes volar». Sin Él no hubiera llegado a ningún lado, como Peter Pan tampoco hubiera podido volar sin Campanita. Al final, alcanzar nuestros sueños y la visión que Dios tiene para nosotros, es decir, que logremos volar, depende de dos factores. El factor externo: el «polvo de Campanita», la Palabra de Dios y la unción del Espíritu Santo; y el factor interno: nuestros pensamientos felices, nuestra fe y decisión por enfocarnos en lo positivo y en la bendición, lo que eclipsa la duda, la decepción, el afán y el miedo.

¡Te invito a ser niño! Decide ser feliz, deshecha los pensamientos tristes que ahogan tu fe, busca a tu Padre, medita en Su Palabra, haz tuyas Sus promesas y no habrá nada que te mantenga atado a esta tierra porque el cielo es tu destino. ¡Volarás, volarás!

En la película, los piratas eran niños que habían envejecido porque perdieron su capacidad de imaginar y soñar. Por eso es que Jesús dijo que para entrar en el reino de los cielos debíamos volver a ser como niños,[147] es decir, con esa capacidad para imaginar y soñar, con esa fe ingenua y total que cree en lo maravilloso, tal como también nos lo enseña la novela *El Principito* acerca de otro famoso niño que nunca creció y cuyo autor es el conde, aviador y escritor francés Antoine de Saint-Exupéry. En esta pequeña joya filosófica —una parábola llena de imágenes que describe la naturaleza humana en todo su esplendor y miseria, según como el lector lo quiera ver—, el niño que viene del Asteroide B612, el Principito, tiene suficiente imaginación como para interpretar un dibujo que le presenta el aviador, pues la historia trata sobre el encuentro entre un piloto de aviones que se queda varado en medio del desierto del Sahara y un niño con quien establece un diálogo revelador.

Pues resulta que este aviador tenía el sueño de ser pintor, pero desistió al comprobar que nadie entendía sus dibujos, que algunos se aprecian en el libro. Uno de ellos se ve como un bulto con extremos alargados y que los adultos, a simple vista, siempre se confunden con un sombrero cuando en realidad se trata de una boa que en su interior tiene a un elefante que se ha comido. «Las personas grandes nunca comprenden nada por sí solas y es muy aburrido para los niños tener que darles una y otra vez explicaciones», dice el aviador desilusionado. ¡Increíble! Me sentí tan identificado porque yo también me lamentaba de dibujar algo que imaginaba para el futuro pero que resultaba difícil de explicar.

---

[147] Mateo 18.3

Volvamos a esa ingenuidad que nos hace creer como niños porque un ingrediente vital para crecer en fe es tener la capacidad de imaginar y visualizar lo que sucederá. De hecho, me atrevería a decir que corremos el riesgo de morir cuando se nos apaga esa llama, esa pasión por imaginar y soñar. Te explico cómo llegué a esa conclusión: si el justo vive por su fe, por la certeza de lo que se espera y la convicción de lo que no ve, esto significa que vive porque tiene la capacidad de imaginar y visualizar lo que aún no es realidad. Vivimos de sueños, de proyectarnos al futuro y entusiasmarnos por lo que lograremos; por tanto, cuando perdemos esa capacidad, ¡la vida se nos acaba! Nos consumimos, envejecemos. Por eso tanto se ha dicho acerca de que la juventud no es un número de años cumplidos, sino una actitud y estado de ánimo. Nuestro Padre nos quiere vivos. Jesús vino a darnos vida en abundancia, por eso nos pide que perseveremos en la fe, que confiemos en que nuestro futuro será bueno y que actuaremos de acuerdo con esa certeza.

Cuando la duda te visita

Ahora bien, aunque suene extraño o contradictorio, al hablar de duda hablamos también de fe, así como al hablar de muerte también hablamos de vida y al referirnos al color negro lo asociamos con el blanco por tratarse de ideas complementarias. ¿Si nunca has tenido dudas, cómo sabes que tienes fe? Aunque fueras el mejor vendedor del mundo, eso no significa que siempre te hayan dicho que sí.

> *Si nunca has tenido dudas, ¿cómo sabes que tienes fe?*

Usemos nuestra fe para superar la duda de la misma forma que tenemos piernas y las usamos para caminar. Vivir confiado es creer por algo que no tienes y esperas alcanzar. Quien tiene fe no vive en el pasado o se estanca en presente, sino que se proyecta hacia el futuro, y cuando culmina un proyecto, ya tiene el siguiente en la mira; no se detiene porque si lo hace siente como si dejara de vivir, como si le cortaran el oxígeno. A mí me ha sucedido. Cuando en 2017 inauguramos Arrowhead —las oficinas para el equipo de trabajo que se integra al nuevo templo—, además de dar infinitas gracias a Dios comencé a poner en marcha los proyectos que seguían y que configuraban lo que el Señor tenía planeado para el ministerio durante las siguientes décadas.

Cash Luna ya tenía cincuenta y cinco años y mil planes en la cabeza. Necesitábamos organizarnos estratégicamente para avanzar hacia el futuro, continuar con la innovación, involucrar a las generaciones emergentes y fortalecernos institucionalmente. Había muchas decisiones que tomar. ¡No podíamos detenernos! La fe siempre nos reta y si menguamos, si bajamos el ritmo, damos espacio a la comodidad que genera dudas y desánimo porque vemos más hacia el pasado y el presente que hacia el futuro.

Confianza en medio del caos

Hemos hablado de David, quien llegó a ser rey de Israel luego de que cayera Saúl. A veces se piensa que inmediatamente después de matar a Goliat recibió el trono, y en realidad no fue así. David tuvo que enfrentar batallas y persecución incluso del mismo Saúl, quien celoso lo buscaba para matarlo. La vida de este hombre es muy interesante, pues fue débil en muchos sentidos, cometió terribles faltas y sufrió las consecuencias de sus errores; sin embargo, Dios dijo que él era «un hombre conforme a Su corazón» porque su fe y pasión hacia Dios era su mejor virtud. ¡Realmente confiaba en su Señor! Tanto que fue capaz de decir que en paz dormiría en medio de la guerra,[148] dormía confiando en la protección divina.

Muchas veces el insomnio es síntoma de poca fe, a no ser que no puedas dormir porque tus sueños y proyectos te mantengan muy entusiasmado. Yo siempre he dicho que la única forma de vencer una pesadilla es con un sueño. Si estás afligido porque tus hijos andan en malos pasos y consumen drogas, solamente el sueño de verlos rehabilitados y renovados hará que la pesadilla desaparezca y dé paso a una mejor realidad. Hay que soñar con que lo que viene es mejor que lo pasado.

---

[148] Salmos 4.8

Debemos ser como David, capaces de dormir confiados; no solo cuando todo va bien y el cheque de fin de mes está seguro, sino también cuando tus proveedores te cobren de más y quienes te deban no te paguen. Demostremos nuestra fe cuando el negocio quiebra o no va bien. En esos momentos debes decir: «Dormiré tranquilo porque el Señor está conmigo». Eso se llama confianza, el puente por el que avanzamos en medio de los momentos de fe.

Algunos me preguntan cómo pude dormir sin preocupaciones durante el desarrollo del enorme proyecto de construcción que realizamos para el Señor y que tomó aproximadamente cinco años. Yo les aseguro que lo hice en paz porque si Dios me motivó a embarcarme en la construcción, Él se encargaría de proveer los recursos y a los profesionales. Yo fui obediente, así que cada noche le decía y digo a mi familia: «Este muñeco se va a su estuche». La fe en Dios nos hace vivir confiados.

Copa rebosante

Recordemos que David, en el salmo 23, asegura que: «Unges mi cabeza con aceite; mi copa está rebozando». Esto significa que las personas llenas del Espíritu Santo hablan bien del futuro porque el presente se convierte en pasado en cuestión de segundos. Todo se va en un momento, lo que viste hace un instante ya es pasado y no volverá. Entonces solo podemos hablar de lo que habrá de venir. ¡Anticípate al futuro con tus palabras de fe!

Si en tu boca solamente hay quejas sobre el presente y el pasado es porque tu copa no está rebosando y necesitas ir delante de Su presencia para que la llene. Una persona llena del Espíritu Santo siempre hablará bien de su futuro. Muchas veces me critican porque motivo a la congregación con la Palabra que les levanta el ánimo. Dicen que debería hacerles ver la realidad para que se asusten y se conviertan, pero yo les respondo que de las malas noticias ya se encarga el mundo. De Casa de Dios todos salen sonriendo porque mi deseo es dar ánimo para avanzar confiados, tal como Jesús lo hacía; que las personas lloren de esperanza, no de angustia y tristeza. Debemos contagiar ese corazón de niño que imagina y sueña.

Jesús no era un hombre malhumorado y frío; al contrario, yo creo que incluso hacía Sus advertencias a los fariseos con una sonrisa en los labios, de lo contrario no lo habrían seguido las multitudes deseosas de esperanza y los niños nunca hubieran querido acercársele. Cierta vez, mi esposa Sonia cocinó un delicioso pescado encebollado. Cada filete —fresco y jugoso con sus gotas de limón, bien acomodado en una tortilla recién salida del comal— me sabía a gloria. No te miento que comiendo lloré de gusto y le di gracias a Dios por tanta bendición. Entonces uno de mis hijos, que entonces era un niño pequeño, se me acercó y, contagiado de mi llanto, empezó a hacer pucheros. Yo le expliqué que lloraba de alegría y agradecimiento, y él comprendió, aunque no dejó de llorar. Debemos ser como niños que nos contagiamos del sentimiento cuando suceden cosas buenas y no quejarnos tanto con las cosas desagradables. ¡Lo positivo debe influenciarnos más que lo negativo!

Debemos ser como niños que nos contagiamos del sentimiento cuando suceden cosas buenas y no quejarnos tanto con las cosas desagradables.

¿Por qué piensan que no tienen?

El Señor ataca nuestros pensamientos negativos. Cuando los discípulos lo despertaron porque tenían miedo de la tormenta, Él les dijo: «¿Por qué teméis, hombres de poca fe?». Cuando pensaron que no tenían qué comer y se preocuparon a pesar de que habían visto la multiplicación de los panes y los peces, Jesús les dijo: «¿Por qué piensas que no tienen pan, hombres de poca fe? ¿Acaso no recuerdan los cinco panes para cinco mil y los siete panes para cuatro mil?».

Cuando mi hijo mayor era un bebé se enfermó y en medio de la noche se deshidrató a pesar de nuestros esfuerzos por evitarlo. Veíamos que tenía sus ojos hundidos, con ojeras, y la piel de sus manitas, brazos, piernas y carita lucía marchita. Mi esposa y yo éramos inexpertos, por eso consultamos rápido al médico. Pronto comenzamos a darle suero, pero le dimos y le dimos tanto, que el pobre niño ya no quería más. Cuando decidimos detenernos porque sentíamos que le iba a salir suero hasta por las orejitas, pensamos que ya todo estaría bien, aunque realmente no fue así. A las tres de la mañana Cashito seguía ardiendo en fiebre y no reaccionaba bien. En ese momento clamé con todas mis fuerzas y el Señor me dijo: «Me has pedido hacer milagros, pero ¿cómo los haré si todo va bien?». Entonces me tranquilicé: «Tienes razón. El único desesperado soy yo porque Tú estás en control y sé que mi hijo sanará». Dos horas después, nuestro bebé comenzó a balbucear como antes y la fiebre cedió. Yo no debía pensar que mi hijo no tenía salud cuando realmente sí la tenía, solo debía confiar. No olvides que ese monosílabo es como un átomo: al hacerlo reaccionar en cadena, produce una hecatombe de bendición sobre tu vida.

El mayor de los profetas

Ya hablamos antes acerca de Zacarías y Ana, los padres de Juan el Bautista, profeta de la misma familia materna de Jesús quien anunció Su venida. Él fue usado por Dios de forma impresionante. Fue quien preparó el camino, el único con el gran honor de escuchar la voz del Padre, bautizar al Hijo y ver descender al Espíritu Santo. ¿Qué tal? Fue él quien reveló a Jesús diciendo que es «el Cordero de Dios que quita el pecado del mundo.»[149]

La figura de este hombre es singular. Se le describe casi como un ermitaño y él y Jesús tenían dos estilos diferentes para predicar. Jesús se acercaba con sutileza, como lo hizo con la samaritana; Juan iba con

---

[149] Juan 1.29-34

los tacos por delante y decía las verdades sin anestesia, tal como lo hizo con Herodes, a quien le advirtió sobre su adulterio.[150] Este profeta era tan importante, que los soldados, publicanos y gente de gobierno le consultaban,[151] Él les recordaba que era necesario cambiar su estilo de vida. Fue usado para bautizar a la gente y mantener viva la moral del pueblo de Israel y del pueblo romano. El mismo Jesús dijo que ningún hombre nacido de mujer se le comparaba.[152]

A pesar de su fe y de ser el profeta más grande, Juan el Bautista también dudó y cuando ya estaba en prisión por decirle sus verdades al representante del César en Judea, ¡envió a sus discípulos a preguntar a Jesús si realmente Él era el Hijo de Dios, el Mesías que esperaban, a quien él mismo había anunciado![153] Seguramente se cuestionaba: «¿Cómo Dios permite esta injusticia si soy quien anunció al Mesías? ¿Por qué me sucede esto a mí, que soy buen siervo del Señor?».

Sintió lo mismo que tú has sentido cuando dudas frente a la adversidad: su aflicción lo hizo dudar. A veces estás convencido de que vas por buen camino y sientes todo el ánimo para luchar, pero de pronto algo te hace tambalear y dudas. Te preguntas «¿Por qué me sucede esto si oro, adoro, alabo, predico, me porto bien y hasta diezmo? ¿Será que Dios realmente es quien dice ser?». Al escuchar las dudas de Juan el Bautista, Jesús actuó y demostró que era el Hijo de Dios, diciéndoselo a los enviados para que estos se lo dijeran a él. Eso mismo te responde a ti y pide que no desfallezcas; el problema no es dudar sino cómo enfrentamos ese momento de debilidad.

No te equivoques

Tus circunstancias deben ajustarse a tu fe, no al contrario. Juan, el mayor de los profetas, se ajustó a la prisión y allí pensó, cuestionó y dudó condicionando a Dios: «Debería hacerme el milagro, pero como no lo hace quizá anuncié al equivocado». Algunos asumen una actitud semejante y dicen: «No creo en los milagros, pero si me pasa a mí entonces creeré». No hay motivo para que Dios te escoja entre

---

[150] Lucas 3.7-8; [151] Lucas 3.12-14; [152] Lucas 7.27-28; [153] Lucas 7.17-23

los billones de habitantes del mundo para demostrar que realmente es poderoso y no miente. Debemos ser humildes y decir: «Yo creo en ti, los milagros que he visto me demuestran que eres el Señor. Aunque no lo has hecho conmigo, mi fe me hará ver Tu obra en mi vida». No te equivoques: la vida de fe es simple, pero no fácil. Dios necesita de nuestra humildad para actuar.

Cuando la duda llega, no toca el timbre; se mete por donde puede y debemos saber qué hacer en esos momentos. Testifiquemos por fe, aunque las cosas no vayan bien. Los patriarcas creyeron que Dios les daría una tierra aunque Abraham, Isaac, Jacob, Esaú, José y Moisés no la vieron; Josué fue quien pudo alcanzar la promesa. Nosotros no somos capaces de creer ni siquiera durante dos meses y ellos creyeron durante muchas generaciones.

Algunos dicen: «De nada me sirvió ir a orar a la reunión de intercesión porque ya pasaron cuarenta y ocho horas y no sucedió nada». José tenía tanta fe en el cumplimento de la Palabra de Dios que dijo a sus descendientes que cargaran con sus restos a través del desierto porque él sería enterrado en la Tierra Prometida. Eso es demostrar una fe inquebrantable que te hará decir a tu familia: «El Señor me ha prometido una vida plena; si no se cumplió en mí, prepárense porque Él no miente y se cumplirá en ustedes. ¡Gozarán de triple bendición!». No hay vuelta de hoja: estamos en medio de una pelea, de la fe contra la duda, y ya sabemos cuál de estas ganará.

El hombre de poca fe es el que cree que Dios puede vestir mejor a las flores que a Sus hijos. ¡Se necesita fe para vestirse y comer! La gente que vive con miedo no demuestra su fe en quien dijo: «No temas, Yo estoy contigo». Fija tu mirada en el Señor y persevera, aunque los vientos sean fuertes y tengas miedo. Acércate a Él en cualquier momento, cuando todo va bien, así como cuando necesites de Su ayuda. Si te acercas a Dios porque tienes cáncer o por problemas económicos, te ha movido lo malo, pero si te acercas a Él sano y próspero te ha movido lo bueno y sentirás cómo el bienestar te guía hacia Su presencia. Libera tu fe de la prisión de la duda y piensa en las promesas que verás cumplidas.

25 DE LA ANSIEDAD A LA VICTORIA

El Señor nos perfeccionará, afirmará, fortalecerá y establecerá.

Cuando realmente creemos en Dios, nada nos separa de Él. Y hago énfasis en la palabra «nada» porque ninguna circunstancia vale más que nuestra intimidad con Él. Eso es fidelidad. Ahora parece que cuesta un poco más comprenderlo porque nos acostumbramos a las relaciones desechables. Si un matrimonio, una amistad y/o una sociedad «no funciona» como se espera, fácilmente se da marcha atrás. Parece que estamos perdiendo el carácter para perseverar y sobreponernos a las dificultades, por eso nos cuesta confiar en el compromiso eterno de nuestro Padre; sin embargo, Él es fiel y nos ama, por tanto, nada debería separarnos de Su lado. Amémoslo más a Él que a lo que pudiera darnos.

¿Un despido, un divorcio, la rebeldía de algún hijo, angustia, persecución, hambre, desnudez, peligro? Nada debe separarnos de Dios. En toda situación saldrás más que vencedor si te convences de que ni la vida, ni la muerte, ni lo presente, ni el futuro, ni lo alto, ni lo profundo... Nada nos separará del amor del Señor[154] porque Él nos ama por siempre y sin medida.

Los humanos tenemos pensamientos, emociones y voluntad. Las tres áreas se relacionan y determinan nuestra conducta, por lo que debemos aprender a manejarlas, especialmente en los tiempos difíciles. Si lo logramos, Dios nos levantará cuando sea el momento justo.[155] En este proceso, rodeémonos de personas que nos den seguridad. ¿No te sucede que hay una persona con quien te sientes seguro? Si estamos enfermos, sentimos alivio cuando el médico nos dice qué hacer. En mi caso, mi esposa es quien me provee mucha paz. Cuando viajo sin ella me cuesta dormir porque estoy acostumbrado a abrazarla para descansar a su lado. Dios me da paz a través de ella y la seguridad plena la encuentro en Su Palabra.

Cuando nuestra relación con el Señor es fuerte, no es necesario que un profeta nos traiga palabras específicas ya que al leer Su Palabra encontramos el consejo exacto para nuestra situación. Aprendamos a manejar la ansiedad leyendo las Escrituras, porque ese sentimiento de inseguridad es peligroso y podría llevarnos a tomar decisiones equivocadas.

Cero tolerancias a las emociones negativas

Que nuestras emociones no nos dominen: ni la frustración, el enojo o la tristeza. La Biblia dice que le falta entendimiento a quien se enoja porque alguien que no domina sus estados de ánimo es débil. Estás mal de la cabeza si te enojas rápido, más aún si eres impaciente porque

---

[154] Romanos 8.35-39; [155] 1 Pedro 5.6-7

te dejas llevar por la necedad.[156] Ya hemos hablado sobre la paciencia, la mejor sazón para la fe. Cuando tenemos un espíritu apacible y afable escuchamos el consejo del sabio. Nuestra condición espiritual y emocional muchas veces determina el consejo que escucharemos. La ansiedad produce aflicción, por lo tanto, debemos controlarla.

Muchas cosas en la vida pueden doblegar tu alma y hacerte sentir derrotado. La solución para un alma abatida es la Palabra de Dios.[157] Si una emoción dañina te cautiva, tu mente pierde claridad, entonces para resolver el problema lo primero que debes hacer es resolver la emoción, ya que en abatimiento la mente no encuentra las ideas para salir de la crisis.

Tu espíritu angustiado y ansioso exaltará la necedad. Un alma llena de la Palabra de Dios difícilmente se abate hasta el polvo, y un alma abatida hasta el polvo solo puede encontrar vida a través de la Palabra que le dará esa paz que sobrepasa todo entendimiento. Entonces empiezas a captar las ideas que Él puede inspirarte: todo lo bueno, honesto, puro... ¡Todas las soluciones que realmente funcionarán! La paz que sobrepasa todo entendimiento se refiere a estar calmado y enfocado, incluso en medio de una situación que produce angustia. Si no tienes trabajo y estás calmado, no significa que eres irresponsable, sino que estás buscando mantener tus emociones bajo control para

---

[156] Proverbios 14.29; [157] Salmos 129.25

encontrar buenas opciones. Si intentas buscar empleo con cara de angustiado, no lo encontrarás porque nadie contrata personas afligidas. Si buscas al Señor, pides Su intervención y te humillas delante de Su presencia, Su poderosa mano te guiará y te dará buenas ideas. ¡Dios quiere escucharte confesar Sus promesas! Quiere que confíes en Él, que le entregues todo, que eches sobre Él toda carga. La angustia es como un bicho de los que se ven en las películas, que se mete debajo de tu piel y comienza a subir por tu cuerpo; cuando yo lo he sentido, le he dicho: «¿A dónde vas? ¡Fuera de aquí!» Toma tu victoria, pídele al Señor que Su Palabra te vivifique, te llene de energía y de creatividad.

La angustia puede destruir el alma, pero debemos meditar en la Palabra de Dios, es decir, imaginarla hecha realidad.[158] De nuevo hablamos de volvernos como niños con mucha imaginación. Llenémonos de Su Palabra, meditemos en Sus maravillas y recibiremos sustento. Sabemos que es posible meditar en el bien y en mal. Frente a una noticia de enfermedad puedes meditar en la promesa de que por Su herida fuiste sanado e imaginar todo lo que harás cuando estés sano, o de lo contrario, meditar en la enfermedad, imaginar cómo será tu entierro, cómo quedarán tus hijos cuando no estés y cómo todo se volverá un desastre. Tú decides en qué Palabra meditar, es decir, qué imaginar y pensar. Dios te da la Escritura y la imaginación para usarlas y afirmar que el futuro será glorioso y bueno. Su Palabra es nuestro sustento; meditarla, imaginarla cumplida y vivirla es la única forma de sanar el alma y avanzar con fe hacia el futuro.

Llenemos nuestro corazón de esperanza porque la Palabra dice que el padecimiento durará poco para que luego Dios nos perfeccione, afirme, fortalezca y establezca.[159] La angustia no desaparece sola y se asimila a querer bajar de peso: hay que hacer algo para lograrlo.

La fe en contra de los sentimientos

El afán y la angustia no deben ahogar tu fe, sino abrirle paso para que crezca. El Señor desea que fortalezcamos nuestra fe, que le

---

[158] Salmos 1.2; [159] 1 Pedro 5.8-10

creamos con todo el corazón por encima de nuestra razón y conocimiento, por ello nos muestra ejemplos en la Biblia. De la experiencia de Jesús en Su pueblo, Nazaret, aprendemos que sin honra y sin fe no es posible ver la obra de Dios. La incredulidad puede neutralizar el deseo del Señor de bendecirnos, por lo tanto, en ese sentido ya vimos que debemos ser como Peter Pan, pues los niños creen por naturaleza. El conocimiento es bueno siempre y cuando no anule la fe.

El Señor nos dice ahora: «No dudes. Mi Palabra produce resultados por la fe». Esforcémonos por ser «creyentes» más que por ser miembros de alguna religión.

Jesús obró en los creyentes, aunque no estuvieran convertidos, por tanto, la fe es más importante que la conversión en sí. Esto explica por qué reciben milagros también las personas que no se han convertido al Señor.

> *Esforcémonos por ser «creyentes» más que por ser miembros de alguna religión.*

¿Recuerdas al padre que le pidió a Jesús por su joven hijo afligido por un espíritu? Vemos que él reconoció su incredulidad, pero aun así le pidió al Mesías que lo ayudara.[160] Si no tienes fe, Jesús no puede obrar. Este pobre señor estaba confundido, creía, pero no tanto, le faltaba un poco más. Su aflicción y sus sentimientos le impedían creer al 100%. Smith Wigglesworth, un apóstol de la fe, dijo que para él era imposible entender a Dios a través de sus sentimientos. Y es cierto, pues muchas veces lo que sentimos no concuerda con lo que creemos y dejamos que nuestros sentimientos influencien nuestra fe cuando debería ser al revés. Claro que somos seres emocionales, por lo que en medio de una depresión y angustia nos cuesta creer, por eso es tan importante que aprendamos a dominar nuestras emociones.

Cuando Moisés intentaba convencer a los israelitas de que serían libres, ellos no lo escuchaban porque estaban hundidos en el desánimo. En medio del proceso para construir el primer templo de Casa

---

[160] Marcos 9.14-24

de Dios, tuvimos dificultades con la negociación del espacio para parqueos porque de nada servía un templo hermoso, pero sin área para que las personas estacionaran su vehículo, entonces, en medio de la preocupación, el Espíritu Santo me dijo: «Yo no me muevo sobre el afán. Me muevo sobre la ilusión. ¿Tu anhelo es construir para que las personas me conozcan? ¡Entonces no te afanes!». Muchas veces Él te está hablando, pero hundido en tus emociones no lo escuchas. Te aseguro que en esos momentos Jesús mismo podría aparecerse y ¡ni cuenta te darías!

Si volvemos al caso de Marta, vemos que Jesús dio gracias a Dios antes de obrar el milagro de la resurrección de Lázaro, porque esa prueba tan difícil de la muerte de un ser querido fue el medio para que la familia renovara su fe y alcanzara un nuevo nivel. No seamos como los habitantes de Nazaret, ¡Dios nos libre de la incredulidad! Si anhelamos ver milagros, debemos creer que es posible que sucedan. Y los retos de la vida son las oportunidades para ejercitar nuestra fe, fortalecerla y evitar que se atrofie.

Sabemos que el ser humano constantemente busca lo sobrenatural, por eso hay tanto brujo, adivino y curandero, además de películas y literatura sobre poderes fantásticos. ¿Acaso no corremos al cine a ver la última película del Capitán América, Iron Man y la Mujer maravilla? Nos fascina ver cómo Thor logra vencer a todos con su mazo y fuerza sobrehumana y qué decir de Supermán, ese extraterrestre con enormes poderes que defiende a los débiles. De hecho, me encantó un dibujo que circuló en redes sociales, donde se veía a Jesús rodeado por varios superhéroes muy atentos a la historia que les contaba; esto se asumía por la posición de cada uno, ya que solo se leía que Él les decía: «...y así fue como yo salvé al mundo». El único capaz de obrar milagrosamente es Él.

Todos conocemos a Abraham como padre de la fe porque creyó en la promesa de Dios de que su descendencia sería grande a pesar de que él y su esposa Sara eran ancianos; ahora lo creemos, pero sería difícil tener esa fe si vemos que un viejito se nos acerca y nos dice que recibió esa promesa. ¿Le creerías? Abraham creyó y vio el milagro; por supuesto que le fue difícil tener fe aún más cuando las evidencias de su cuerpo le decían que era ridículo pensar que tendría un hijo; sin embargo, dio gloria a Dios, seguro de que así sucedería. Todo era posible menos dudar del Señor. Ahora seguramente le dirían que está loco y que en la iglesia le lavaron el cerebro, pero yo prefiero que piensen eso de mí a titubear cuando Dios me promete algo, porque nuestra fe nos hace justos y merecedores de bendición, tal como Abraham.

Cuando los sentimientos son contrarios a lo que crees, se libra una batalla en tu interior que la fe debe vencer. Dios te promoverá cuando actúes contrario a los sentimientos y de acuerdo a tu fe. El ego te detendrá porque nadie quiere ser humillado, pero la fe nos mueve a hacer proezas porque nos reta a tener la humildad de creer y dejar que el Señor nos guíe hacia lo que nos ha prometido. Cuando estás

> *Cuando los sentimientos son contrarios a lo que crees, se libra una batalla en tu interior que la fe debe vencer.*

plenamente convencido de que Dios no miente, tu fe vencerá a tus sentimientos y darás gracias por tu bendición incluso antes de recibirla. La fe es nuestro mayor capital porque al que cree —no al que tiene— todo le es posible. ¡Agrademos al Señor con nuestra fe![161]

---

[161] Romanos 4.17-24 [DHH]

Para darle la promesa de una nación, Dios hizo que Abraham viera las estrellas del cielo, estimuló su imaginación, su capacidad de soñar y visualizar. En medio de una deuda, Dios asegura que no solo podrás pagarla, sino que tendrás cuatro veces más recursos para realizar tus sueños. Frente a una enfermedad, no pidas un día más de vida, sino agradece porque tendrás larga vida y podrás ver crecer a tus hijos y a tus nietos.

Sanidad del alma

En la mente radican los pensamientos; en el alma, la voluntad; y en el cuerpo, todas nuestras funciones. Somos trinos como Dios es el Padre, el Hijo y el Espíritu Santo. A veces nos concentramos solo en el cuerpo y queremos salud. Buscamos estar libres de tumores cancerígenos o cualquier enfermedad. En las cruzadas de milagros que organizamos, las Noches de Gloria, hemos visto muchísimos milagros de sanidad, pero a veces el alma continúa contaminada y obstruye la fe.

Durante una noche de ministración de sanidad se nos acercó una mujer con artritis deformativa, las articulaciones de sus manos estaban inflamadas y sus dedos torcidos. Mientras orábamos y declarábamos sanidad, el Espíritu Santo me habló: «Dile que perdone». Cuando se lo dije, ella se descompuso, comenzó a llorar sin consuelo a pesar de que sí había recibido sanidad porque ya no sentía dolor, sus manos estaban desinflamadas con sus dedos en mejor posición. Los familiares que la acompañaban la llevaron a sentar y se quedaron allí el resto de la reunión. Al finalizar me acerqué y vi con sorpresa que sus manos habían vuelto a su condición original. ¡Qué tristeza sentí! Al parecer ella realmente tenía muchos asuntos pendientes. Su corazón estaba muy lastimado y era lo primero que debía sanar. ¡Hay que sanar el alma! Está comprobado que muchas enfermedades físicas tienen un origen emocional; somatizamos nuestros dolores del alma, y el cuerpo se resiente, así que además de comer bien, hacer ejercicio y cuidar nuestro cuerpo, es necesario que cuidemos nuestra alma ya que por medio de ella también podemos debilitarnos. De hecho, la Biblia dice que el buen ánimo del hombre ahuyenta la enfermedad; no dice que la quite, sino que mantiene lejos la que no ha llegado. ¡Al mal tiempo buena cara!

Una de las promesas de nuestro Señor es ser quien ha venido para vendar, sanar y consolar,[162] tres palabras que tienen que ver con el alma. Al vendar una herida sabemos que tomará tiempo para sanar, por eso el Espíritu de Dios, a través del consuelo, nos sana; pero mientras eso sucede nos mantiene vendados, para evitar que se contamine la herida. Por supuesto que, si es una herida expuesta como una cortada, no debemos sellarla totalmente porque la piel necesita oxígeno para reconstruirse; pero si se tratase de un brazo quebrado, por ejemplo, te inmovilizan y te pondrían un cabestrillo para que el hueso se regenere. Lo mismo sucede cuando Dios está sanando nuestra alma: lo mejor es no movernos mucho. ¿Comprendes la parábola? Hay que alejarnos del asunto y quedarnos quietos por un tiempo.

Necesitamos consuelo, pero siempre digo que es mejor pedir consejo antes de que sea tarde. Cuando una mujer llega triste donde mi esposa Sonia a pedir consejo porque su matrimonio fracasó, realmente está pidiendo consuelo ante una situación desesperada. Si ella hubiera insistido en buscar consejo cuando aún era tiempo, quizá todo habría sido diferente. Claro que a veces se recibe consejo que no se pone en práctica, pero ese es tema para otro libro. La idea es que seamos sabios en buscar consejo. ¡No hay forma de que te vaya mal si la Palabra de Dios es tu guía! Lo primero que provoca el cambio de conducta es el conocimiento que debemos asimilar para que influya en nuestras emociones. El Señor nos dice que conoceremos la verdad y la verdad nos hará libres, así que tenemos la capacidad para encontrar la verdad y obtener libertad.

La Escritura dice que cuidemos que ninguna raíz de amargura brote entre nosotros y nos contamine. ¿Has visto que la actitud se contagia? Si alguien ríe nos provoca reír, y si alguien llora también nos provoca llorar. Busca rodearte de personas con buena actitud y tú también sé

---

[162] Isaías 61.1-3

de las personas que irradian buena actitud. Ser así es como tener un imán que atrae, mientras que ser amargado es como andar cargando un zorrillo en la espalda. ¡Nadie se quiere acercar! Yo siempre le digo a los jóvenes: «¡No te enamores de alguien amargado porque resultarás igual!» Esa persona necesita doctor, psicólogo o psiquiatra, no pareja. Mi esposa Sonia ya era feliz cuando me conoció. Yo también lo era antes de conocerla, así que casarnos fue un acontecimiento que solo sumó bendición a ambos.

El Señor quiere sanar nuestra alma con la unción de Su Espíritu Santo porque ese gozo también sana tus relaciones, sin embargo, hay personas que solo quejas son. ¡Eso no es posible! Si te enamoras de alguien así, terminarás en una relación codependiente, mejor antes que sane su alma. La felicidad es un atractivo, la alegría hermosea el rostro. ¡No hay feo que sonría que no se vea bien! Un refrán que me hace mucha gracia dice: «El peor gorgojo se come la mejor mazorca», es decir que a veces vemos a hombres no tan guapos que llevan lindas chicas de la mano. ¿Será porque al sonreír enamoran? Sabemos que las mujeres buscan hombres que las hagan sentir protegidas y que también las hagan sonreír. Me parece que buscan algo así como un payaso ninja. El caso es que ellas de verdad quedan ciegas cuando ven a un joven con buena actitud, que se nota que enfrenta la vida con buena cara. ¡Eso enamora!

No es nada agradable estar con gente triste, que protesta, se enoja y que con la que es imposible quedar, por el contrario, qué bonito estar con gente alegre, sonriente, que siempre ve el lado bueno de todo. ¡Debemos ser de ese tipo de personas! Cuando no tenemos un alma sana, todo nos parece una ofensa y solemos reclamar cosas como: «¿Por qué me llamaste cinco minutos tarde?». Cuando estás mal por dentro, todo te afecta y es más fácil derribar un muro que agradar a un ofendido[163] porque sienten que todos están en su contra. Si llegas tarde al trabajo y te llaman la atención, rápido dices que la tienen en contra tuya, que trabajas en un ambiente muy malo y que te presionan demasiado; si nuestra alma amargada logra que nos convirtamos en

---

[163] Proverbios 18.19 [TLA]

una persona de cristal, ¡con cualquier cosa nos quebraremos! ¿Lo que se debería hacer con la persona que llegó tarde es recibirla con un pastel y decirle que si hubiera llegado temprano también tendría cafecito? ¡Claro que no!

A todos nos hieren —y muchas veces—, pero hay que perdonar para no andar derramando amargura y resentimiento, más bien busquemos edificar a otros. Si quieres hacerte la sufrida o el sufrido, no hay problema, pero lo único que causarás es lástima y eso terminará enfermándote. ¿Puedes imaginar una sociedad llena de personas sanas del alma? No habría resentidos, sino luchadores, gente buscando cómo superarse.

Hoy es el día de sanar tu alma del resentimiento que obstruye tu fe. Cuando una esposa ofendida por la actitud de su esposo llegó a pedir consejo y consuelo, Sonia oró con ella: «Padre, te pido que mis sentimientos sean sanos por el ungüento de Tu Espíritu. Trae sanidad sobrenatural a mi alma para que supere mi enojo y tristeza. Perdonaré y pediré perdón. Declaro que soy mala tierra para las ofensas y buena para la reconciliación».

26 SIN TEMOR

Rechaza el miedo
y recupera tu
espíritu de poder,
amor y dominio
propio.

Sabemos que Dios siempre ha buscado hombres y mujeres valientes que superen su temor, crean y conquisten aquello que les corresponde. Por eso la Biblia habla de Barac, Sansón, Jefté, David, Samuel y tantos otros.[164] Lo importante es ver que todos esos hombres tienen algo en común; no es la posición, la riqueza o la educación, sino la fe. Ellos le creían a Dios sin importar la dimensión del reto; Él te dio fe para caminar y correr, así que no uses «la silla de ruedas espiritual» por pereza.

---

[164] Hebreos 11.32-34

Pablo fue un gran evangelista que formó a varios discípulos; uno de ellos fue Timoteo, quien evidentemente enfrentó un tiempo difícil porque Pablo le pidió que no se avergonzara de su fe, sino que la avivara. Al leer en la Biblia lo que le escribe, parece que le dijera: «Confío en que la fe que tienes no es fingida, que no sea solo del diente al labio porque veo que apagaste el regalo del Espíritu Santo y como que un espíritu de cobardía vino a ti. Explícame, ¿cómo tu abuela y tu madre, siendo ancianas, no se avergüenzan del Evangelio?[165] ¿Qué te produce miedo? ¿Desde cuándo caminas con un espíritu de cobardía? Ya es hora de que levantes el fuego de Dios en tu interior».

Cuando un espíritu de temor se apodera de ti, incluso los dones y regalos del Señor pueden apagarse. El miedo es capaz de paralizarnos y hacernos retroceder. No caigamos en la trampa; cuando permites que el agua se filtre, aunque sea por gotas, cualquier lugar se inunda, así que nada de goteras de miedo porque Dios es como un plomero que nos ha dado las herramientas ideales para repararlas: el espíritu de poder, amor y dominio propio. En mi país tenemos un refrán: «No te asustes con el petate del muerto», lo que significa que no salgamos corriendo anticipadamente y que enfrentemos nuestros temores.

Ve con esa tu fuerza

Ya hemos hablado de Gedeón, un joven que Dios escogió para liberar al pueblo de Israel de los abusivos del pueblo de Madián. Por cierto, ¡es increíble cuántas veces fue necesario liberar a los israelitas! Eso me da consuelo porque veo que Dios no se cansa de hacerlo. Una y otra vez está ahí para sostenerlos, liberarlos y rescatarlos. ¡Su amor no tiene límites!

Pues bueno, podemos ver que los madianitas atacaban a los israelitas desde que ellos estaban sembrando y devastaban la tierra. Cuando Israel comenzaba a sembrar, los madianitas acampaban allí esperando la cosecha; pero eso no te sucederá porque está escrito que el ángel de Jehová acampa alrededor de quienes le temen. Enfrenta a

---

[165] 2 Timoteo 1.3-8

esos espíritus de madianitas y diles: «Se largan de aquí. El único que tiene derecho legítimo de acampar en mi casa es mi Padre».

En Gedeón vemos que todo fue progresivo. Lo primero fue que el pueblo clamó y Dios envió la Palabra; luego envió a un ángel que hablara con quien pelearía en contra de los invasores. Lo mismo sucederá en tu vida. Busca la voluntad de Dios en Su Palabra. Ahí encuentras la medicina, la instrucción y la esperanza para conquistar. No hay problema imposible de solucionar si le crees. Él ya solucionó el asunto más importante, nos lavó con la sangre del Cordero y cambió nuestro destino eterno. ¿Habrá algo que no pueda hacer? ¡Claro que no!

> *No hay problema imposible de solucionar si le crees.*

En medio de una dificultad, recuerda que Dios resolvió el problema más grande: la salvación, así que podrá ayudarte en todo lo demás. Escrito está que Dios permanece fiel porque aunque fuéramos infieles, Él no sabe ser infiel; hizo un pacto contigo y no sabe traicionar.

Cuando el ángel llegó a hablar con Gedeón lo encontró escondido. Tenía miedo así como nosotros tenemos miedo respecto a nuestra familia y economía. Es como si el ángel del Señor estuviera ahí sentado a tu lado mientras tú estás muerto de miedo. Tú decides si ves a los madianitas o al ángel. Dios te dice que seas esforzado y valiente, que no te ha sacado de la esclavitud del pecado para desampararte.

Si ves en esta historia, primero fue el profeta, luego el ángel y después le habló Dios mismo a Gedeón para darle instrucciones y alentarlo.[166] Así es contigo: cuentas con la Palabra, con la presencia angelical y con Dios. ¿Qué pasaría si se presenta delante de ti? ¿Escuchará solo tus quejas como sucedió con Gedeón? No importa si eres el más pequeño de tu familia. Lo que importa es que Dios ya tiene un plan para tu vida, para que derrotes a tus enemigos. Él no conversará sobre tus complejos. Te dará la instrucción para conquistar Sus promesas.

---

[166] Jueces 6.3-17

Dice la Palabra que los madianitas eran innumerables, pero parecían como uno solo. Dios está por hacer que esos cientos de problemas se vean como uno solo, fácil de resolver. Tu deuda de miles de dólares se verá pequeña porque la pagarás sin problemas. Es momento de tomar acción; tu empresa no quebrará, tu negocio no cerrará, deja el pesimismo y el miedo.

Luego de convencerse de su asignación, Gedeón le pidió a Dios que lo esperara porque iría por una ofrenda.[167] Seguro era lo último que le quedaba, tal vez escondido para evitar que se lo quitaran los madianitas. ¿Tienes escondidos tus talentos por miedo? ¿Le temes a la quiebra o al desempleo? Nada es digno de temor, solo Dios. El temor es una especie de adoración a lo negativo. No escondas lo que tienes. Invierte tus talentos, tu tiempo y tus recursos sin temor porque Dios está contigo. Ten fe en que te multiplicarás. Si algo sucede, tómalo como un tiempo de renovación, pero no vivas con miedo, pues las decisiones fundamentadas en el temor son equivocadas, así que, frente a la duda, ora, alaba y da gracias al Señor para que te ayude a tomar decisiones.

¡No más temor! Quien se mete contigo, se mete con Él. Los recursos llegarán más rápido de lo que pensabas, pero el Señor quiere que te olvides del miedo. Juan Manuel Fangio, campeón de Fórmula 1, decía que la clave de su éxito en las carreras consistía en acelerar cuando todos frenaban porque había algún riesgo en la pista. Si igual podía morir, lo mejor era aprovechar para tomar la ventaja. ¡Ahora no es tiempo de frenar, sino de avanzar y de acelerar sin miedo! El pie debe estar en el acelerador, no somos de los que retroceden.

Sé que no es fácil hacerlo. En septiembre de 2017 el huracán María pasó por Puerto Rico y dejó enormes pérdidas. Un pastor muy amigo nuestro quedó devastado, literalmente la mitad del templo de su ministerio eran escombros, entre agua y lodo. Cuando entraron a su casa luego del paso del huracán, la corriente de agua bajaba por las escaleras. Le era posible decir: «Mira, ahí viene la foto de la abuela y mis calcetines azules!», o «¡Uy, agarra ese cuaderno que

---

[167] Jueces 6.18

viene flotando, ahí anoté los temas de las prédicas para los próximos meses!». En la cocina el agua salía por las gavetas y al abrir las alacenas. La pérdida material era total, pero daban gracias a Dios porque él, su esposa y sus cuatro hijas estaban bien. Por supuesto que no era el único, ya que todos los miembros de la iglesia estaban en las mismas, con la boca abierta, no salían de su asombro al revisar todo lo que habían perdido en cuestión de horas.

En momentos como ese, además del cariño y apoyo incondicional, es necesario unirse y creer juntos. Mi esposa y yo queríamos ir a la isla lo antes posible, pero los vuelos comerciales estaban complicados, así que buscamos cómo ayudarlos para que ellos llegaran a Guatemala. Cuando logramos reunirnos y tomarnos un café en un ambiente que no estuviera tan húmedo, hablamos durante horas. ¡Fue admirable ver su entereza frente a la adversidad!

Necesitamos renovar nuestra fe y tener los pantalones bien puestos para activarla porque muchas veces el miedo nos detiene. Siento temor a las alturas, pero he vivido experiencias en las que he tenido que vencerlo. Recuerdo una vez en Toronto, Canadá, que con algunos pastores del equipo subimos a una de las torres más altas del mundo. El piso en el último nivel es de vidrio y mientras ellos se tiraban al centro de la habitación, yo me senté en una orilla y avancé deslizándome hasta donde ellos estaban porque me mareaba ver la altura a la que nos encontrábamos.

Algo parecido me sucedió en un centro turístico donde me retaron a tirarme de uno de los toboganes más altos. Mis amigos me alentaban con bromas: «Vamos, pastor, es cuestión de segundos. No le diremos a nadie si gritas». Mientras tanto yo pensaba: *A qué hora me hicieron subir hasta acá*. Estaba buscando la forma de librarme con mi dignidad intacta cuando un niño de más o menos siete años, de lo más calmado, pidió permiso, me vio de pies a cabeza con una expresión entre divertida y preocupada, se sentó en la orilla del tobogán, cruzó sus brazos sobre su pecho y se impulsó hacia lo que yo veía como un abismo sin fin. Yo me puse pálido, tragué saliva y sin más argumentos frente a la proeza de ese pequeño me encomendé a Dios y fui el primero detrás del valiente chiquillo. No puedo decirte lo que tuve que hacer para sacar la calzoneta de donde se había quedado trabada, pero sí te digo que ha sido lo más escalofriante que he hecho en mucho tiempo.

Gracias a Dios, mi trabajo no depende de vencer el temor a las alturas porque sería muy difícil. Seguramente me invadiría el espíritu del Chapulín Colorado y comenzaría a decir: «Sí lo hago... no lo hago... sí lo hago... no lo hago...». Sin embargo, debo concentrarme en vencer los temores que podrían afectar mi rendimiento, especialmente para emprender los retos que Dios pone en mis manos. Lo mismo sucede en todas las áreas. Un clavadista olímpico sí debe vencer ese temor a las alturas y estoy seguro de que en el proceso algunos lo han logrado y otros no. Eso es lo que identifica a los campeones: enfrentar y vencer sus temores para lograr aquello en lo que creen.

Esfuérzate y sube de nivel

Dios le dijo a Moisés que Su presencia siempre estaría con él. De esta forma lo motivó a sacar al pueblo del desierto, porque era lo que le correspondía hacer, pero Moisés le respondió devolviéndole la responsabilidad al decirle: «No nos saques de aquí si no vienes con nosotros». Con esas palabras pareciera que está evadiendo su tarea, ya que Dios los sacó de Egipto, pero era él quien debía llevarlos a la tierra de la promesa. Hoy el Señor ha prometido estar con nosotros, pero eres tú el responsable de avanzar. ¿A dónde llevarás a Dios? Él espera que te esfuerces y llegues a tu meta. Cuando se levantó la generación que finalmente conquistaría la Tierra Prometida, Dios le pidió a Josué que fuera valiente y se esforzara.[168] No le dijo que creyera porque era evidente que tenía fe. ¡El pueblo de Israel creía en la promesa del Señor desde el tiempo de Abraham! Pero no habían podido entrar en esa tierra porque les faltaba el valor para luchar por ella. Entonces con Josué era el momento de lograrlo, habían creído durante mucho tiempo, pero debían tener los pantalones bien puestos para conquistar esa promesa.

---

[168] Josué 1.6

Nuestra fe debe crecer incluso si tenemos miedo. La fe con la que le declaras amor a tu novia no es la misma que te ayuda a perseverar en el matrimonio durante toda la vida. La fe de David ante Goliat tuvo que ser más fuerte que la que lo hizo vencer al león ante las ovejas de su padre. Ese nuevo reto requería una fe renovada. Debemos estrenar una fe nueva cada vez que emprendemos un reto.

Cuando sales de una crisis, el peor error es conformarte con eso porque si te quedas en la llanura estás a la altura de la boca del pozo, donde podrías volver a caer. Al salir del pozo, ¡avanza hacia la montaña! Ten calma, pero no seas conformista.

Sal de las dificultades y alcanza nuevas alturas. Demuestra confianza en que Dios puede sanarte, y si gozas de buena salud, pídele que tu cuerpo se desarrolle con más vitalidad y energía. La fe es buena para sacarnos del pozo y también es efectiva para llevarnos a la cumbre. Si debes una enorme

> *La fe es buena para sacarnos del pozo y también es efectiva para llevarnos a la cumbre.*

cantidad de dinero, le pides al Señor con toda tu fe que te ayude a pagarlo, pero piensas que es vanidad pedirle esa misma enorme cantidad para construir la casa de tus hijos o darles una vida más cómoda. ¿Qué nos pasa? Levanta el nivel de tu fe porque la estás utilizando como un salvavidas, no como tu arma más poderosa.

La fe que el Señor nos ha dado es para salir del desierto, pero también para conquistar la tierra. En el desierto el pueblo no hacía nada más que caminar y recibir provisión del cielo, mientras que en la Tierra Prometida debían esforzarse y luchar. ¿Por qué podemos tener fe para restaurar nuestro hogar, pero no para ser más felices cuando todo va bien?

No es necesario estar hundido para que tu fe se active, ya que también podemos activarla para que nos lleve a nuevas alturas cuando todo va bien. Cierta vez, durante un viaje a un lago, escuché que un amigo le pedía a Dios: «Padre, quiero que me des una lancha bonita para esquiar y disfrutar». Indignado le dije: «¿Cómo se te ocurre pedirle semejante cosa?», y él me respondió: «No te lo estoy pidiendo a ti. Deja que yo le pida y que Él me responda». Luego me di cuenta de que tenía razón. Nuestro Padre desea darnos abundantemente, pues Él no es escaso y nos motiva a incrementar nuestra medida de fe para pedir todo.

Resistencia para crecer

De todos los milagros de Jesús, hay uno que nos deja con la boca abierta por la actitud de la mujer que lo pidió. Como diría mi nieta: «¡Qué nivel!». Era una madre angustiada porque un demonio atormentaba a su hija. La familia era sirofenicia —sí, justo donde Jesús convirtió el agua en vino en una boda—. La medida de fe de esta mujer fue tan grande que insistió sin miedo y sin vergüenza hasta conseguir lo que buscaba. Bueno, quizá tenía miedo, un poquito o tal vez mucho, porque recordemos que para las mujeres no era tan fácil acercarse públicamente a un hombre, pero hizo a un lado el temor con tal de recibir lo que anhelaba. Cuando leemos lo que sucedió podemos caer en la trampa de asumir que Jesús la estaba rechazando, que la menospreciaba con una actitud arrogante, pero no fue así. Lo que Él buscaba era retar la fe de ella para que estuviera al nivel de lo que pedía.

El pasaje desafía nuestro discernimiento porque lo vemos siendo «rudo» con alguien que le pedía un milagro, de hecho, es la única vez que actúa de esa manera. Podríamos asumir que la despreciaba, pero era como un padre que al buscar un bien para sus hijos los enfrenta a situaciones que a ellos les pueden parecer difíciles. Si les pones todo en bandeja de plata a tus hijos, no maduran ni les enseñas el carácter para luchar por lo que anhelan.

Ella estaba alterada, claro, no solo por la angustia de su hija que hubiera podido ser protagonista de la película *The Exorcist*, sino porque estaba retando el estatus quo al abrirse paso entre la multitud para hacerse notar. Seguro estaba hecha un manojo de nervios y en ese estado es difícil creer en liberaciones espirituales. Tus emociones nunca deben ser mayores a tu fe, por eso es necesario el dominio propio y el control, porque de esa forma tu fe supera a tus sentimientos y provoca que el milagro ocurra.

Si deseas sanidad debes enfocarte en la salud, no en la enfermedad; debes demostrar que tu fe ha llegado al nivel de asegurar que estás sano. Pero si estás lamentándote, si tus emociones y aflicción te dominan, si te concentras en la enfermedad, la fe se ahoga y no produce fruto. En las cruzadas de milagros no es fácil administrar las emociones porque es muy triste ver a las personas sufriendo; sin embargo, me esfuerzo para superar mis emociones y declaro sanidad, demostrándole a Dios que el nivel de mi fe es mayor a la intensidad de mis sentimientos. Es lo que Jesús buscaba en esa madre que rogaba por su hija: aumentar y reforzar su fe para que el milagro sucediera.

Y ¿cómo lograría que la fe de la mujer se hiciera más fuerte? Pues provocándola a que buscara con insistencia y dominara sus emociones. Ante un problema grande debe levantarse una gran voluntad para resolverlo. La cananea pudo sentirse ofendida y alejarse cuando fue ignorada, cuando escuchó que los discípulos le pedían a Jesús que la despidiera o cuando el mismo Jesús parecía rechazarla, pero ella estaba convencida de que si insistía su hija sanaría. Si ella hubiese permitido que sus sentimientos de rechazo la dominaran, hubiese hecho morir su fe y a su hija.

Jesús sabía que la fe de ella necesitaba resistencia para crecer. Lo mismo sucede con tu fe, que necesita resistencia y oposición para ser más fuerte y vencer los obstáculos. Nadie valora lo que no le ha costado esfuerzo y no conocemos el éxito si no podemos contrastarlo con el fracaso, así que todo lo que parece contrario ¡realmente está preparando tu victoria!

Santa terquedad

Imagino que Jesús al hacerle el camino difícil a la mujer estaba orando en su interior para que ella no desistiera y tuviera esa santa terquedad hasta que su fe alcanzara el grado necesario para ver su milagro. Al final ella le demostró que estaba lista para recibir porque sabía que su hija sanará si recibía esa bendición que otros desperdician. En ese momento Jesús le dijo que ¡se hiciera como ella deseaba![169] No hubo más resistencia: su fe se abrió paso en medio del miedo, la confusión y la vergüenza y llegó a alcanzar un poder impresionante. ¡Prácticamente Él la empujó para conseguirlo!

Una amiga de la infancia me dijo al escuchar esta historia: «Si Jesús me hubiera dicho que se hiciera como yo quería, le hubiera pedido sanidad, un buen esposo, provisión y dicha para mi hija y para mí. ¡Incluso le hubiese pedido el orden en el que quiero que nazcan mis nietos!». No pude más que reír encantado y satisfecho porque había comprendido perfectamente la intención de Jesús. Efectivamente, esa sería la mejor forma de demostrarle que nuestra fe había alcanzado un nivel que nos llevaría más allá de toda expectativa. ¡Pídele porque Él desea ver que tu fe es grande! No seas como aquellos a quienes invitan a un gran banquete y lo desperdician tomando solamente un vaso con agua.

Deja de lado esa necedad que te impide ver crecer tu fe y limita tu potencial. Dios no se asusta por lo que pides. ¿De qué serviría tanto poder, sino para obrar a tu favor? Es triste cuando alguien muere porque esa persona deja un gran vacío; además es lamentable pensar en las cosas que no hizo en vida y los sueños que no realizó, todo lo que anheló hacer, pero no se atrevió. La madre cananea ejerció una

---

[169] Mateo 15.22-29

fe con pantalones que no se dejó intimidar. Esa debe ser tu actitud de fe e insistencia. No sientas vergüenza de pedir al Señor con fe porque lo que debería avergonzarte es pedirle poco cuando Él puede dártelo todo. ¡Rétalo con tu fe! Cambia tu enfoque porque de eso dependen tus resultados.

Dale gracias por Su Palabra, por los desafíos que enfrentas, por la voluntad y carácter que te ha dado. Prométele que de ahora en adelante tendrás el valor para hacer que tu fe crezca y produzca mucho fruto. Lograrás todo lo que te propongas mientras tu fe sea más poderosa que el miedo, el afán, la duda y el resentimiento.

IX

GREATEST
GAME

Cuando la superestrella del golf Harry Vardon le dijo al niño de siete años, Francis Ouimet: «Aún en situaciones difíciles, no permitas que te desanimen», nunca imaginó que su consejo, trece años después, le serviría a este joven *caddie* y fanático del golf para vencerlo en un inolvidable torneo.

El US Open de 1913 fue histórico por muchas razones. La película *The Greatest Game Ever Played* lo cuenta de una forma muy genial. Por supuesto, la historia central trata sobre dos golfistas de origen humilde que llegaron a la final del torneo. Es un relato de superación a todas luces. Por eso los guionistas rebalsaron el vaso de la película con frases memorables como la que recibe el joven y dudoso Francis por parte de su mamá: «Tienes un don divino y es tu oportunidad de demostrarlo».

Al ser una historia de superación, el contraste entre ricos y pobres, entre aristócratas y plebeyos, está bien marcado, además del necesario consejo de escuchar lo correcto y lograr dominio propio. Muy bien con todo esto, inspiración total; pero lo que me robó el corazón y me conmovió hasta las lágrimas tiene que ver con la honra que se expresa a través del agradecimiento.

Eddie Lowery es un simpático niño cachetón de diez años que estuvo en el momento correcto para convertirse, por accidente, en el *caddie* de Francis. ¡No podía haber pareja más singular y fuera de lugar en el elegante campo de golf de Boston! Claro que las burlas no se hicieron esperar porque ¿cómo era posible que un simple *caddie* hubiera clasificado para el torneo y que, a su vez, tuviera un *caddie* que fuera un niño?

La burla fue cediendo ante la admiración por el desempeño de Francis, que, entre aciertos y errores, se convirtió en el único estadounidense en llegar a la final. Era una cuestión de honor que el trofeo se quedara en casa, en Estados Unidos, porque era impensable que los ingleses se lo llevaran. Digamos, que se trataba de una cuestión de honor. Por tanto, para el juego final, unos «bien intencionados» miembros del club de golf intentaron convencer a Eddie para que cediera su lugar como *caddie*. Le pagarían muy bien por hacerlo, porque en ese momento se necesitaba a alguien experimentado junto con quien estaba peleando por el honor del golf estadounidense.

Cuando Francis llegó esa mañana y encontró llorando a su pequeño amigo frente a los hombres que le hablaban, lo consoló, le dijo que todo estaría bien y le pidió que fuera a preparar todo. Al quedarse solo con los aristócratas, los fulminó con la mirada y esta sentencia: «No se metan con mi *caddie*». ¡Wow! Ese era el mejor gesto de honra y agradecimiento que pudo tener con el pequeño niño que tuvo fe en él, que soportó sol y lluvia, que hizo oídos sordos a las burlas y al menosprecio, y que lo aconsejó sabiamente en todo el torneo.

Ninguno de los dos, Francis y Eddie, recibirían pago por jugar. Ambos eran intrusos en un mundo que los veía de reojo y con menosprecio; eran los *amateurs* marginados, pero al llegar el momento de gloria, cuando la gente entusiasmada los levantó en hombros porque lograron la proeza que nadie imaginaba, no solo los aplaudieron, sino que también les dieron dinero. ¡Frente a ellos había manos con billetes! Así que Francis los iba tomando dentro de su boina mientras gritaba: «Es para Eddie, es para Eddie», porque sabía que al mantenerlo como su *caddie* había cumplido con el sueño del niño, pero también le había robado la oportunidad de recibir la jugosa paga que le habían ofrecido y que, por supuesto, necesitaba desesperadamente para sus padres y hermanos.

Me quedo con esa lección y te la comparto: el juego más extraordinario que se ha jugado... Es más: el juego más extraordinario que jugarás —me refiero a todo lo extraordinario que hagas en tu vida— inicia y termina con fe, honra y agradecimiento.

27 ESCRIBE TU SALMO

¡Gracias, gracias, gracias! El agradecimiento es una poderosa expresión de fe.

Un sábado por la tarde, mi esposa, uno de mis hijos, mi nuera y yo veíamos nuestra serie favorita por televisión, cuando entró mi hija pequeña, Andreíta, y sin mayores explicaciones, se me tiró a los brazos y me dijo: «¡Gracias, te amo!». En ese momento, lo último que quería era una distracción que interfiriera con la resolución del enigma que nos tenía en suspenso, así que mi primer impulso fue responder fugazmente: «También te amo». Pero de inmediato reaccioné. Me estaba dando las gracias y ni siquiera le preguntaba por qué. ¡Nada era más importante que el beso agradecido de mi hija! Así que, lo confieso: contra mi voluntad (que deseaba ver el desenlace del programa) me levanté del sillón y nos fuimos a la cocina a platicar.

Ahí, sentados frente a una humeante taza de café y una soda, reí con sus ocurrencias. Es realmente delicioso disfrutar de tiempo juntos. Nos vemos poco, como sucede en una familia apasionada por lo que cada uno hace: yo con el ministerio, y ella, una joven que recién inicia su carrera universitaria. Resulta entonces que su impulso era más profundo de lo que yo imaginaba. Ya te compartí cómo llegó ella a nuestra vida, luego de que su madre, mi prima, muriera en un accidente. Pues bien, Andreíta me dijo: «¿Sabes? Quiero ser Luna». Ella me estaba agradeciendo la decisión de integrarla a la familia y me pedía ser oficialmente adoptada para llevar nuestro apellido. ¡Me dejó con la boca abierta y sin palabras de la emoción! Nosotros deseábamos hacerlo, pero le dimos libertad para pensarlo y que nos comunicara lo que deseaba para su futuro en el momento que considerara oportuno, sin prisa.

No sabía cómo actuar, si con naturalidad para no asustarla o con toda la euforia que mi corazón sentía. Fue de esos momentos cuando los libros sobre paternidad no te sirven de mucho. Creo que mi expresión de amor y mis ojos transparentes por las lágrimas lo dijeron todo. La abracé y también le dije: «Gracias por escogernos». Cuando me rodeó con sus brazos y besé su cabecita con aroma a flores, también dije: «Gracias, Padre, por la bendición de mi familia».

Ser agradecido es una virtud indispensable y una poderosa expresión de fe que trae paz al corazón. Más aún cuando agradecemos por anticipado, tal como Jesús hizo muchas veces antes de ver el milagro por el que había pedido al Padre. Así sucedió con la resurrección de Su amigo Lázaro, por ejemplo.[170] Además, ¡es tan sabroso dar gracias! Se siente como una efervescencia, como burbujitas en la panza y en el corazón de quien da como de quien recibe el agradecimiento. Una amiga me comentó: «Mi abuelita me enseñó la costumbre de iniciar el día leyendo un proverbio que me daría sabiduría y terminarlo leyendo un salmo para dar gracias al Señor por todo lo que viví durante

---

[170] Juan 11.41-44

la jornada, fuera bueno o no tanto, y por la noche de descanso que tendría». Me pareció un consejo tan atinado y práctico que lo he aplicado y te aseguro que es superefectivo para fortalecer nuestra relación con Dios y ver buenos resultados en nuestra vida de fe.

Doble bendición

En una ocasión, Jesús sanó a diez leprosos. No sabemos cuánto tiempo habían sufrido esa terrible enfermedad, pero lo que sabemos es que un leproso la pasaba muy mal. Eran repudiados como malditos que padecían, en carne propia, el castigo por sus pecados, así que acercarse a personas sanas era una insolencia que se castigaba severamente. Su padecimiento era tal que estos diez enfermos tuvieron esa fe como la de la mujer cananea y se atrevieron a llegar donde Jesús para clamar.

Ellos obedecieron la instrucción de presentarse delante del sacerdote, aunque todavía estaban enfermos, pero en el camino fueron limpios. ¡Imagina qué gozo sintieron! Sin embargo, solo uno, extranjero, regresó a dar gracias y hacerlo le valió recibir doble bendición, ya que, además de sanidad, obtuvo la salvación, cuando Jesús le dijo: «Levántate y vete, tu fe te ha salvado».[171] ¿Será que solo el samaritano estaba agradecido? Creo que no. La gente agradecida duplica las bendiciones que recibe. Puedes estar feliz porque tienes salud y trabajo, pero si no expresas gratitud, te conviertes en alguien malagradecido. ¿Por qué privarnos de esa satisfacción que además nos cambia la vida?

A veces tenemos falsas expectativas sobre la vida de fe porque suponemos que no pasaremos dificultades, pero la verdad es que todos pasamos tribulación.[172] Tal como el apóstol Pablo dice, el poder del Señor habita en cada uno; sin embargo, hay situaciones externas que nos afligen. Nuestra fe producirá fruto cuando aceptemos que el poder de Dios está dentro de cada uno, por lo que seremos capaces de vencer cualquier situación externa que nos amenace. Cuando te sientas débil, acude al Señor en oración, y dale gracias por lo que ha hecho, hace y hará en tu vida. De esa forma tu fe se fortalecerá.

---

[171] Lucas 17.11-19; [172] 2 Corintios 4.7-9

El justo se levanta

Dios nos ha dado la promesa de que el justo puede caer y sufrir, pero se levantará y Él lo librará.[173] Es como si nuestro Padre viera a los problemas a la cara y les advirtiera: «Mi hijo es capaz de levantarse de las derrotas, las veces que sea necesario». ¡Al justo le espera la victoria!

Tal como ya vimos, Jesús le dijo a Pedro que Satanás lo había pedido para zarandearlo como trigo, pero que Él pidió para que la fe del apóstol no faltara. Ambos, Jesús y el diablo, pidieron por Pedro y ambas peticiones se cumplieron. Entonces el apóstol, efectivamente, cayó en tentación, pero también se levantó y confirmó a sus hermanos. Nuestro destino es levantarnos más fuertes que nunca para dar testimonio del poder del Señor que habita en nosotros. Cuando enfermé de la garganta y mis cuerdas vocales se inflamaron, dejé de predicar unas semanas pero declaré: «No estoy vencido. Ahora, el nombre del Señor, predicaré mejor que nunca y a más personas». Ante una situación difícil que nos haga llorar, demos gracias al Señor con fe porque sabemos que nos levantará y pondrá risa y cántico nuevo en nuestra boca.

Cierta vez que tuve un problema, mi esposa me preguntó: «¿Ya oraste?». Y le respondí: «Aún no, estoy pensando qué le diré». Entonces lloré, me desahogué y medité para luego hablar con el Señor. Noté que deseaba mostrarme algo y puse atención. Efectivamente, como en una película, vi parte de Su historia: la creación y pecado de Adán, el asesinato de Abel, el diluvio, el pueblo que pasó cuarenta años en el desierto y el fracaso del rey Saúl, entre otras cosas. Descubrí que Dios aparentemente también «ha perdido» en algunas ocasiones, por lo que nos enseña, con Su testimonio, a levantarnos y seguir adelante. Así que, secando mis lágrimas, dije en broma: «Ahora veo que Tú también necesitas consuelo».

Nuestro Padre se decepcionó con el primer Adán, pero no se detuvo. Envió a Jesús, el segundo Adán, que nos dio el regalo más grande, la gracia y la vida eterna. De esta forma, nos muestra cómo avanzar hacia algo mejor. Dios no se rinde, sino insiste porque la victoria es Suya.

---

[173] Proverbios 24.15-16

Si el rey Saúl no hubiera sido una decepción, no se habría levantado David y no tendríamos ese impresionante ejemplo de fe, además de sus bellos salmos de alabanza y agradecimiento. Aunque suene ilógico, demos gracias incluso en medio de la dificultad; no por masoquistas, sino porque sabemos que, sin duda, la superaremos.

Vivir para contarlo

En el Salmo 103, David habla de bendecir el nombre de Dios que lo beneficia y rescata.[174] Lo importante es descubrir que para escribirlo fue necesario que experimentara todo lo que dice: iniquidades, dolencias y sentirse como en un profundo agujero. Es muy fácil cantar este salmo cuando no hemos sufrido

Alabemos a Dios cada momento, no solo cuando clamamos por soluciones, sino también cuando las recibimos.

para escribirlo. Cada uno puede escribir su propio salmo porque ha tenido que afrontar dificultades y el Señor le ha dado la victoria, tal como dice David. Alabemos a Dios cada momento, no solo cuando clamamos por soluciones, sino también cuando las recibimos.

Quizá en este momento estás escribiendo la parte de tu salmo que relata tus pruebas y dolencias, pero no pierdas la fe. Exalta siempre el nombre del Señor que te rescatará del agujero y te coronará de favores y misericordia para que puedas cantar: «¡He levantado el vuelo como águila!».

Nunca olvidaré a Claudia, una joven cuadripléjica que no se rindió y poco a poco y con mucha fe, fue recuperando la movilidad de su cuerpo hasta que sanó completamente. Lo primero que movió fue su dedo meñique, pero pronto empezó a mover otras extremidades. Sus padres perseveraron durante meses y la llevaban a la reunión dominical para alabar y dar gracias por su proceso de recuperación. Ella tuvo fe para superar la enfermedad y cumplir sus sueños, porque ahora es médico.

---

[174] Salmos 103.1-6

Cuando contó su testimonio, me conmovió profundamente: «Cuando estaba postrada sin moverme, a veces, me quedaba sola y las cucarachas pasaban sobre mi cuerpo. No podía hacer nada por evitarlo, ni siquiera gritar». En ese momento pensé: *Qué lindo aplaudir ahora que todo pasó, pero qué duro afrontar el proceso para contar un milagro tan maravilloso.* Pidamos al Señor fortaleza cuando nos encontremos escribiendo los versículos difíciles de nuestro salmo para luego redactar, con alegría, el final dichoso, cuando Él nos levante. Renovemos nuestro corazón para escribir un canto de fe y alabanza, un salmo con el que demos gracias por Su amor.

Adoremos

Si hablamos de angustias, creo que no hay una peor que ver sufrir a un hijo. ¿Puedes imaginar la aflicción de la madre cananea que clamó misericordia para su hija atormentada por una fuerza sobrenatural? No era una simple fiebre, ¡era un demonio! Entonces ella le clamaba a Jesús, pero Él no respondía. Esto me creaba conflicto y ante mis dudas el Señor me dijo que Él siempre da respuesta, pero no dijo en qué momento. Lo importante es que creas que lo hará. La Biblia dice que ella lo adoró, es decir, que se postró con la frente en tierra luego de besar Su mano. Ella clamó y adoró, pero el Señor no sanó a su hija sino hasta el momento cuando demostró su fe al insistir.

Adoramos a Dios porque Él es nuestro Señor, digno de todo honor y gloria. La cananea adoró y luego insistió con fe por su milagro, así que la fe y la adoración se complementan. La adoración es un acto de honra que tiene significado en sí mismo y es independiente de todo lo demás. Incluso hay personas no cristianas que cantan música cristiana, pero no están adorando, así como hay cristianos que adoran con el interés de que suceda algo, que Su presencia se haga palpable; sin embargo, eso sucede porque Cristo derramó Su sangre en la cruz del Calvario, no porque cantes y bailes. No podemos decir que la alabanza abre las puertas del cielo, porque no hay canto que sustituya la preciosa sangre de nuestro Señor Jesucristo, quien nos dio acceso al Padre con Su sacrificio. Lo adoramos porque es nuestro Dios, simplemente por eso.

Pensar que danzando obtendremos algo es volver a las prácticas místicas de los indios apaches que de esa forma hacían llover. De hecho, el día de Pentecostés nadie cantó o bailó, y, sin embargo, el Espíritu se derramó con poder. Adorar, como orar, no es cuestión de tiempo, sino de calidad e intensidad. Es como el tiempo que pasas con tus hijos, tu cónyuge o los seres que amas. ¡Toma tiempo en intimidad para adorar a Dios!

Debemos ser adoradores en espíritu y verdad, no «almáticos» que adoran dependiendo de su estado de ánimo. Dios continúa siendo nuestro Señor, sin importar si cometemos errores, estamos enojados con alguien o nos sentimos mal. La oración del Padre Nuestro inicia con adoración, para luego pedir perdón por las ofensas. No condiciones tu adoración a tu estado de ánimo porque Él es Dios y merece tu honra sin importar las circunstancias.

Y si no...

Sadrac, Mesac y Abed-nego fueron tres jóvenes israelitas que vivieron cautiverio en Babilonia en tiempo de Daniel (sí, aquel hombre que se hizo famoso porque prefirió que lo lanzaran al foso de los leones a negar su fe). Pues bien, estos tres jóvenes fueron fieles adoradores y héroes de la fe que nos ofrecen un ejemplo de convicción y valentía a toda prueba.

Tal parece que en aquel tiempo estaba de moda el castigo de lanzar a las personas al martirio porque ellos fueron lanzados al horno de fuego justo por la misma razón que Daniel: fueron firmes en su fe. No quisieron adorar a la estatua del rey babilónico Nabucodonosor.[175]

Ellos nos enseñan cómo debemos responder frente a las tentaciones de cometer errores. Cuando alguien nos ofrezca algo que sabemos indebido, digamos: «No me pidas eso porque la respuesta es NO. Es tu problema si quieres hundirte. Yo escojo lo bueno, lo que me hace bien». Sabemos que recibiremos muchas propuestas incorrectas porque

---

[175] Daniel 3.15-18

siempre se buscan aliados y cómplices. Casi nadie se emborracha o consume drogas en soledad, así que no cedamos a la tentación de «acompañar» a los amigos que podrían mal influenciarnos. Frente a ellos podemos asegurar: «El Dios a quien servimos puede librarnos».

Pero quizá lo más importante del ejemplo de estos tres jóvenes es que su amor y fe eran tan grandes que dijeron: «Y si no, igual, no serviremos a tus dioses». Dice la Escritura que los babilonios veían a cuatro personas en el horno, así que ahí estaba Dios con ellos. Su fidelidad les valió la fidelidad del Señor. Entonces no solo fueron probados, sino que aprobados y exaltados, pues el rey mandó sacarlos de allí, emitió un nuevo edicto a su favor y para la gloria de Dios.[176]

Seamos fieles y perseverantes como Sadrac, Mesac y Abed-nego, quienes veían dos opciones: que Dios los librara del fuego o que los llevara a Su presencia a través de esa situación. Pero en ambas opciones descubrirían Su gracia y misericordia.

Adora siempre, en todo lugar

Nuestro amor a Dios debe demostrarse con adoración por quién es Él, nuestro Padre y Creador Todopoderoso.[177] Cuando Jesús entró a Jerusalén y lo recibieron con palmas, algunos le dijeron que callara

---

176 Daniel 3.25-30; 177 Salmos 150

a la multitud y Él respondió que si ellos no adoraban, las piedras lo harían. Todo lo que vive adora al Señor, cada ser, cada organismo. Si tú no lo haces, las plantas lo harán, pero Dios recibirá lo que merece. El león lo adora y no precisamente pidiéndole porque la jirafa se deje cazar, sino porque es una criatura y honra a su Creador.

Viene la hora cuando todos lo adorarán donde sea, ya que ¡Su presencia recorrerá el mundo entero![178] Puedes adorarlo en todo lugar. Hay personas que durante los servicios del domingo llegan a la iglesia solo a recibir la Palabra y omiten la adoración. Con esa actitud están diciendo que lo reconocen como Maestro, pero no como su Dios. Cuidado con el mensaje que envías al cielo con tu falta de honra al Señor. Él inclinará Su oído para escuchar a quienes le adoran desinteresadamente y con un corazón puro.

Adórale cuando todo te vaya bien y también cuando estés en dificultades; Él es tu Dios en las buenas y en las malas. Es fácil adorar cuando estamos en un templo bonito, cómodo y con buena música, pero ¿qué tal adorarlo en la cárcel como hacían Pablo y Silas?[179] Dios es el mismo hoy, mañana y siempre, con o sin obras sobrenaturales, con o sin música, con o sin tus errores, y merece la honra sin importar tu situación personal. No entramos a Su presencia por nuestro buen corazón, sino porque la sangre del Cordero es pura. No intentes competir con esa verdad. Dile al Señor: «Aquí estoy, débil e imperfecto, pero te adoro porque Tú eres fuerte y perfecto y te reconozco como mi Dios en la salud o en la enfermedad, con o sin milagros».

---

[178] Juan 4.20-24; [179] Hechos 16.25

28 REGALOS

Disfrutemos de nuestras bendiciones.

A estas alturas me parece que no tenemos dudas del amor de Dios y Su generosidad. Estamos convencidos de que Él nos ha dado cuanto somos y tenemos. Lo primero que nos ha dado es la existencia, la posibilidad de ser, de tener cuerpo y respirar; pero no solo eso: también nos colma con otros regalos. Uno de ellos es la capacidad de trabajar y de ganarnos el sustento. Y más que eso, nos ha regalado la capacidad de disfrutar de nuestro trabajo. Eso es lo importante: darle a cada cosa su valor y no vivir para trabajar, sino trabajar para vivir y disfrutar,[180] porque ya hemos visto que el afán es una expresión de duda.

---

[180] Eclesiastés 2.22-24

Claro que a todos, a veces, se nos dificulta desconectarnos de los pendientes, pero la Palaba dice que eso es vanidad,[181] lo que significa que es en vano y sin sentido porque el trabajo es bendición y se convierte en aflicción cuando permitimos que nos robe la paz.

Disfruta el trabajo

Por supuesto que trabajar implica esfuerzo, pero debemos aprender a agradecer y a disfrutar de nuestro trabajo incluso con sus complicaciones y retos. Si Dios te da la oportunidad de ser útil donde quiera que labores, con tu buena actitud y entusiasmo, demuestra que estás listo para la próxima bendición que desea darte. Al hablar de esto recuerdo una anécdota acerca de un corredor de carros que tuvo un accidente y después ya no pudo regresar a las carreras, por lo que buscó otro trabajo. El único que encontró fue en el muelle limpiando pescado, y cuando le preguntaron cómo era posible que mantuviera una actitud tan positiva ante su situación, él respondió: «Muchas veces no puedes escoger el trabajo que te toca, pero sí puedes escoger la actitud con la que lo harás, y yo he escogido ser feliz». ¡Hay que vivir con gozo en todo momento! Encuéntrale el gusto a lo que haces y busca superarte para llegar a donde deseas estar.

¡Disfruta de todo, de tu trabajo, de tu vida, de lo que puedes hacer y compartir![182] Que no te aflijan las críticas porque siempre habrá alguien que piense mal cuando realmente vanidad es recibir el regalo de Dios y no disfrutarlo. Si el Señor te ha bendecido con habilidades para superarte, dale las gracias con tu esfuerzo y con tu ánimo.[183] Tu alegría y buena actitud son el mejor testimonio de fe que puedes compartir. Salomón, en el libro de Eclesiastés, dice que Dios nos da permiso de pasarla bien en nuestra vida, ya que desea que peleemos nuestras batallas y luego celebremos las victorias. No te quejes, más bien disfruta de tu trabajo, cambia la «quejabanza» por la alabanza.

Cuando gozas tu trabajo lo haces mejor y muchas veces la excelencia provoca envidia, pero eso no debe preocuparte, ya que, si nadie te

---

[181] Eclesiastés 1.13-14; [182] Eclesiastés 3.12-13; [183] Eclesiastés 3.22

envidiara, significaría que te falta excelencia. Hay dos caminos: o das lástima o provocas envidia; claro que es mejor inspirar lo segundo porque significa que haces las cosas bien, como Dios quiere.[184] Así que concéntrate en provocar al Señor con tu excelencia; no solo te acerques a Él para pedirle algo, sino que preséntale tus logros como

No solo te acerques a Él para pedirle algo, sino que preséntale tus logros como muestra de que aprecias Sus regalos.

muestra de que aprecias Sus regalos. El arte de ser hijo y heredero es aprender a vivir con buena actitud. Todo lo que hacemos es un mensaje para el Señor y lo mejor es que sea de agradecimiento y alabanza, no de decepción y derrota.

Además de esforzarte aprovechando tus talentos, dale tiempo al descanso porque es mejor un puño lleno de abundancia con alegría, que dos puños llenos de abundancia con aflicción y enfermedad. Esto no es una doctrina, sino una decisión que debes tomar de acuerdo a tus fuerzas. Si tienes la capacidad de esforzarte con alegría, hazlo: tú conoces tu límite. Yo le doy gracias a Dios por mi trabajo y disfruto lo que hago aunque implique un esfuerzo monumental. Soy pastor, enseño con base en la Palabra, motivo y guio a una congregación; además dirijo toda una organización y gestiono talento, que es lo que hago bien. ¿Cuál es tu trabajo ideal? ¿Qué es lo que haces bien? ¿A qué te dedicarías aunque no te pagaran? ¡Descúbrelo! Usa la fe que Dios te ha dado para trabajar y para disfrutar del fruto de tu esfuerzo.

Las recompensas

Y luego del trabajo, disfruta de lo que te ha costado tanto, porque es un regalo de Dios. Si el Señor te bendice con riqueza, pídele también la habilidad y el carácter para disfrutarla y compartirla. Vanidad es trabajar duro y no ser feliz con lo que alcanzas. Si no disfrutas ni del trabajo ni de lo que ganas, ¿qué es lo que realmente te provocaría

[184] Eclesiastés 4.4-6 [DHH]

gozo? Si te matas trabajando, cuando lleguen las vacaciones, disfrútalas al máximo si así lo mereces.

Bueno, no puedo evitar que al hablarte acerca de disfrutar del fruto de tu esfuerzo —como una expresión de fe que se transforma en agradecimiento y alabanza— vuelvo sobre mis pasos y recuerdo la experiencia que viví en mi proceso de recibir la unción del Espíritu Santo. Escribí sobre ello en mi primer libro, *En honor al Espíritu Santo*, y me conmueve darme cuenta de que todo se trata de una vida de fe. Unción y fe, amor y fe, gracia y fe... Así podría resumir mi vida.

Pues lo que sucedió fue que yo anhelaba con todo mi ser recibir la llenura del Espíritu Santo; sin embargo, esta no llegaba y yo me sentía muy frustrado... Espera un momento, miento: no estaba frustrado. ¡Estaba desesperado! Cuestionaba mi llamado, mi capacidad para servir al Señor y lo que Él deseaba hacer conmigo. En el libro relato que lloraba como un niño porque no recibía esa poderosa unción que veía disfrutar a otros, incluyendo a mi esposa. ¿Cómo era posible si yo era un hombre de oración, ayuno y santidad?

Entonces, ¡Dios confrontó mi fe! Sí, como lo lees: confrontó mi fe con este diálogo que compartí en mi primer libro:

> «—*Carlos, tu problema es la fe.*
> —*Pero soy una persona a quien otros miran como hombre de fe.*
> —*Mírate, tienes dinero en tu cuenta, y no puedes comprarte tranquilamente y con gozo un buen par de zapatos. Si no puedes tener fe para un par de zapatos, ¿cómo puedes tener fe para ver mi gloria?, ¿qué es mayor; mi gloria o unos zapatos?*».

Cada vez que lo recuerdo siento electricidad por todo mi cuerpo, pues veo que, desde siempre, Dios me ha inquietado para hablar de fe lógica e ilógica, de fe para lo material y para lo espiritual, fe para lo pequeño y para lo grande. ¡La fe lo es todo! De nuevo me lleva a confirmar que sin fe es imposible agradarlo.

¿Qué hice en esa oportunidad? Al día siguiente, por supuesto, ejercí mi fe. Desperté eufórico con una sonrisa que no me cabía en el rostro. Creo que parecía el guasón. Era divertido porque incluso sabía cuáles zapatos deseaba comprar, así que me dirigí a la tienda, me los probé, los pedí en diferentes colores, me tomé el tiempo para caminar con ellos... los sentí ideales para mis pies, cerraba los ojos y los disfrutaba. ¡No puedes imaginar mi gozo cuando los pagué! Era como un niño (sí, de nuevo). Dios me recordaba que debía ser como un niño capaz de imaginar y ver mis sueños cumplidos; un niño agradecido con su Papá, expectante, ilusionado. De esa extraña y sencilla forma abrió mi mente y corazón, fortaleció mi fe, y me preparó para lo que sucedería horas después y lo que vendría con los años. Si quieres saberlo, sugiero que leas mi libro, por ahora solo te adelanto que, efectivamente, recibí la unción del Espíritu Santo y fue delicioso.

¡Alaba al Señor, dale la honra y la gloria, agradece, disfruta tu vida y lo que has logrado por Su gracia y misericordia! Hay personas que tienen lindos carros y casas nítidas que no disfrutan porque nada se puede tocar. Quieren tener todo como para una postal o una revista; se enfocan en las cosas y no en aquello para lo que fueron hechas. Recuerda que al morir no te llevarás nada, así que aprovecha las bendiciones cuando las tengas. El gozo es regalo del Señor.

Sonrío cuando recuerdo los domingos que caminaba por el parque central de mi ciudad y veía familias felices disfrutando de un paseo sin grandes lujos. En Guatemala es común ver a las personas tomando su vaso de dulce y reconfortante atol de elote, acompañado de una exquisita tostada con frijol, espolvoreada con queso y aromático perejil picado, mientras que otros van a pasar el fin de semana a lujosas casas de playa, pero tan amargados. ¡Eso no puede ser!

Dios es quien da riqueza, honra y vida, pero de nada sirve si no se gozan con la actitud correcta, dando gracias con humildad, reconociendo que todo viene de Él.[185] Entonces, si te hace falta, también pídele buena actitud para disfrutar de lo mucho o poco que tienes. ¿De qué

---

[185] Proverbios 22.4

te servirá prosperar con dolor? Dios nos da según lo que demostremos que podemos administrar. Por eso dice en la parábola de los talentos: «Bien, buen siervo y fiel; sobre poco has sido fiel, sobre mucho te pondré; entra en el gozo de tu señor».[186] ¿Cómo te dará más si muestras un corazón sombrío que no disfruta aquello que podría parecer poco? Ser fiel en lo poco también significa tomar eso y aprovecharlo, agradecerlo, disfrutarlo.

Alégrate, porque el simple hecho de sonreír cambia cualquier panorama. Nada ganamos con andar por la vida escupiendo rayos y centellas como si fuéramos aquel personaje de caricatura que se llamaba «Malasuerte», que siempre tenía una nube negra de tormenta sobre su cabeza.

Cuando logres ganarle al desánimo, alabar a Dios en cualquier circunstancia y agradecer, verás que esa buena actitud provocará cambios positivos y todo mejorará. Goza lo que sea que tengas, y no le pongas precio a tu felicidad.[187] Entonces, el primer regalo que debemos agradecer es el trabajo; el segundo es disfrutar del fruto del trabajo.

---

[186] Mateo 25.23; [187] Eclesiastés 6.1-3

A quienes amamos

La familia es el tercer regalo que debemos combinar con los dos anteriores; es decir, disfruta con tu cónyuge y tus hijos de lo que logras con esfuerzo. Hagamos todo con alegría.[188] Mi esposa y yo nos sacrificamos mucho los primeros años de casados porque deseábamos comprar nuestra casa. Luego, mi suegro me dijo: «Disfruta con mi hija, viajen y diviértanse cuando ella todavía pueda ponerse un traje de baño». ¡Qué sabio consejo! De nada sirve acumular bienes si no te das el tiempo de gozarlos con tu familia. Yo sé que a veces es un conflicto porque pareciera que nos educan para sufrir y no entiendo por qué, si nuestro Señor ha creado un mundo hermoso y nos ha pedido que lo disfrutemos. Disfrutar es vivir con fe.

Con esto tampoco quiero asegurar que la vida siempre debería ser color de rosa, sino que, tanto en las buenas como en las malas, todo es mejor cuando estamos con nuestra familia, o más bien, con las personas que más nos quieren y que podemos ver como tal. Ahora mismo recuerdo el caso de Kimberly, una jovencita a quien admiro mucho y que ha superado situaciones difíciles con el apoyo de personas que la quieren. Ella disfruta del amor restaurador de una familia que la recibió en su casa y le dio un lugar como hija. «Sandra es como mi mamá. Ella me recibió cuando nadie daba nada por mí», asegura la joven que sonreía al hablarme; sin embargo, tiempo atrás había intentado suicidarse en más de una ocasión.

Y no era para menos, con todo lo que tuvo que enfrentar. Fue abusada sexualmente por personas cercanas desde que tenía ocho años. Creo que nadie puede imaginar semejante trauma y dolor. Esa situación, obvio, la destruyó emocional y psicológicamente al punto de, prácticamente, prostituirse para sostener el vicio del alcohol y las drogas que consumía desde los diez años. Escapar de esa monstruosa realidad a como diera lugar era su única alternativa, pero cada vez se hundía más. Cuando les diagnosticaron SIDA a los dieciséis años decidió que era tiempo de morir, pero sus intentos de quitarse la vida fallaron más de una

---

[188] Eclesiastés 9.7-10 [TLA]

vez. Por supuesto, la situación en su casa terminó siendo insoportable y huyó. Así terminó viviendo en la calle, a merced de todo y de todos.

Sandra era directora del colegio donde trabajaba la madre de Kimberly. Así fue que conoció la situación de la joven y decidió amarla. Luchó por ella, y la acogió en su hogar cuando finalmente pudo salir del centro de rehabilitación donde la habían recluido. Fue un lento paso a paso lograr que Kimberly se dejara ayudar. Las dos hijas de Sandra, más o menos de la misma edad, le dieron la bienvenida como una hermana, pero ella no confiaba. ¡Y cómo hacerlo! Dudaba cuando le compartían su ropa, sus zapatos o su comida; sin embargo, el amor incondicional fue ganando la batalla. Tomó tiempo, pero su corazón comenzó a latir con un nuevo ritmo.

Ella volvió a nacer. Literalmente, recibió una nueva oportunidad de vida porque en una de nuestras reuniones de milagros ¡recibió sanidad! Ella no creía que fuera posible, pues había llegado a la iglesia con desconfianza, solo para ver qué sucedía, pero Sandra y sus hijas sí creían, porque estaban convencidas de que Dios tenía sanidad para Kim. Por eso, durante la reunión, oraron con tal intensidad que se la contagiaron, así que ella se unió a la adoración al escuchar la canción «Dios de milagros». Cerró sus ojos, levantó sus manos y pidió con todo su corazón: «¡Sáname!».

El Espíritu Santo no se hizo esperar ante semejante bienvenida. ¡Cómo no sanarla frente a tal demostración de fe y alabanza! El fuego del Espíritu llenó cada fibra de su débil y vulnerable cuerpo, donde ya no hubo lugar para el virus del VIH. Kim lo supo cuando reaccionó después del intenso fuego que sintió dentro, y estaba convencida de que había sanado. No era posible sentir algo así y quedar tal como había llegado. La gran cantidad de exámenes médicos le dieron la razón. La enfermedad había desaparecido. «¡Kim está sana, está sana!», aseguraron Sandra y sus hijas con lágrimas de agradecimiento.

Kimberly obtuvo nueva identidad como la hermosa y talentosa joven que es. Se puede decir que floreció al ser parte de esa familia que le abrió las puertas de su hogar y la amó sin condiciones. La motivaron a estudiar y no fue difícil porque a ella le gusta. Terminó el bachillerato acelerado y se ilusionó con seguir en la universidad. ¡Ya no hay limitaciones para su impulso y deseos de vivir! Bella Kim, hermosa princesa que ahora sonríe arrullada y fortalecida en el nuevo hogar que Dios tenía para ella.

¿Acaso no sería hermoso que cada niña abusada o rechazada recibiera una oportunidad así? ¡Pues en nuestras manos está que sea una realidad! No hay mejor expresión de fe que compartir con alegría las bendiciones que hemos recibido, tal como Sandra y su familia lo hicieron. Me encantaría que pudieras ver sus sonrisas, ¡son contagiosas! Kimberly, Sandra y toda la familia demuestran que la felicidad tiene que ver con las decisiones que tomamos, no con las decisiones que otros toman y que nos afectan positiva o negativamente. ¡Decidamos ser felices!

¡Jesús!

Pero todo eso no es nada comparado con el regalo más hermoso y valioso que nuestro Padre nos ha dado y que no podemos cansarnos de agradecer: ¡Jesús! Sí, la salvación, la gracia, la misericordia y el amor que Él nos dio con Su vida, muerte y resurrección, y que abre las puertas para todo lo demás.[189] ¿Cómo hablar de fe y de una vida nueva sin Jesús? ¡Imposible! Él es quien nos ha dado esa posibilidad que ahora podemos aprovechar y traducir de dos formas. Una es la vida eterna que nos espera y otra es la vida en abundancia que nos regala y que debemos gozar. Él venció al ladrón que busca robar, matar y destruir.[190] Esa batalla ya está ganada, así que aprende a disfrutar de esa victoria.

No dudes más; no tengas miedo y dile: «Jesús, te doy la bienvenida a mi mente y corazón. Hoy, en este momento, doy el más grande paso de fe. Quiero nacer de nuevo, aprender de ti, llenarme de ese gozo que sobrepasa todo entendimiento. Te acepto como mi Señor y Salvador».

---

[189] Juan 3.16; [190] Juan 10.10

THE BLIND SIDE

Un adolescente afroamericano solo, sin hogar, temblando bajo la lluvia con una mirada ausente, derrotado, marginado, resignado a su suerte como sobreviviente de una realidad trágica. Ese era Michael Oher cuando lo encontró Leigh Anne Tuohy, dama de sociedad con enormes posibilidades económicas y una familia hermosa y privilegiada de la clase alta de Memphis, Tennessee, EE UU.

Ellos no tienen ningún lazo en común; no son madre e hijo, tía y sobrino, ni profesora y alumno. ¡Ni siquiera son vecinos! ¿Qué pueden tener en común? ¡Realmente nada! Al contrario, son totalmente opuestos, pero sí hay algo que puede relacionarlos, un vehículo que puede conectarlos. Y sobre eso habla la película *The Blind Side*.

Leigh Anne se conmueve de él. A pesar de su enorme estatura que le vale el apodo de Big Mike, él se ve indefenso e inspira compasión. Entonces ella le ofrece un lugar en su casa para pasar la noche, pero viene el día de Acción de Gracias... mmmm, ¿por qué no pedirle que se quede a cenar? Poco a poco, y así como quien no quiere la cosa, Mike se va integrando a la familia que lo recibe con amor, incluso en medio de las críticas del círculo social de los Tuohy.

Big Mike, al principio, se siente incómodo porque no está acostumbrado a recibir cariño (por cierto, no le gusta que lo llamen así). Hijo de una madre drogadicta, ha crecido en hogares sustitutos donde el amor no ha sido precisamente el ingrediente principal, pero la actitud práctica y sencilla de la familia Tuohy van derribando sus barreras. Le dan espacio, lo respetan y apoyan sin ser excesivos en las muestras de cariño. Sabes a qué me refiero: no es una película melosa llena de abrazos y besos, sino una historia de amor real, concreto, que se demuestra. ¡Eso es lo que me impresiona! Especialmente el pequeño SJ, el hijo menor de Leigh Anne, contribuye con la adaptación de Big Mike porque se convierte en su mejor amigo, consejero y *coach*. ¿Qué tal? Es cómico verlos caminar juntos porque Mike es enorme y SJ es de verdad pequeñito, creo que incluso para su edad.

Todo va sobre ruedas, tanto así que la familia decide adoptarlo. ¡Perfecto! ¿Cuál es el punto de quiebre que le da emoción a la historia y justifica el nombre de la película? Pues esta es la vida del *tackle* ofensivo izquierdo Michael Lewis, quien protege al mariscal de campo de su «punto ciego». Es una historia real en la que vemos a Big Mike venciendo sus fantasmas a través del amor que recibe de su familia adoptiva. Leigh Anne ve su potencial, cree en él y le va abriendo puertas frente a equipos universitarios, pero lo primero es lograr que él crea en sí mismo para que se enfoque en superar sus limitaciones académicas y aproveche su talento como jugador de fútbol americano.

Sabemos que este es un deporte de contacto físico agresivo y Big Mike tenía un temperamento apacible que solamente muestra su fuerza cuando se ve obligado a defender a quienes ama. Justo como tuvo que hacerlo al proteger a SJ en un accidente automovilístico, donde su increíble fuerza evita que el niño salga lastimado. Entonces Leigh Anne soluciona el problema al decirle, durante una práctica de fútbol, «Este equipo es tu familia, Mike, y debes protegerla. Él es el mariscal de campo y proteges su ángulo muerto. Cuando lo veas, piensa en mí». ¡Boom! Eso es toda la instrucción que debía recibir para liberar la energía que había dentro de él. A partir de ahí, ¡no hay nada que lo detenga!

Mike logra ser admitido en la universidad donde estudiaron sus padres adoptivos, se gradúa, con el apoyo de una brillante tutora y se convierte en un exitoso jugador de fútbol americano gracias a la fe motivada por el amor que recibió. Ese es el verdadero *blind side*, el que se abre frente a nosotros y se ilumina a través del amor que nos mueve a caminar por fe y no por vista.

29 EL PRINCIPAL INGREDIENTE

No llores más, levántate, sigue tu camino, recupera el sentido de tu vida y permite que tu fe te lleve al éxito.

Imagina a diez hombres temerosos, sudorosos, escondidos en un aposento pequeño y poco iluminado. Tristes, decepcionados, con la incertidumbre de un plan que se frustró y de un futuro de gloria que les daba la espalda. Su maestro y líder había muerto: mejor dicho, lo habían asesinado cruelmente tres días atrás. Ultrajado, humillado, crucificado como un criminal, ¿por qué no se defendió? ¿Por qué no obró un milagro para salvarse? ¿Había sido real o fue un sueño lo que vivieron al lado de ese hombre que se autoproclamaba Hijo de Dios? ¿Realmente lo vieron sanar a tantas personas? ¡Incluso levantó a Lázaro de la tumba! ¿Qué había salido mal?

«La paz sea con ustedes», fue el saludo que escucharon. La primera voz que venía del exterior y que les sonaba tan familiar. ¡Era Él, su maestro, su amigo, su líder! ¡Qué alegría! Pero... pero... ¿cómo podía ser? No era un fantasma: lo tocaron, lo abrazaron, vieron sus cicatrices y les estaba dando instrucciones. ¡Había resucitado!

Cuando llegó Tomás, el único del grupo que faltaba al momento de la sorprendente visita, todos le contaron que Jesús había estado allí, pero él no les creyó. «Ustedes están locos, ebrios o algo fumaron», imagino que les dijo. «No creeré hasta que pueda verlo y tocarlo», sentenció. ¡Y su deseo fue concedido! Sin ningún problema, Jesús le dio las pruebas que necesitaba aunque le dejó claro que era doblemente dichoso quien cree sin haber visto. Es más, debemos creer para ver lo que esperamos.[191] ¡Por lo tanto, todos podemos ser doblemente dichosos si le demostramos a Dios que le creemos incluso cuando lo que vemos es contrario a lo que esperamos! Pero nos hace falta hablar del ingrediente fundamental, aquello que motivó la vida, muerte y resurrección de Jesús, lo que inspiró Su paciencia para mostrar a Tomás las evidencias que Su cuerpo revelaba.

¿Recuerdas que al inicio de este viaje a través del universo de la fe hablamos acerca de la diferencia entre las leyes de este mundo y las del reino de nuestro Padre? Esa conversación nos preparó para descubrir juntos todo lo que significa vivir por fe: renovar nuestro pensamiento, conocer las promesas de Dios, aprender a pedir y obedecer, tener paciencia y ser perseverantes, desarrollar un corazón de niños para soñar e imaginar, luchar en contra de los enemigos como el afán, el miedo, la duda y el rencor. Todo bien hasta ahora, ¿cierto?

Entonces, ¿cuál crees que podría ser ese ingrediente fundamental que se encuentra implícito en todo lo que hemos hablado, pero que no hemos mencionado explícitamente? ¿Qué crees que sería eso que nos

---

[191] Juan 20.26-31

mueve a creer ciegamente? Personalmente estoy convencido de que es el amor. ¡Así es! Todo lo que hemos analizado, desarrollado y mencionado cobra sentido a través del amor. Dios es el fundamento de nuestra fe y Él es amor.

Porque nos ama nos creó, porque nos ama nos salvó, porque nos ama desea darnos abundante bendición, porque nos ama aconseja que caminemos por fe, no por vista,[192] ya que nuestros sentidos pueden engañarnos. Por ejemplo, si vemos un vaso con un líquido oscuro podemos pensar que es soda o que es café. Para saber qué es realmente, debemos probarlo, así que muchas veces necesitamos más de uno de nuestros cinco sentidos para conocer la realidad. La fe es como nuestro sexto sentido y la capacidad de amar es el séptimo.

Enfoque

No me cansaré de decirlo porque es lo que ha funcionado para mí: si quieres dejar de afanarte por tus necesidades, piensa en un sueño grande y enfoca tus siete sentidos en lograrlo. No significa que las dificultades desaparecerán, pero al concentrarte en objetivos más altos, lo urgente será más fácil de alcanzar. Lo vemos con Erick Barrondo, marchista guatemalteco que a pesar de sus escasas posibilidades económicas logró entrenar y clasificar a unos Juegos Olímpicos. Si su mentalidad hubiese sido limitada y se hubiese concentrado únicamente en conseguir recursos para subsistir, estaría en su casa, en Carchá, Alta Verapaz, Guatemala, trabajando enfocado en satisfacer sus necesidades. ¡Pero no fue así! Se enfocó en un sueño, vio más allá y logró ser medallista en las olimpiadas de Londres en 2012.

> *Si quieres dejar de afanarte por tus necesidades, piensa en un sueño grande y enfoca tus siete sentidos en lograrlo.*

---

[192] 2 Corintios 5.7

Definitivamente todos tenemos fe. Lo único que nos diferencia es en qué la enfocamos. Erick la usó para sacrificarse entrenando cuando muchos le decían que destacarse sería imposible. Superó infinidad de dificultades, pero cuando digo infinidad, no estoy exagerando. Pasó hambre, enfrentó decepciones al ver que nadie lo patrocinaba, pensó en renunciar más de una vez. No era fácil nadar contra la corriente. Sus primeros tenis fueron los que su mamá usaba. ¡No tenía dinero ni para comprar unos que le quedaran bien! Pero su sueño era grande, así como el de muchos otros deportistas, inventores, científicos y empresarios, hombres y mujeres visionarios que han aprendido a direccionar su fe hacia objetivos trascendentales. Esa es la semilla que pretendo sembrar en tu corazón.

Si Dios se presentara en tu habitación con un iPad y te dijera: «Hijo, mira este video, eres tú, es tu vida, es el plan que tengo para ti», ya nada te turbaría. Respirarías aliviado y solamente esperarías que todo sucediera. Pues el reto es creer que ese plan existe, aunque no lo veas. Cierra tus ojos, habla con tu Padre y te garantizo que te lo revelará porque te ama. No te castigues si has tambaleado —nadie emigra a su mejor época de fe sin haber pasado por la peor época de incredulidad—, pero no puedes quedarte ahí, ahora es tiempo de avanzar.

La fe y pasión de Erick eran tan grandes que, antes de viajar a la competencia, ¡le compró a su familia un televisor de pantalla plana para que pudieran verlo ganar! Él compitió con la mirada puesta en la medalla de oro y obtuvo la de plata. Si hubiera llegado con la limitada aspiración de lograr «aunque fuera la medalla de bronce», quizá no hubiese logrado la hazaña que conmovió a todo el mundo, especialmente a los guatemaltecos. Si le apuntas a las estrellas, tal vez con suerte le pegas al bombillo de tu casa. ¿Qué te cuesta apuntar un poco más alto si de todas formas tienes que hacerlo?

Nuestra guía

Hace poco vi un documental sobre una persona que practica *snowboarding* (deslizamiento en nieve). Parte de su ejecución era hacer algo que le llaman «espejo», que significa replicar la ruta y ejecución de alguien que va descendiendo muy cerca. Era algo impresionante ver la coordinación de esta persona, pero lo más asombroso es que ¡era ciego!

En otra oportunidad vi un programa de televisión sobre un joven ciego que tenía el sueño de escalar montañas. Al cumplir diecisiete años decidió hacerlo junto con su padre, quien lo guiaba paso a paso. Siendo ciego ¡era capaz de escalar montañas nevadas! Estos ejemplos de coraje y determinación me desafían para alcanzar metas altas, sobre todo cuando me doy cuenta de que yo, a diferencia de ellos, no tengo una limitación física. Sus testimonios me hacen pensar que acaso sea nuestra abundancia de recursos el estorbo para la fe. Por eso, cuando venga la escasez, debemos dar gracias porque quizá ese problema se convierta en nuestra mayor oportunidad para realizar los sueños que anhelamos. La fe debe ser nuestra guía, el faro en medio de la oscuridad; y el amor debe ser el barco, el vehículo que nos conduce hasta nuestro destino.

Los demás rasgos de los que hemos hablado y que necesitamos para avanzar confiados vienen por añadidura cuando tenemos en mente estos dos pilares. Y como ya podrás anticipar, mi recomendación es que volvamos a ser como niños que sueñan y que son insistentes. Mi madre me cuenta que así era yo cada vez que ella me prometía algo. No la dejaba en paz hasta obtener lo que esperaba. Cuando me prometió comprarme una bicicleta (lo relato en mi primer libro), la despertaba temprano por la mañana acercando mi rostro al suyo y levantaba sus párpados preguntándole: «¡Mami, mami!, ¿cuándo me darás mi bicicleta?».

¿Acaso un niño quiere que la Navidad solo sea en diciembre? ¡Claro que no! Si le das su regalo cualquier día antes del 25 de diciembre, él insistirá en abrirlo y serán necesarios más que argumentos para persuadirlo de que debe esperar. ¡Todos los niños queremos las cosas para hoy! Cuando Dios me hace una promesa, día a día levanto mis ojos al cielo y le pregunto: «Papá, ¿cuándo recibiré lo que me prometiste?».

Al leer el pasaje de los ciegos que seguían a Jesús pidiéndole que los sanara[193] me pregunto cómo hicieron para seguirlo si no veían. Es una pena que ellos, siendo ciegos, lo siguieran, y que nosotros que podemos ver a veces no lo hagamos. Jesús sabía que ellos tenían fe porque lo siguieron sin verlo, así que ver era lo único que les faltaba. Si no necesitaron la vista para tener éxito en lograr lo que querían, ¿cuánto más habrían logrado a partir de recibir su milagro? Ellos demostraron su fe con hechos y acciones, tal como debemos hacer nosotros.

Caminar por fe y no por vista es recibir tu cheque de quincena y decirle al Señor: «Humanamente sé que este dinero no me alcanza, pero tengo fe en que Tú me proveerás y no me faltará nada». Mantengámonos atentos a Su voz para que nuestra fe crezca y nos lleve a obtener Sus promesas.

Madre del profeta

En la Biblia encontramos la historia de Ana, madre del profeta Samuel. Ella sufría por ser estéril, por tanto, hizo un voto y le prometió al Señor que le entregaría el hijo que le naciera. Entonces leemos que Elí, el sacerdote que estaba en el templo, se le acercó y le dijo que fuera en paz y que recibiera lo que había pedido.[194] Luego, ella hizo tres cosas que nos enseñan muchísimo sobre nuestra correcta actitud de fe.

La Palabra dice que primero tomó su camino. La desesperación la había desviado, pero al escuchar que su deseo se había cumplido, se levantó y avanzó. Cuando tienes fe retomas el camino por donde ibas,

---

[193] Mateo 9.27-27; [194] 1 Samuel 1.17-18

regresas a continuar con lo que dejaste por depresión y desánimo pues tu Señor te dice: «¡Levántate y camina!»

Segundo, Ana comió, o sea, recuperó el deseo de vivir. Cuando fracasamos en algo sentimos que no queremos vivir más, por esa razón hay personas que se suicidan al perder lo que veían como su razón de existir. Un suicidio que me dolió profundamente, en 2014, fue el de Robin Williams, precisamente el actor que dio vida a Peter Pan en Hook. Cualquiera hubiera pensado que su vida era feliz, pero nos equivocamos al creer en las apariencias. Generalmente sus interpretaciones en películas solían ser optimistas y divertidas: *Jumanji, Mrs. Doubtfire, Dead Poet Society, Good Will Hunting, Patch Adams* y *Awakenings* dan cuenta de ello aunque, por lo visto, sus geniales actuaciones no eran reflejo de su vida. Inexplicable y lamentable. Lo que precisamente me motiva con vehemencia a creer que hay algo más allá de lo que vemos y sentimos es el amor de nuestro Padre, que puede sostenernos para que superemos las apariencias y seamos los protagonistas de una historia desafiante, sí, pero también victoriosa. Si tenemos la fe puesta en Él, nada nos quitará el deseo de seguir adelante porque viviremos por lo que nos ha prometido, no por vista. Ana lo hizo porque al salir del templo tuvo fe en que la palabra que Elí le dio era cierta aunque todavía no estuviera embarazada.

Tercero, Ana ya no estaba triste porque la fe le devolvió el optimismo incluso antes de ver los resultados finales. Te parecerá extraño, pero cuando veo venir un reto o una dificultad, sonrío. No creas que estoy tan loco como parezco. La verdad es que sonrío expectante, curioso, porque me entusiasma la idea de ser testigo de la intervención de mi Padre. Cuando Ana recibió su promesa, fue como si le hubieran presionado el interruptor que cambiaba la tristeza por alegría. Dios puede consolarte si lloras ante un problema, pero arreglar la situación requiere secar tus lágrimas, levantarte, seguir tu camino, recuperar el sentido de vivir y mejorar tu actitud. Este es el proceso de fe que te aconsejo porque ha sido el que he puesto en marcha una y otra vez.

30 EL VEHÍCULO

El amor conduce a la fe; sin amor, la fe se cae; amor y fe se relacionan íntimamente.

El Señor asegura que la fe que obra por el amor es lo que tiene más validez en nuestra vida.[195] Él llama nuestra atención hacia el amor porque es vital para hacer Su obra a través de la fe. Orar por enfermos sin sentir amor sería vano, así también esforzarse por atender al prójimo sin sentir deseos de ver su bienestar. El amor es el motor, el combustible, el vehículo para la fe.

No hay amor ni poder humano que logre las obras sobrenaturales que suceden solo por el amor y el poder de Dios, tal como los apóstoles comparten en el libro de Hechos.[196] Al final, solo somos vasos

---

[195] Gálatas 5.6

portadores de un contenido que es de Dios. El amor, el poder y la fe son de Dios, y los recibimos para compartirlos con las personas. A veces es difícil, pero es necesario que perseveremos con gozo y paciencia,[197] ya que nuestro llamado en la vida es de servicio. Porque la fe sin visión ni propósito enfocados en el amor y en Dios es una poderosa distracción que puede desviarnos hacia resultados impactantes pero negativos. Si no me crees, que lo digan Hitler, Calígula, Idi Amin y tantos otros sanguinarios que enfocaron su fe en objetivos desviados del amor.

Si tenemos dones debemos pedir amor a Dios para compartirlos, porque para eso nos los ha dado. ¿Para qué tener revelación si es para presumir que sabemos mucho? ¿De qué vale el conocimiento y la unción si solamente se usan para beneficio personal y ser reconocidos? Como seres en constante búsqueda de la trascendencia hemos sido testigos de que el «vacío» de nuestra existencia es un espacio que nuestro Padre nos dejó listo para llenarlo con Su amor, que también debemos compartir a otros. Ver hacia los demás es la única forma de alcanzar la plenitud.

Lo que les afirmo está científicamente comprobado. Uno de los primeros estudiosos de la motivación y conducta, Abraham Maslow, lo planteó a través del dibujo de una pirámide cuya cúspide ilustra la necesidad de autorrealización del ser humano y se enfoca en la proyección hacia los demás luego de que las necesidades individuales son satisfechas.

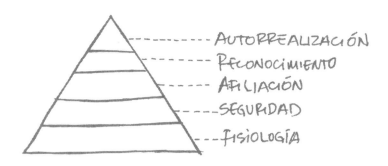

---

[196] Hechos 3.11, Hechos 3.16; [197] Romanos 5.3-4

¡Amar es parte de nuestro diseño! El objetivo del talento que Dios te ha dado es amar y compartir, porque en ningún momento la Palabra nos habla de egoísmo o individualismo. Cuando aprendes sobre el Evangelio y lo compartes, no busques satisfacer tu deseo de enseñar, sino el de las personas de aprender.

Somos bendecidos para provecho de alguien más. Nuestros dones y talentos cobran sentido y propósito a través del espíritu de servicio. El Espíritu Santo nos da Sus dones para beneficio de todos porque la persona que es buena administradora bendice su casa y también puede ayudar a quienes necesitan salir del caos en el que viven. Lo cierto es que todos tenemos dones y podemos desarrollarlos para complementarnos y trabajar unidos,[198] porque la Palabra es clara al asegurar que nada somos sin amor.[199]

Descartes dijo: «Pienso, luego existo», pero nuestro Señor nos motiva a decir: «Amo, luego existo. No soy nada sin amor, no sirvo sin amor». El amor no es un sentimiento, ni palabras, sino acción y compromiso. Jesús no andaba diciendo «te amo», pero enseñaba con amor, cuidaba y sanaba por amor. ¡Fue a la cruz y amó! Vino a romper el paradigma de creer que cumplir con la ley era suficiente para decir que amamos y honramos a Dios. El amor debe decirse, pero también demostrarse.

Nuestra esencia

El amor es tan esencial que podríamos afirmar que no amar es como estar muerto. Si no amamos a nuestros hermanos no somos una sociedad viva, sino un cementerio. La Biblia lo expresa de esta forma tan radical: «¡Todo el que aborrece a su hermano es homicida!»[200] Si no amamos, permanecemos en muerte, no hemos nacido a la verdadera vida, somos como zombis.

Dios es amor y nos manda a «realizar» acciones de amor hasta llegar al punto de «ser» amor, como Él, como una cualidad que está en nuestro ADN porque somos Sus hijos.[201] Es como ejercitarnos en el

---

[198] 1 Corintios 12.28-31; [199] 1 Corintios 13.1-2; [200] 1 Juan 3.14-18; [201] Juan 17.20-21

gimnasio; cuando llegamos al nivel de amar a los enemigos, es como si ya hubiéramos hecho tres series seguidas de cincuenta repeticiones de abdominales; es difícil, pero así debe ser. Tal vez lo que sientes no es agradable pero estás amando porque eso es más que sentir algo bonito; amar es compromiso. Recordemos que las emociones negativas solo se pueden cambiar con acciones positivas; solamente de esa forma crecemos en amor. El Señor nos pide que realicemos acciones de amor hasta que seamos amor como Él.

Sabemos que amar es un riesgo. Dios tomó el riesgo de amarnos y muchas veces le pagamos mal, pero Él no desiste y nos bendice, y aunque a veces nos alejamos, como buen Padre que es prefiere vernos lejos y bien, que cerca y derrotados. La cuestión es que al final siempre volvemos, porque solo a Su lado logramos la plenitud en la vida. Vale la pena arriesgarnos por amor porque no podemos permitir que la maldad y la indiferencia nos enfríen y desvíen nuestro camino.[201] Aprendamos a superar la jactancia, la envidia, el egoísmo y el rencor que pueden acabar con el amor.

> *Vale la pena arriesgarnos por amor porque no podemos permitir que la maldad y la indiferencia nos enfríen y desvíen nuestro camino.*

En la Biblia, en la primera carta que Pablo escribió a los corintios —los habitantes de la isla de Corinto—, encontramos una impresionante descripción del amor.[202] Si alguna vez tienes duda de qué significa amar, en esa carta puedes encontrarlo. Ahora que lo pienso, perfectamente podríamos tomar esa descripción del amor como una descripción de Dios: «Es benigno, no tiene envidia, Dios no es jactancioso, no se envanece; no hace nada indebido, no guarda rencor; no se goza de la injusticia, más se goza de la verdad. Todo lo sufre, todo lo cree, todo lo espera, todo lo soporta. Dios nunca deja de ser». ¡Así es nuestro Padre celestial y así debemos ser nosotros! Al final, la vida de fe se fortalece a través del amor.

---

[201] Mateo 24.12; [202] 1 Corintios 13.4-13

Por tanto, estimado amigo, no te compliques. Jesús resumió los mandamientos en uno solo: AMAR.[203] Una vez más, Su instrucción es sencilla: ¡amemos!, simplemente eso. Cuando te sientas desorientado y no sepas qué decisión tomar porque el panorama resulte confuso, ama y te aseguro que no te equivocarás de hacerlo. Este vehículo, el amor, lleva GPS incorporado y con él llegarás al destino que Dios ha planeado para ti. Ya no tengas miedo porque el perfecto amor echa afuera el temor, fortalece y guía la fe. Bienvenido a tu nueva realidad. Bienvenido a casa. ¡Ama y vive por fe!

---

[203] Juan 13.34-35